发动机电控系统检修

主　编　黄艳玲　张贵武　姚　杰
副主编　罗乃杰　李　波　吴世洋

北京理工大学出版社
BEIJING INSTITUTE OF TECHNOLOGY PRESS

内容简介

本书从实际出发，根据项目和工作任务教学的要求，将具体内容按照任务目标、任务引入、相关知识、任务实施、知识扩展和习题与思考的形式进行编排。本书共分五个项目，内容包括发动机电控系统简述、汽油机电控燃油喷射系统的检修、汽油机电控点火系统的检修、汽油机辅助控制系统的检修和汽油机电控系统常见故障诊断与检修。本书内容实用，知识新颖。注重理论与实践的紧密结合。

本书可作为汽车相关专业和课程的教材，也可作为汽车技术人员的培训教材和参考用书。

图书在版编目（CIP）数据

发动机电控系统检修/黄艳玲，张贵武，姚杰主编．—北京：北京理工大学出版社，2015.3

ISBN 978-7-5640-9984-8

Ⅰ．①发…　Ⅱ．①黄…②张…③姚…　Ⅲ．①汽车-发动机-电子系统-控制系统-检修　Ⅳ．①U472.43

中国版本图书馆 CIP 数据核字（2014）第 280529 号

出版发行／北京理工大学出版社有限责任公司
社　　址／北京市海淀区中关村南大街 5 号
邮　　编／100081
电　　话／（010）68914775（总编室）
82562903（教材售后服务热线）
68948351（其他图书服务热线）
网　　址／http：//www.bitpress.com.cn
经　　销／全国各地新华书店
印　　刷／三河市华骏印务包装有限公司
开　　本／787 毫米×1092 毫米　1/16
印　　张／13
字　　数／305 千字
版　　次／2015 年 3 月第 1 版　2015 年 3 月第 1 次印刷
定　　价／40.00 元

责任编辑／封　雪
文案编辑／封　雪
责任校对／孟祥敬
责任印制／马振武

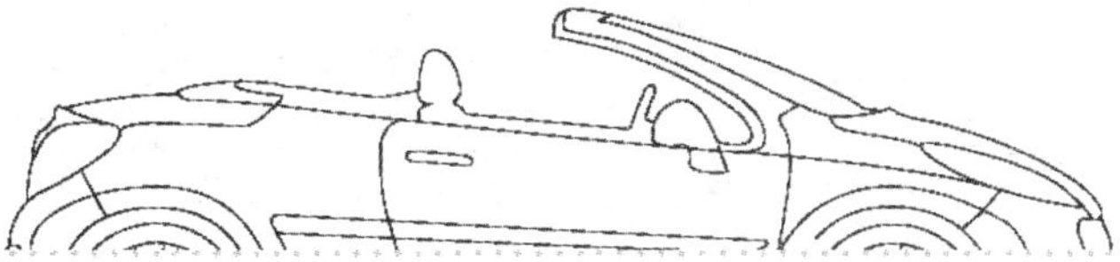

前 言

PREFACE

“发动机电控系统的检修”是汽车相关专业的一门专业核心课程，为了帮助教师比较全面、系统地讲授这门课程，使学生在掌握相关理论知识的同时，能够熟练地对汽车发动机电控系统的故障进行检测、诊断与维修，我们编写了这本《发动机电控系统检修》。

本书的编写过程紧紧围绕汽车专业教育教学改革的要求，按技能型、应用型人才培养的模式进行设计构思。在编写时，结合教学和行业实际的需要，在内容上注重实训教学环节的重要性和动手能力的培养，具有针对性和实用性，强化了实践教学。为了适应汽车技术的飞速发展与不断更新，本书采用大量的图片介绍汽车新技术和实用技术知识，还列举了一些通俗易懂的维修实例，注意理论与实践的紧密结合。

本书从实际出发，根据项目和工作任务教学的要求，将具体内容按照任务目标、任务引入、相关知识、任务实施、知识扩展和习题与思考的形式进行编排。本书共分五个项目，内容包括发动机电控系统简述、汽油机电控燃油喷射系统的检修、汽油机电控点火系统的检修、汽油机辅助控制系统的检修和汽油机电控系统常见故障诊断与检修。

本书由黄艳玲、张贵武和姚杰任主编，由罗乃杰、李波和吴世洋任副主编。参加本书编写工作的还有：张丽丽、修玲玲、张凤云、康爱琴、郭大民、李春芳等。在编写过程中，我们借鉴和参考了国内外大量资料，在此对相关资料的作者表示衷心的感谢。

本书可作为汽车相关专业和课程的教材，也可作为汽车技术人员的培训教材和参考用书。

由于时间仓促和作者水平所限，书中不当甚至错误之处在所难免，恳请使用本教材的师生和读者批评指正。

编　者

2015. 01

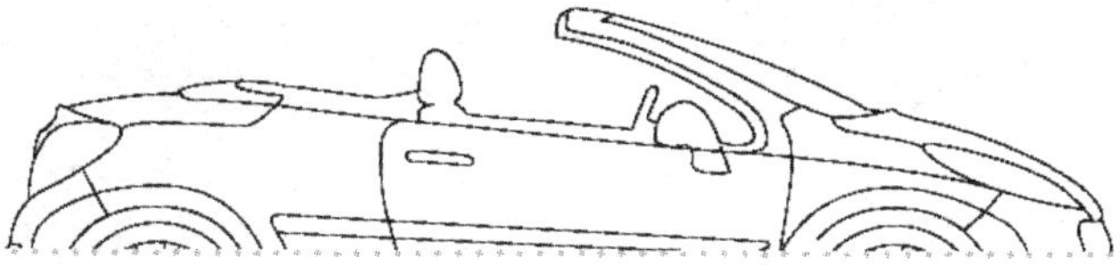

目录

CONTENTS

项目一

发动机电控系统简述

随着汽车技术的不断发展，各汽车公司不断推出装备电控发动机的新款车型，同时使用了一些能够提高发动机性能、促进低碳环保的新技术，这使得汽车维修工作的技术难度不断提高。为了能对电控发动机进行正确有效的维修，必须先认识电控发动机的组成和工作过程。

任务目标

（1）了解发动机电控系统的发展过程。

（2）了解发动机电控系统的优点。

（3）了解发动机电控系统的基本组成和分类。

（4）熟悉发动机电控系统的基本控制原理。

（5）能够简单叙述电控技术对发动机性能的影响。

（6）能够说出应用在汽车发动机上的电控系统名称及功能。

（7）能够说出电控系统的基本组成和各部分的基本功用。

任务引入

现代的发动机是现代科学技术发展的综合成果，在原有基础和传统的技术上，不断融入现代科学技术，如计算机技术、传感器技术、电动技术、网络技术、现代控制技术等。这些技术也在随着微电子技术的发展不断出现新的变化，但是对于发动机而言，总体目标仍然是提高动力性、经济性和降低有害物质的排放。虽然发动机的发展不断变化，但是从工作原理到结构组成、从燃烧理论到运动特性都还保留着基本的特征，而新技术的应用主要是在如何实现最佳控制，以获得最有利的效果等方面，这就要求汽车维修技术人员要综合技术知识，掌握综合运用技术知识的能力，只有真正掌握发动机各个系统的作用、基本工作原理，及时了解各种新技术在汽车发动机技术中的应用状态，才能适应汽车的发展要求。

相关知识

一、发动机电控技术的发展

1966 年，美国加利福尼亚州首先颁布了世界上第一部汽车排放法规。

1967 年，由 BOSCH 公司开发的 D－Jetronic 电控燃油喷射系统投入使用，在此后的几十年间，汽油发动机电子控制系统经历了由模拟电路到数字电路，由简单控制到电脑控制，由单一控制到综合控制的发展历程。

1971 年，美国清洁空气法规要求必须大幅度降低汽车废气中的有害污染物的现值。当时在世界范围内又出现了能源危机，从而推动了汽车电子技术的快速发展。

1973 年，美国通用汽车公司开始采用 IC 电子点火装置，并逐渐普及使用。

1974 年，通用汽车公司开始装备加大火花塞电极间隙、点火能量增强的高能点火系统，并且力图将分电器、点火线圈和电子控制电路制成一体。

1976 年，美国克莱斯勒公司首先采用模拟计算机来控制发动机点火时刻。当时因其价格昂贵、可靠性差而没有得到推广应用。

1977 年，通用汽车公司采用中央处理器（CPU）控制的数字点火系统，这是一种真正的计算机控制系统。它能够精确地控制发动机点火时刻，用来提高发动机的燃烧效率和输出功率，同时还可以大幅度地降低排气中的有害成分。同年，美国福特汽车公司开发了同时点火控制、废气再循环和二次空气供给的发动机电子控制系统。

电控汽油喷射系统在各方面显示出来的优越性，使之在 20 世纪 70 年代末及 80 年代得到了迅速发展。从 20 世纪 80 年代后，发动机电子控制技术逐渐成熟，电子技术逐渐向汽车的其他组成部分扩展。

汽车发动机电子控制技术发展至今，主要实现了在以下几方面的控制：

（1）电控燃油喷射控制：最佳空燃比控制（主要控制喷油量、喷油正时）。

（2）电子点火控制：最佳点火提前角控制（主要控制点火提前角、闭合角）。

（3）怠速控制：主要对怠速转速进行控制。

（4）排放控制：废气再循环（EGR）、三元催化转化器、二次空气喷射、热反应器、活性炭罐清污（汽油蒸气回收）等的控制。

（5）可变气门配气正时控制（VTEC、VVTi 等）。

（6）废气涡轮增压控制。

（7）电子节气门控制（ETC）。

（8）故障自诊断控制（OBD）。

通常将电控燃油喷射控制和电子点火控制以外的其他控制系统称为辅助控制系统，所以电控发动机主要由电控燃油喷射系统、电子点火系统和辅助控制系统组成。

二、电控技术对发动机性能的影响

众所周知，汽车发动机的运行工况是多变的，只有电子控制的灵活性和电子控制单元强有力的综合处理功能，才能使发动机在各种运行工况下实现全面优化运行，从而提高发动机性能。电子控制技术在发动机上的使用，使得发动机的性能得以大大改善，主要体现在以下几方面：

1. 提高发动机的动力性

在汽油发动机上，电控燃油喷射取代了传统的化油器，减小了进气系统中的进气阻力，部分发动机上还采用了进气控制系统，来提高充气效率，而且电控系统可保证进入发动机气缸的空气得到充分利用，从而提高发动机动力性。

2. 提高发动机的燃油经济性

在各种运行工况和运行环境下，电控系统均能精确控制发动机工作所需的混合气浓度，使燃烧更完全、燃油利用更充分，从而提高发动机的燃油经济性。

3. 降低发动机的排放污染

电控系统对发动机在各种运行工况和运行环境下进行优化控制，提高了燃烧质量，同时各种排放控制系统在汽车上的应用，都使发动机的排放污染大大降低。

4. 改善发动机的加速和减速性能

在加速或减速运行的过渡工况下，电子控制单元的高速处理功能，使控制系统能够迅速响应，使汽车加速或减速反应更灵敏。

5. 改善发动机的起动性能

在发动机起动和暖机过程中，控制系统能根据发动机温度变化，对进气量和供油量进行精确控制，从而保证发动机顺利起动并平稳经过暖机过程，可明显改善发动机的低温起动性能和热机运转性能。

此外，电控系统对发动机各种运行工况的优化控制和电控系统的不断完善，使发动机的故障发生率大大降低。自我诊断与报警系统的应用，提高了故障诊断的速度和准确性，缩短了汽车因发动机故障而停驶的时间，具有良好的社会效益和经济效益。

三、应用在发动机上的电子控制系统

目前，汽车上广泛应用的是集中控制系统，应用在发动机上的电子控制系统主要包括电控燃油喷射系统、电控点火系统和其他辅助控制系统。

1. 电控燃油喷射系统（EFI）

电控燃油喷射的功能是电子控制单元（ECU）主要根据进气量、发动机转速确定基本的喷油量，再根据其他传感器（如冷却液温度传感器、节气门位置传感器等）信号对喷油量进行修正，使发动机在各种工况下均能获得最佳浓度的混合气，从而提高发动机的动力性、经济性和排放性。此外，电控燃油喷射系统还包括喷油正时控制、断油控制和燃油泵控制。

在柴油机电控燃油喷射系统中，供油量和供油正时控制是最基本的控制功能，ECU 主要是根据发动机转速信号和负荷信号（加速踏板位置信号）来确定基本供油量和供油正时，再根据其他传感器信号进行修正。柴油机电控燃油喷射系统还具有供油速率控制和喷油压力控制等功能。

2. 电控点火系统（ESA）

电控点火系统的主要功能是实现对点火提前角的控制。该系统根据各相关传感器信号，判断发动机的运行工况和运行条件，选择最理想的点火提前角点燃混合气，从而改善发动机的燃烧过程，以实现提高发动机动力性、经济性和排放性的目的。此外，电控点火系统还有通电时间控制和爆燃控制的功能。

3. 其他辅助控制系统

1）怠速控制系统（ISC）

怠速控制系统的功能是在发动机怠速工况下，根据发动机冷却液温度、空调压缩机是否工作、变速器是否挂入挡位等，通过怠速控制阀或节气门开度对发动机进气量进行控制，使发动机随时以最佳怠速运转。

柴油机怠速控制系统与电控燃油喷射系统集成一体，其功能包括怠速转速控制和各缸均匀性控制，均由 ECU 通过对怠速工况下的供油量的控制来实现。

2）排放控制系统

排放控制系统的功能主要是对发动机排放控制装置的工作实行电子控制。排放控制的项目主要包括：废气再循环（EGR）控制、活性炭罐电磁阀控制、氧传感器和空燃比闭环控制以及二次空气喷射控制等。

3）进气控制系统

进气控制系统的功能是根据发动机转速和负荷的变化，对发动机进气进行控制，以提高发动机的充气效率，从而改善发动机的动力性。在柴油机上，为改善发动机性能，对进气涡流也实现了电子控制。

4）增压控制系统

增压控制系统的功能是对发动机进气增压装置的工作进行控制。在装有废气涡轮增压装置的汽车上，ECU 根据检测到的进气管压力，对增压装置进行控制，从而控制增压装置对进气增压的强度。

5）巡航控制系统

驾驶员设定巡航控制模式后，ECU 根据汽车运行工况和运行环境信息，自动控制发动机工作，使汽车自动维持一定车速行驶。

6）警告提示

由 ECU 控制各种指示和报警装置，一旦控制系统出现故障，该系统能及时发出信号以警告提示，如氧传感器失效、油箱油温过高等。

7）故障自诊断与报警系统

在发动机控制系统中，电子控制单元（ECU）都设有故障自诊断系统，对控制系统各部分的工作情况进行监测。当 ECU 检测到来自传感器或输送给执行元件的故障信号时，立即点亮仪表盘上的“CHECK ENGINE”灯（俗称故障指示灯），以提示驾驶员发动机有故障；同时，系统将故障信息以设定的数码（故障码）形式储存在存储器中，以便帮助维修人员确定故障类型和范围。对车辆进行维修时，维修人员可通过特定的操作程序（有些需借助专用设备）调取故障码。故障排除后，必须通过特定的操作程序清除故障码，以免与新的故障信息混杂，给故障诊断带来困难。

8）失效保护系统

失效保护系统的功能主要是当传感器或传感器线路发生故障时，控制系统自动按电脑中预先设定的参考信号值工作，以便发动机能继续运转。例如，冷却液温度传感器电路有故障时，可能会向 ECU 输入低于 -50 ℃或高于 139 ℃的冷却液温度信号，失效保护系统将自动按设定的标准冷却液温度信号（80 ℃）控制发动机工作，否则会引起混合气过浓或过稀，导致发动机不能工作。

此外，当对发动机工作影响较大的传感器或电路发生故障时，失效保护系统则会自动停止发动机工作。例如，汽油机控制 ECU 收不到点火控制器返回的点火确认信号时，失效保护系统则立即停止燃油喷射，以防大量燃油进入气缸而不能点火工作。

9）应急备用系统

应急备用系统的功能是当控制系统电脑发生故障时，自动启用备用系统，按设定的信号控制发动机转入强制运转状态，以防车辆停驶在路途中。应急备用系统只能维持发动机运转的基本功能，不能保证发动机性能。

除上述控制系统外，应用在发动机上的电控系统还有冷却风扇控制、配气正时控制、发电动机控制等。应当说明的是，上述各控制系统在不同的汽车发动机上，只是或多或少地被采用。此外，随着汽车技术和电子技术的发展，发动机控制系统的功能必将日益增加。

四、发动机电控系统的基本组成

1. 电控系统的基本组成

发动机电控系统一般由传感器、电子控制单元（ECU，简称电控单元）和执行元件三大部分组成，其工作关系如图 1－1 所示。

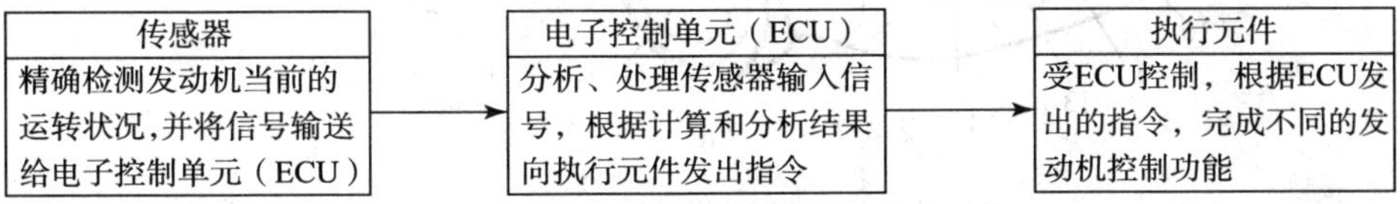

图 1－1　发动机电控系统原理

1）传感器

一般来讲，传感器是感知发动机信息的部件，主要功用是采集控制系统所需的信息，并将其转换成电信号输送给 ECU。具体来说，传感器是向电子控制单元提供汽车运行状况和发动机工况的部件。发动机电控系统主要传感器有空气流量计、进气管绝对压力传感器、节气门位置传感器、凸轮轴位置传感器、曲轴位置传感器、进气温度传感器、冷却液温度传感器、氧传感器、爆燃传感器等。

2）电子控制单元（ECU）

电子控制单元（ECU）是一种综合控制电子装置，其功用是给各传感器提供参考（基准）电压，接受传感器或其他装置输入的电信号，并对所接受的信号进行存储、计算和分析处理，根据计算和分析的结果向执行元件发出指令。

3）执行元件

执行元件接受 ECU 的指令，完成控制功能。发动机电控系统主要的执行器有电动燃油泵、喷油器、怠速控制阀、点火器等。

2. 电控系统的类型

电子控制系统有两种基本类型：即开环控制系统和闭环控制系统。开环控制系统的控制方式比较简单，ECU 只根据各传感器信号对执行元件进行控制，而控制的结果是否达到预期目标对其控制过程没有影响。闭环控制系统除具有开环控制的功能外，还对其控制结果进行检测，并将检测结果（即反馈信号）输入 ECU，ECU 则根据反馈信号对其控制误差进行修正，所以闭环控制系统的控制精度比开环控制系统高。

任务实施

在学习发动机电控系统理论知识的同时，认识一下常见元件也是很有必要的。为了对发动机电控系统进行维修，必须先认识发动机电控系统的组成及工作过程。图 1－2 所示为凌志 LS400 发动机的元件位置。

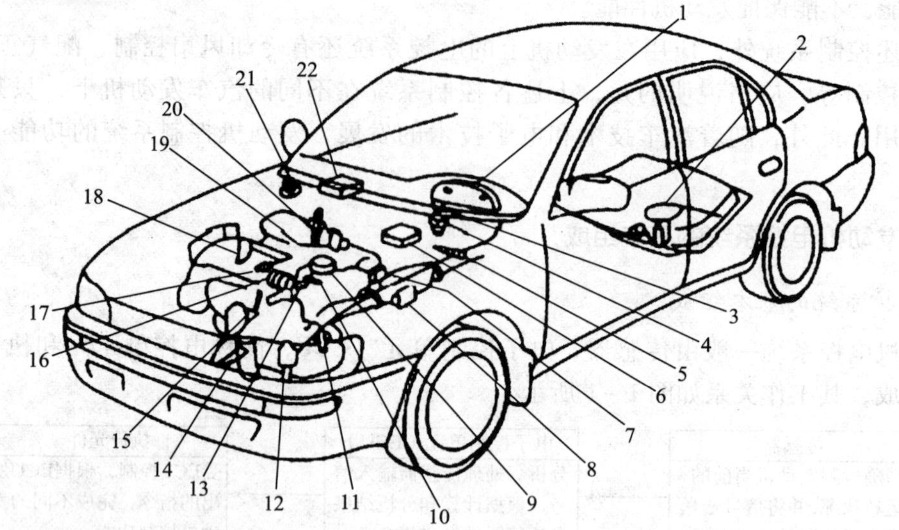

图 1－2　凌志 LS400 发动机元件位置

1—组合仪表；2—燃油泵；3—点火开关；4—断路继电器；5—氧传感器（1 缸侧后氧）；6—发动机控制 ECU；7—诊断座；8—点火模块；9—怠速控制阀；10—进气温度传感器；11—车速传感器；12—空挡开关；13—冷却液温度传感器；14—氧传感器（1 缸侧前氧）；15—曲轴位置传感器；16—分电器；17—爆燃传感器；18—喷油器；19—节气门位置传感器；20—EGR 电磁阀；21—进气歧管压力传感器；22—ECU

虽然现在电控发动机的种类很多，但是系统的元件位置变化不是很大，所以识别元件位置时还是有规律可循的。图 1－3 所示为捷达轿车发动机的 Motronic 电控系统。

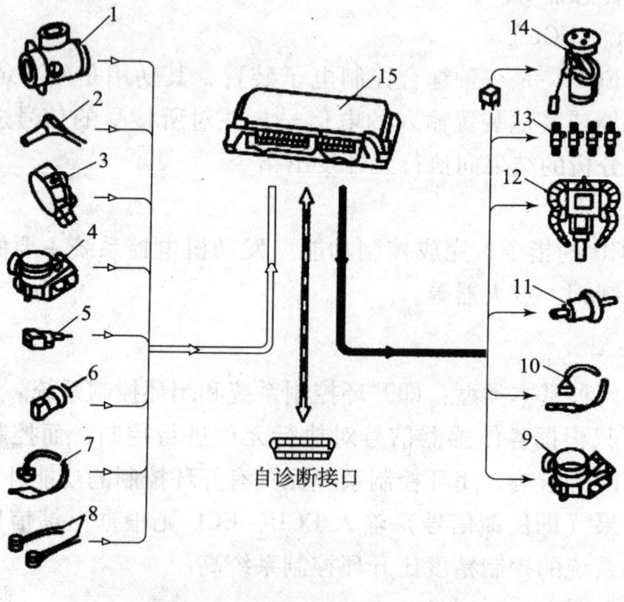

图 1－3　捷达轿车发动机的 Motronic 电控系统

1—空气流量计；2—转速传感器；3—霍尔传感器；4—节气门电位计、怠速节气门电位计、怠速开关；5—进气温度传感器；6—冷却液温度传感器；7—氧传感器；8—爆燃传感器；9—怠速电动机和节流阀体；10—氧传感器加热器；11—活性炭罐电磁阀；12—带点火器的点火线圈；13—喷油器；14—汽油泵；15—ECU

习题与思考

1. 汽车电子技术的发展经历了哪些过程？
2. 电控技术对发动机工作性能有何影响？
3. 发动机电控系统控制内容有哪些？试举例说明。
4. 分析电控系统的基本组成及功用。
5. 电控系统常见传感器及执行器有哪些？各有何作用？
6. 发动机电控系统由哪几个子系统组成？

项目二

汽油机电控燃油喷射系统的检修

任务1　汽油机电控燃油喷射系统的基本原理

任务目标

(1) 能够区别汽油机电控燃油喷射系统的类型、特点。

(2) 能够说明汽油机电控燃油喷射系统的功能、基本工作原理和实现方法。

(3) 熟悉汽油机电控燃油喷射系统的常见元件类型及安装位置。

任务引入

汽油喷射系统在20世纪30年代始用于军用飞机发动机上，最早装用汽油喷射系统的发动机出现在1954年的汽车展览会上，即德国奔驰公司生产的奔驰300SL所用的发动机。

20世纪60年代，随着汽车数量的日益增多，在汽车发达国家相继制定了严格的排放法规，以限制汽车排放污染物的数量；20世纪70年代，受能源危机的影响，迫使各国纷纷制定汽车燃油经济性法规；在这一背景条件下，汽油喷射技术也得到了进一步的完善和发展。

20世纪60年代后期，随着电子技术的飞速发展，尤其是电子计算机的问世，电子技术在汽车上的应用成为各国汽车工业的重要发展方向。德国BOSCH公司首先成功研制出电控燃油喷射系统，电控燃油喷射技术历经晶体管、集成电路到微机处理三大发展进程，直到目前，各种汽车上应用的电控燃油喷射系统都是以BOSCH公司产品为原形发展起来的。电控燃油喷射系统简称为“EFI（Electronic Fuel Injection）系统”。

在现代汽车上，K型和KE型汽油喷射系统已基本淘汰，EFI系统因其更优越的性能而成为现代汽车用汽油机燃料供给系统的主流。

相关知识

一、电控燃油喷射系统的优点

众所周知，要提高发动机的动力性、燃料经济性和降低排放污染，就必须根据汽车运行工况的变化，精确控制供往气缸的混合气浓度。EFI系统能实现混合气浓度（即空燃比）的高精度控制、电子控制的灵活性和电脑强有力的综合处理功能，使电控系统能够根据发动机运行工况和运行环境的变化，如起动、暖机、怠速、加速、满负荷、部分负荷、滑行、环境湿度、海拔高度和燃油品质等，实现最佳空燃比控制及最佳点火提前角控制，以优化发动机各种运行工况，从而取得良好的节油和排气净化等效果。

与化油器式汽油机相比，电子控制技术在汽油机上的应用全面提高了汽油机的综合性能。电控汽油喷射系统在以下几方面有明显的改善和提高：

（1）电控汽油机采用压力喷射方式，汽油的雾化质量好。

（2）喷油器可以安装在进气门附近，可以使进气管的设计更合理，改善了各缸混合气的均匀性。

（3）通过精确控制空燃比和采用排放净化措施使有害物的排放量显著减少。

（4）电控系统根据传感器的输入信号随时判断发动机运行工况的变化，并调整喷油量，改善了汽油机过渡工况的响应特性。

（5）进气管中不需要设置喉管，通常不采用进气预热，减少了进气阻力，提高了充气效率，改善了发动机的动力性和经济性。

（6）电控系统根据起动时发动机冷却液的温度不同，提供与起动条件相适应的喷油量，提高了汽油机高、低温起动性能和暖机性能。

（7）在各种环境条件下可以准确地计算进气量，改善了汽油机对地理及气候环境的适应性。

二、电控燃油喷射系统的类型

1. 按喷射方式分类

按喷射方式不同，电控燃油喷射系统可分为连续喷射方式和间歇喷射方式。

（1）连续喷射方式。连续喷射方式是指在发动机运转期间，汽油连续不断地喷入进气道内，且大部分汽油是在进气门关闭时喷射的，因此大部分汽油在进气道内蒸发。除早期的 K 型机械式汽油喷射系统和 KE 型机电组合式汽油喷射系统外，电控燃油喷射系统一般不采用此种喷射方式。

（2）间歇喷射方式。间歇喷射方式是指在发动机运转期间，将汽油间歇地喷入进气道内。在采用间歇喷射方式的多点电控燃油喷射系统中，按各缸喷油器的喷射顺序又可分为同时喷射、分组喷射和顺序喷射，如图 2－1 所示。

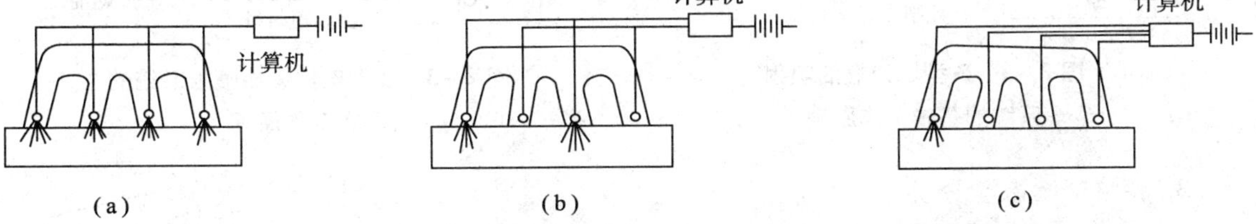

图 2－1　喷油器喷射顺序

（a）同时喷射；（b）分组喷射；（c）顺序喷射

①同时喷射。同时喷射指将各缸的喷油器并联，在发动机运转期间，所有喷油器由 ECU 的同一个喷油指令控制，同时喷油、同时断油。采用此种喷射方式，对各缸而言，喷油时刻不可能都是最佳的，其性能较差，一般用在缸数较少的汽油发动机上。

采用同时喷射方式的电控燃油喷射系统，一般都是曲轴每转一圈各缸同时喷油一次，对每个气缸来说，每一次燃烧所需的供油量需要喷射两次，即曲轴每转一圈喷射 1/2 的油量。

②分组喷射。分组喷射指将各缸的喷油器分成几组，它是同时喷射的变形方案，当 ECU 向某组的喷油器发出喷油指令或断油指令时，同一组的喷油器同时喷油或断油。

③顺序喷射。顺序喷射指各喷油器由 ECU 分别控制，按发动机各缸的工作顺序喷油。一般缸数较多的发动机，均采用分组喷射或顺序喷射。

2. 按对空气量的计量方式分类

电控燃油喷射系统必须对进入气缸的空气量进行精确的计量，才能通过对喷油量的控制，实现混合气浓度的高精度控制。按对进气量的计量方式不同，电控燃油喷射系统可分为 D 型电控燃油喷射系统和 L 型电控燃油喷射系统。

1）D 型电控燃油喷射系统

“D”是德语 Druck（压力）的第一个字母。D 型电控燃油喷射系统利用绝对压力传感器检测进气管内的绝对压力，ECU 根据进气管内的绝对压力和发动机转速推算出发动机的进气量，再根据进气量和发动机转速确定基本喷油量。D 型电控燃油喷射系统的基本工作原理如图 2－2 所示。

2）L 型电控燃油喷射系统

“L”是德语 Luft（空气）的第一个字母。L 型电控燃油喷射系统利用空气流量计直接测量发动机的进气量，ECU 不必进行推算，即可根据空气流量计信号计算与该空气量相应的喷油量。由于消除了推算进气量的误差影响，其计算的准确程度高于 D 型电控燃油喷射系统，故对混合气浓度的控制更精确。L 型电控燃油喷射系统的基本工作原理如图 2－3 所示。

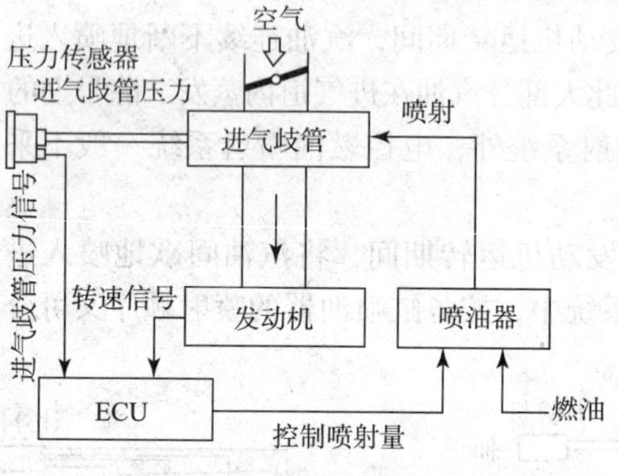

图 2－2　D 型电控燃油喷射系统的基本工作原理

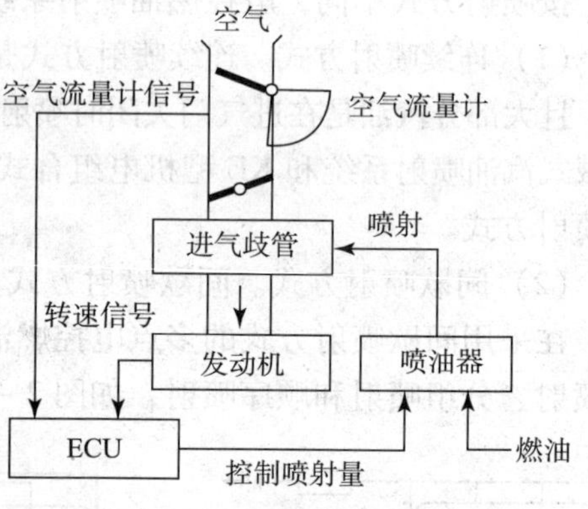

图 2－3　L 型电控燃油喷射系统的基本工作原理

3. 按喷油器数量分类

按喷油器的数量不同，电控燃油喷射系统可分为单点喷射（SPI）系统和多点喷射（MPI）系统，如图 2－4 所示。

1）单点喷射系统

在节气门上方装一个中央喷射装置，用 1～2 只喷油器集中喷射。汽油喷入进气流中，形成的

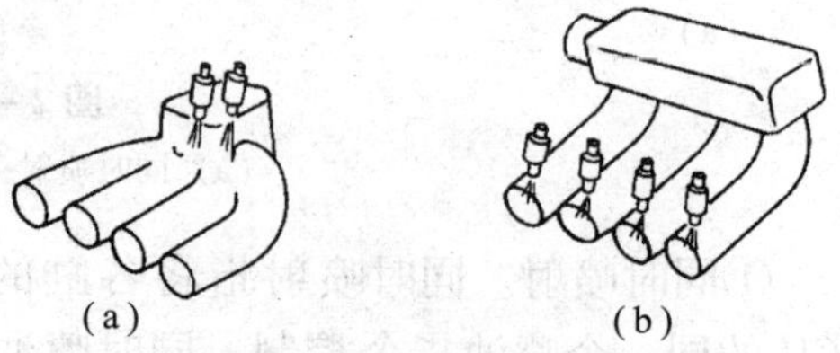

图 2－4　电控燃油喷射系统喷射位置

（a）单点喷射系统；（b）多点喷射系统

可燃混合气由进气歧管分配到各气缸中。单点喷射系统又称为节气门体喷射（TBI）系统或中央喷射（CFI）系统。

单点电控燃油喷射系统在每个气缸进气行程开始的时候喷油，采用的是顺序喷射方式，又称独立喷射方式。独立喷射可使燃油在进气管中滞留的时间最短，各缸得到的燃油量尽可能一致。单点喷射系统与多点燃油喷射系统的控制原理相似，空气量可采用空气流量计直接计量，也可采用绝对压力传感器间接测量。

2）多点喷射系统

由于在每缸进气门处装有一只喷油器，由 ECU 控制喷油，因此多点喷射又称为多气门喷射。多点喷射系统的燃油分配均匀性好，进气管可按最大进气量来设计，而且无论发动机处于冷机状态还是热机状态，其过渡的响应及燃油经济性都是最佳的；但多点电控燃油喷射系统的控制系统比较复杂，成本较高，主要应用于对汽车性能要求较高的中、高级轿车上。

4. 按有无反馈信号分类

电控燃油喷射系统按有无反馈信号可分为开环控制系统和闭环控制系统。

1）开环控制系统（无氧传感器）

将通过试验确定的发动机各工况的最佳供油参数预先存入 ECU，在发动机工作时，ECU 根据系统中各传感器的输入信号，判断自身所处的运行工况，并计算出最佳喷油量，通过对喷油器喷射时间的控制，来控制混合气的浓度，以优化发动机运行。

开环控制系统按预先设定在 ECU 中的控制规律工作，只受发动机运行工况参数变化的控制，简单易行。但其精度直接依赖于所设定的基准数据和喷油器调整标定的精度。喷油器及发动机的产品性能存在差异，或由于磨损等引起性能参数变化时，就不能使混合气准确地保持在预定的浓度（空燃比）上。因此，开环控制系统对发动机及控制系统各组成部分的精度要求高，抗干扰能力差，当使用工况超出预定范围时，不能实现最佳控制。

2）闭环控制系统（有氧传感器）

在该系统中，发动机排气管上加装了氧传感器，根据排气中含氧量的变化，判断实际进入气缸的混合气空燃比，再通过 ECU 与设定的目标空燃比值进行比较，并根据误差修正喷油器喷油量，使空燃比保持在设定的目标值附近。

闭环控制系统可达到较高的空燃比控制精度，并可消除因产品差异和磨损等引起的性能变化，工作稳定性好，抗干扰能力强。但是，为了使排气净化达到最佳效果，只能运行在理论空燃比（14.7:1）附近。对起动工况、暖机工况、加速工况、怠速工况、满负荷工况等特殊工况，仍需采用开环控制模式，使喷油器按预先设定的加浓混合气配比工作，以满足发动机特殊工况的工作要求。

5. 按喷射位置分类

按喷射位置不同，电控燃油喷射系统可分为进气管喷射和缸内直接喷射两种类型。

1）进气管喷射

进气管喷射是将喷油器安装在进气歧管上，喷油器将燃油喷射在进气门前，这种系统喷油压力较低，一般不超过 1 MPa，目前大部分汽油喷射发动机都采用这种喷射方式，喷油器喷油时可以连续喷射，也可以间歇喷射，如图 2－5 所示。

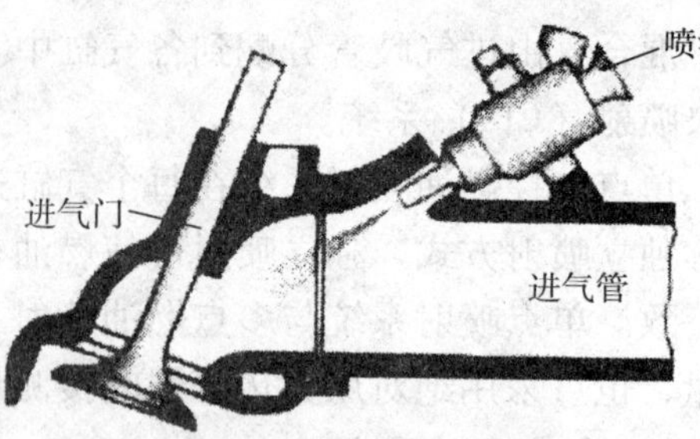

图 2－5 进气管喷射

2）缸内直接喷射

燃油喷射系统在历经了化油器、单点电喷、多点电喷等多个技术发展阶段之后，终于进入了直喷时代，包括大众、通用等在内的越来越多车型的发动机开始采用缸内直接喷射技术。

FSI 是“Fuel Stratified Injection”的缩写，意为燃油分层喷射，亦称“汽油缸内直喷”，是大众公司将其首创的柴油机缸内直接喷射技术移植到汽油发动机领域的一项革命性的创新技术。通俗地说，就是将汽油和空气单独注入燃烧室，电喷发动机在这个过程中利用电子芯片经过计算分析精确控制喷射进入气缸的燃油量，以提高发动机空燃比控制的精确度，进而提高发动机效率的一种技术。与采用传统技术把燃油喷入进气歧管的发动机相比，FSI 发动机的主要优势有：动态响应好、功率和扭矩可以同时提升、燃油消耗降低。

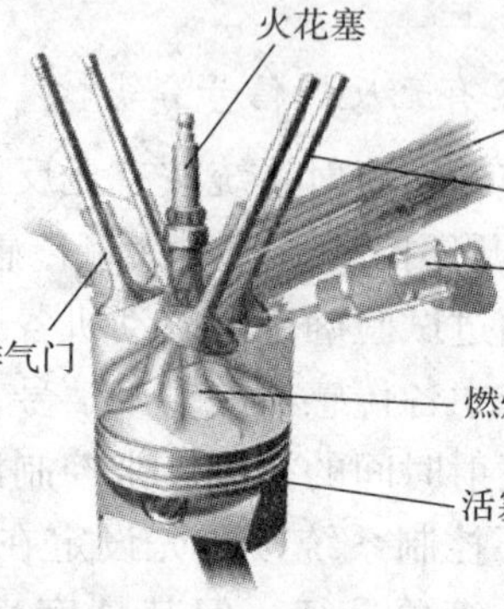

图 2－6 缸内直接喷射

FSI 汽油直喷技术代表着汽油发动机的最新发展方向。通常的发动机采用的是将汽油和空气在进气歧管中混合后喷入燃烧室的方式，而汽油直喷技术则是将汽油直接注入燃烧室，如图 2－6 所示，通过均匀燃烧和分层燃烧，降低了燃油消耗，提升了发动机动力。

实际应用证明，在同等排量下，FSI 与传统的进气管喷射燃油系统相比，动力性显著提高、输出更高的功率和扭矩、燃油消耗可降低 15%，从而实现了发动机动力性和燃油经济性的完美结合，是当今汽车工业发动机技术中最为成熟、最为先进的燃油直喷技术。

三、电控燃油喷射系统的组成与基本原理

电控燃油喷射系统形式多样，但其组成基本相同。都是由三个子系统组成：空气供给系统、燃油供给系统和控制系统，如图 2－7 所示。

1. 空气供给系统

空气供给系统的功用是为发动机提供清洁的空气并控制发动机正常工作时的进气量。发动机工作时，空气经空气滤清器过滤后，通过空气流量计（L 型）、节气门体进入进气总管，再通过进气歧管分配给各缸。节气门体中设有节气门，用以控制进入发动机的空气量，从而控制发动机的输出功率（负荷）。在采用旁通空气式怠速控制系统的发动机上，节气门体的外部或内部设有与主进气道并联的旁通怠速进气通道，并由怠速控制阀控制怠速时的进气量。

在 L 型电控燃油喷射系统中，流经怠速控制阀的空气首先经过空气流量计测量。而在 D 型电控燃油喷射系统中，由于进气管绝对压力传感器测量的是进气管内的绝对压力，流经怠速控制阀的空气也在检测范围内。怠速控制阀由 ECU 直接控制。

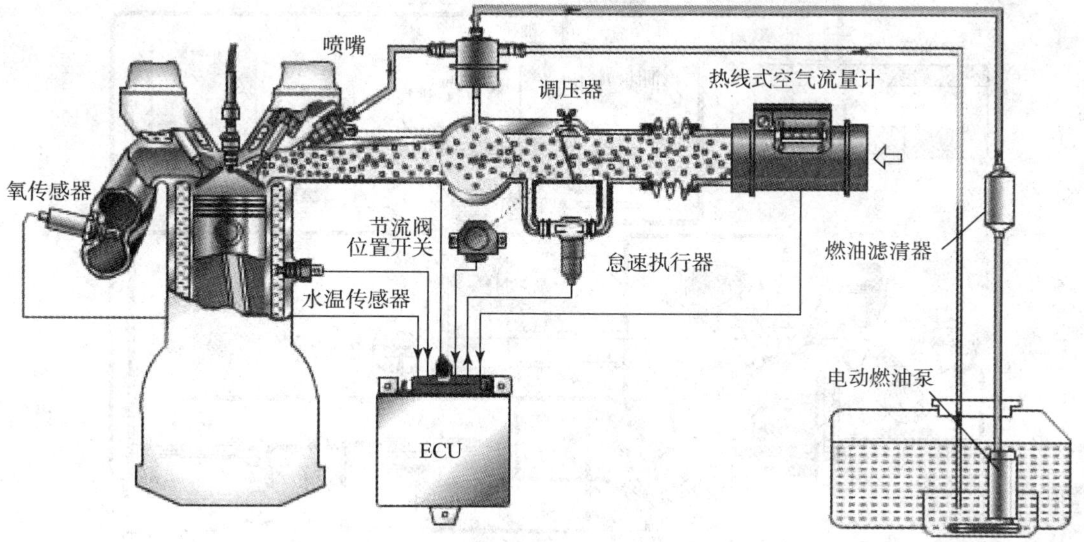

图 2－7　电控燃油喷射系统组成与原理

2. 燃油供给系统

燃油供给系统的功用是供给喷油器一定压力的燃油，喷油器则根据 ECU 指令喷油。电动燃油泵将汽油自油箱内吸出，经燃油滤清器过滤后送入输油管，燃油泵供给的多余汽油经压力调节器和低压回油管流回油箱，输油管负责向各缸喷油器供油。压力调节器通过控制回油量来调节输油管内的燃油压力，以保证喷油器的喷油压差保持恒定。

3. 控制系统

在电控燃油喷射系统中，喷油量控制是最基本的也是最重要的控制内容。ECU 根据空气流量信号和发动机转速信号确定基本的喷油时间（喷油量），再根据其他传感器（如冷却水温传感器、节气门位置传感器等）对喷油时间进行修正，并按最后确定的总喷油时间向喷油器发出指令，使喷油器喷油（通电）或断油（断电）。

任务实施

通过对汽车发动机不同类型电控燃油喷射系统的认识，了解空气供给系统、燃油供给系统和控制系统分别由哪些元件组成及各组件的安装位置，正确区分各类型的电控燃油喷射系统，为电控燃油喷射系统的检测与修复做好准备。

1. 单点燃油喷射系统

单点燃油喷射系统在进气歧管原来安装化油器的部位安装了一个大功率电磁喷油器，集中进行燃油喷射，又称节气门体喷射（TBI）或中央喷射（CFI）。与多点燃油喷射相比，TBI 系统用节气门的开启角度和发动机转速来控制空燃比，结构和控制方式更加简单，如图 2－8 所示。

2. D－Jetronic 电控燃油喷射系统

D－Jetronic 电控燃油喷射系统将进气歧管绝对压力信号和转速信号输送到发动机控制模块（ECU），由发动机控制模块根据该信号计算出进气量，再发出与之相对应的喷油脉冲宽

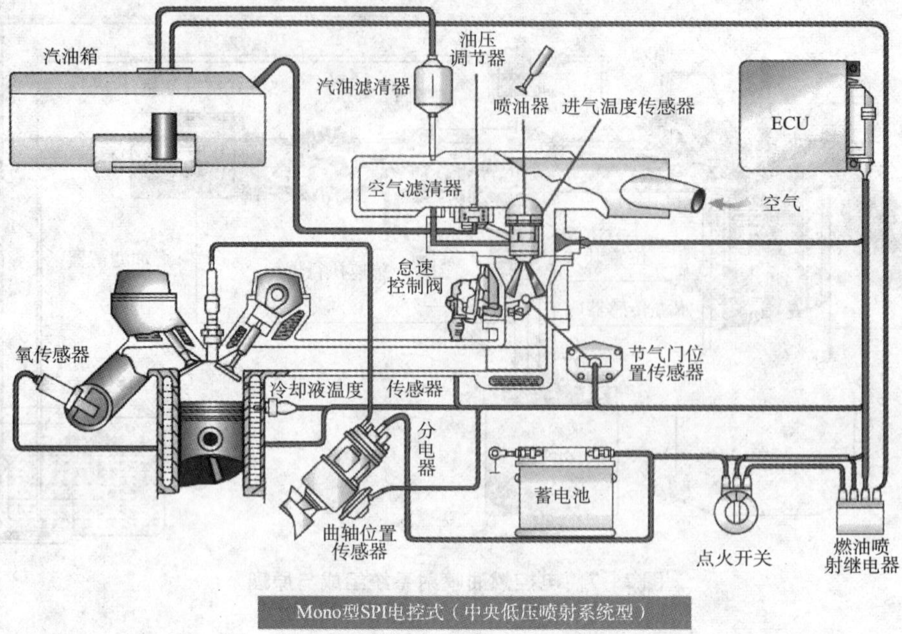

图 2-8　单点燃油喷射系统

度信号，控制电磁喷油器喷射出适量的燃油。国产桑塔纳 2000GLi、切诺基、富康、威驰以及丰田皇冠采用此系统，如图 2-9 所示。

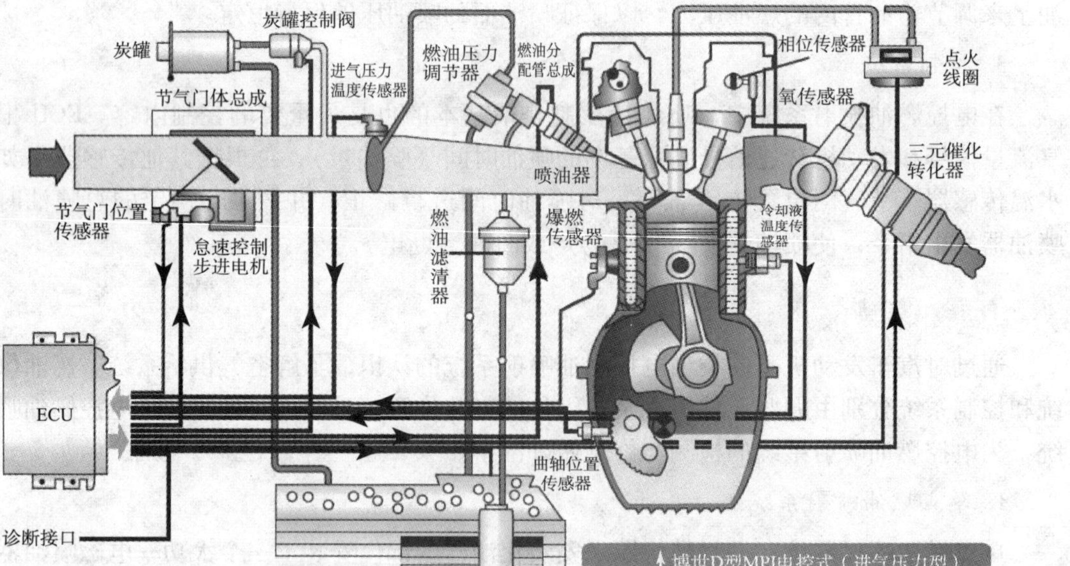

图 2-9　D-Jetronic 电控燃油喷射系统

3. L-Jetronic 电控燃油喷射系统

L-Jetronic 电控燃油喷射系统由翼板式空气流量传感器（MAF）代替进气歧管绝对压力传感器（MAP）检测进气量来控制喷油器的喷油量。丰田佳美、丰田大霸王以及马自达 MPV 多用途汽车采用此系统，如图 2-10 所示。

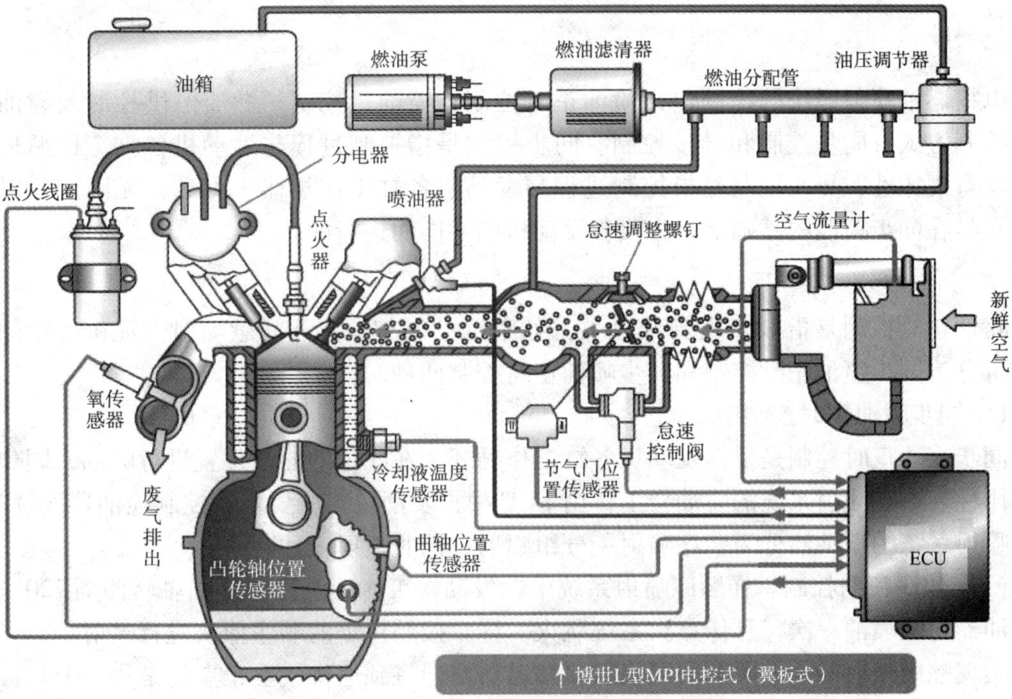

图 2－10　L－Jetronic 电控燃油喷射系统

4. LH－Jetronic 电控燃油喷射系统

LH－Jetronic 电控燃油喷射系统用热线式或热膜式空气流量传感器（MAF）代替翼板式空气流量传感器来检测发动机的进气量。因为它可直接检测进气质量，所以无需对进气温度和大气压力进行修正，并且进气阻力小。桑塔纳 2000GSi、捷达、别克等车型采用此系统，如图 2－11 所示。

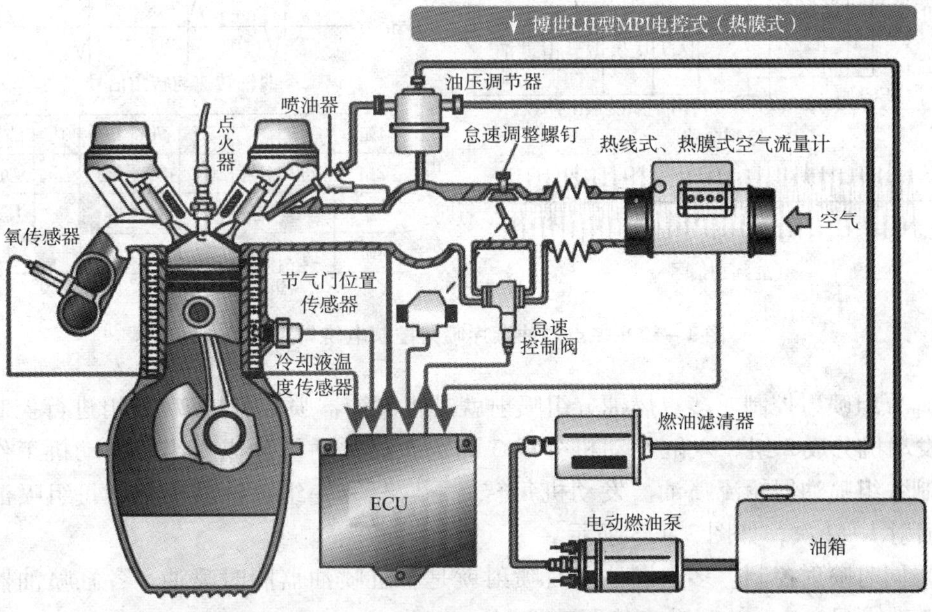

图 2－11　LH－Jetronic 电控燃油喷射系统

知识扩展

电控燃油喷射系统的控制包括喷油正时控制、喷油量控制、燃油停供控制及燃油泵控制。控制方式有同步控制和异步控制。同步控制是指控制过程与发动机各缸工作循环相一致，具有规律性；异步控制是指控制过程与发动机各缸工作规律不一致，无固定位置和时间，它是在同步控制的基础上，为改善发动机的性能而进行的。

1. 喷油正时控制

喷油正时控制是指 ECU 控制喷油器开始喷油的时刻。多点间歇喷射汽油机的喷油时刻控制可分为同步喷油正时控制和异步喷油正时控制两种。

1）同步喷油正时控制

同步喷油正时控制是根据发动机各缸工作循环，在既定的曲轴位置进行喷油，同步喷油有规律性。单点喷射系统的喷油器工作由 ECU 根据发动机工况要求，控制喷油器连续喷油。多点喷射系统的喷油器分为顺序喷射、分组喷射、同时喷射三种。

（1）顺序喷射控制。在顺序喷射系统中，发动机工作一个循环（曲轴转两周 720°），各缸喷油器轮流喷油一次，且像点火系统跳火一样，按照特定的顺序依次进行喷射。

实现顺序喷射的一个关键问题是需要知道活塞即将到达排气上止点的是哪一个气缸。为此，在顺序喷射系统中，ECU 需要一个气缸判别信号（简称判缸信号）。ECU 根据曲轴位置（转角）信号和判缸信号，确定出是哪一个气缸的活塞运行至排气上止点前某一角度（四缸发动机一般在上止点前 60°左右）时，发出喷油控制指令，接通该缸喷油器电磁线圈电流，使喷油器开始喷油。如图 2-12 所示。

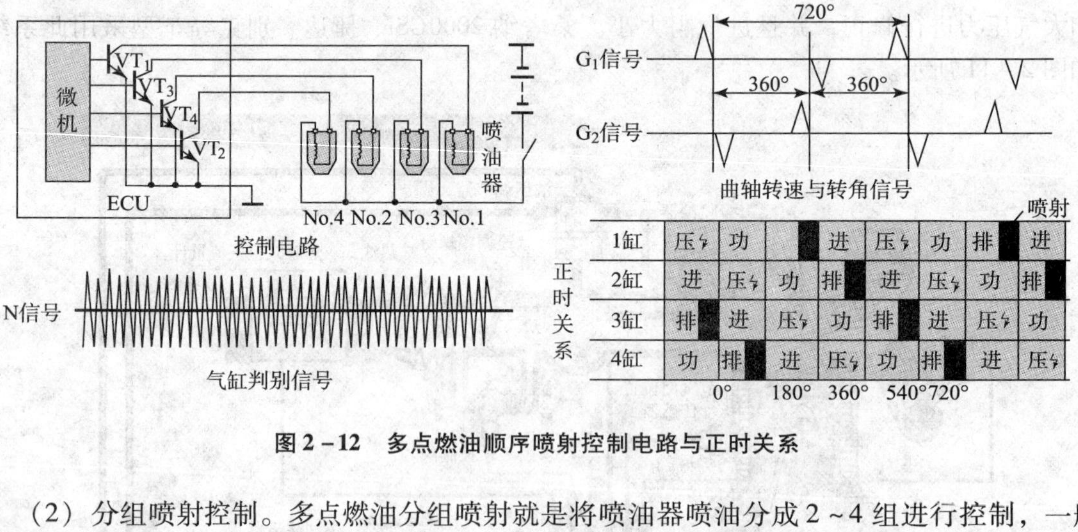

图 2-12　多点燃油顺序喷射控制电路与正时关系

（2）分组喷射控制。多点燃油分组喷射就是将喷油器喷油分成 2~4 组进行控制，一般将四缸发动机分成 2 组、六缸发动机分成 3 组、八缸发动机分成 4 组。发动机工作时，由 ECU 控制各组喷油器轮流喷油。发动机每转一圈，只有一组喷油器喷油，每组喷油器喷油时连续喷射 1~2 次，如图 2-13 所示。

（3）同时喷射控制。多点燃油同时喷射就是各缸喷油器同时喷油，各缸喷油器并联在一起，电磁线圈电流由一只功率管驱动控制。

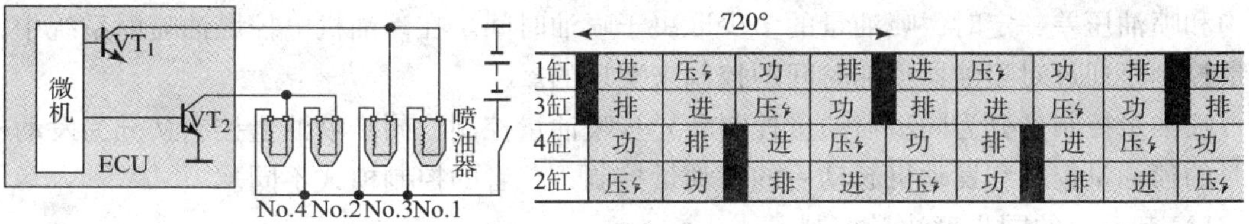

图 2－13　多点燃油分组喷射控制电路与正时关系

发动机工作时，ECU 根据曲轴位置传感器和凸轮轴位置传感器输入的基准信号发出喷油指令，控制功率管导通与截止，再由功率管控制喷油器电磁线圈电流接通与切断，使各缸喷油器同时喷油和停止喷油。曲轴每转一圈（360°）或两圈（720°），各缸喷油器同时喷油一次。由于各缸同时喷油，因此喷油正时与发动机工作循环无关，如图 2－14 所示。

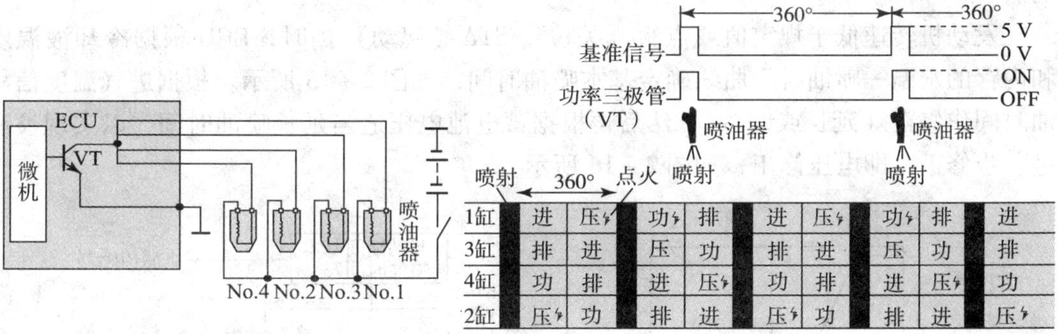

图 2－14　多点燃油同时喷射控制电路与正时关系

2）异步喷油正时控制

异步喷油与发动机的工作不同步，无规律性，它是在同步喷油的基础上，为改善发动机的性能额外增加的喷油，主要有起动异步喷油和加速异步喷油。

（1）起动时的异步喷油控制。在部分电控燃油喷射系统中，为改善发动机的起动性能，在发动机起动时，除同步喷油外，再增加一次异步喷油。

具有起动异步喷油功能的电控燃油喷射系统，在起动开关处于接通状态时，ECU 接收到第一个凸轮轴位置传感器信号（G 信号）之后，接收到第一个曲轴位置传感器的信号（Ne 信号）时，开始进行起动时的异步喷油。

（2）加速时的异步喷油控制。发动机由怠速工况向汽车起步工况过渡时，由于燃油惯性等原因，会出现混合气稀的现象。为了改善起步加速性能，ECU 在节气门位置传感器（IDL 信号）从接通到断开时，增加一次固定量的喷油。在有些电控燃油喷射系统中，ECU 接收到的 IDL 信号从接通到断开后，检测到第一个 Ne 信号时，增加一次固定量的喷油。有些发动机电控燃油喷射系统，为使发动机加速更灵敏，当节气门迅速开启或进气量突然增加（急加速）时，在同步喷射的基础上再增加异步喷射。

2. 喷油量控制

喷油量控制是电控燃油喷射系统最主要的控制功能之一，其目的是使发动机在各种运行工况下，都能获得最佳的混合气浓度，以提高发动机的经济性和降低排放污染。当喷油器的结构和喷油压差一定时，喷油量的多少取决于喷油时间。在汽油机电控燃油喷射系统中，喷油量控制是通过对喷油器喷油时间的控制来实现的。

喷油量控制可分为同步喷油量控制和异步喷油量控制。同步喷油量控制又分为发动机起动时的喷油量控制和发动机起动后的喷油量控制，二者的控制模式不同。

1）起动时的同步喷油量控制

ECU 首先根据点火开关、曲轴位置传感器和节气门位置传感器提供的信号，判定发动机是否处于起动状态，以便决定是否按起动程序控制喷油；在发动机起动时，由于转速波动大，无论是 D 型电控燃油喷射系统中的绝对压力传感器，还是 L 型电控燃油喷射系统中的空气流量计，都不能精确地确定进气量，也就无法确定合适的基本喷油时间，所以发动机起动时的同步喷油量控制与起动后的控制不同。发动机起动时，ECU 根据冷却液温度传感器信号确定基本喷油量，然后再根据进气温度和蓄电池电压进行修正，得到起动时的喷油持续时间。

在发动机转速低于规定值或点火开关位于 STA（起动）挡时，ECU 根据冷却液温度信号和内存的水温—喷油时间曲线确定基本喷油时间，如图 2－15 所示。根据进气温度信号对喷油时间作修正（延长或缩短）；然后再根据蓄电池电压适当延长喷油时间，以实现喷油量的进一步修正，即电压修正，如图 2－16 所示。

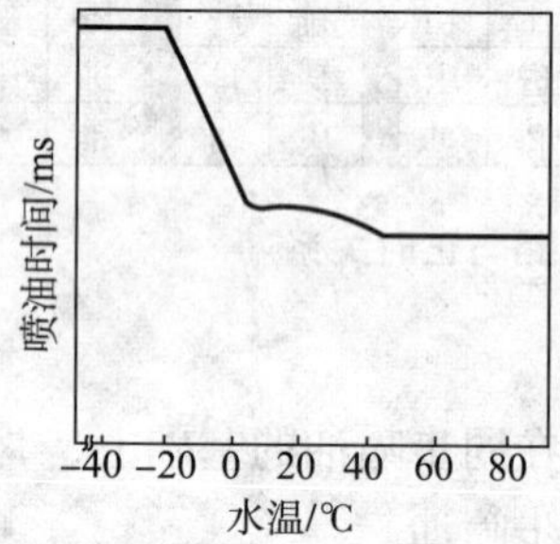

图 2－15　起动时的基本喷油时间

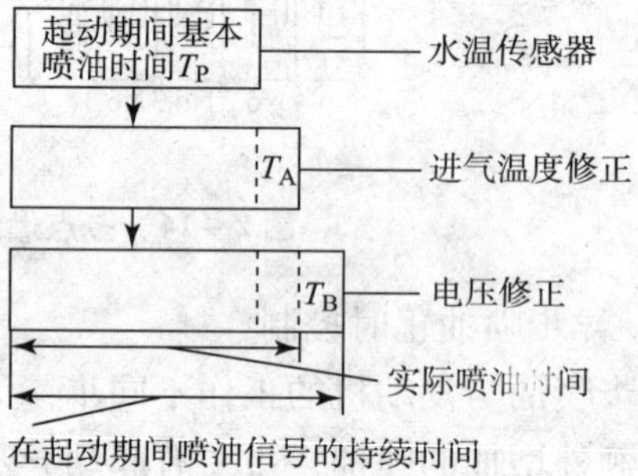

图 2－16　喷油时间的确定

发动机工作时，喷油器的实际喷油时刻比 ECU 发出喷油指令的时刻晚，即存在一段滞后时间，如图 2－17 所示。喷油器喷油的滞后时间，随蓄电池电压降低而延长，这将导致喷油器实际喷油的持续时间比 ECU 确定出的喷油时间缩短，喷油量减少，从而影响电控燃油喷射系统对喷油量的控制精度。为此，发动机工作时，ECU 需根据蓄电池电压适当修正喷油时间，以提高喷油量控制的精度。

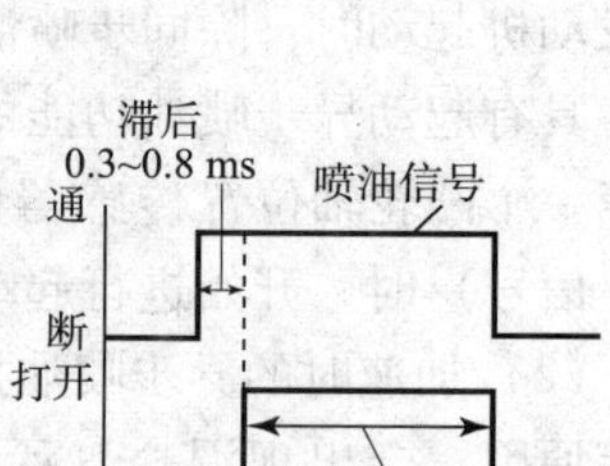

图 2－17　喷油器喷油滞后时间

2）起动后的同步喷油量控制

发动机起动后转速超过预定值时，ECU 确定的喷油持续时间为：

$$喷油持续时间 = 基本喷油持续时间 \times 喷油修正系数 + 电压修正值$$

基本喷油时间是实现既定空燃比（即理论空燃比 14.7:1）的喷射时间。在 D 型电控燃油喷射系统中，ECU 根据发动机转速信号和进气管绝对压力信号，由内存的三元 MAP 图确定基本喷油时间，如图 2－18 所示。在 L 型电控燃油喷射系统中，ECU 根据发动机转速信号和空气流量信号确定基本喷油时间。

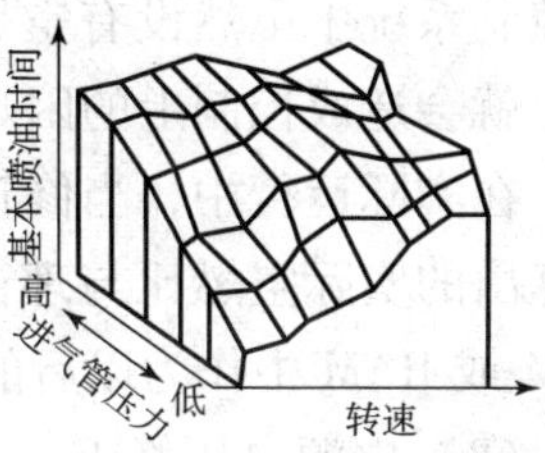

图 2－18　三元 MAP 图

发动机起动后的各工况下，ECU 在确定基本喷油时间的同时，还必须根据各种传感器输送来的发动机运行工况信息，对基本喷油时间进行修正。

（1）暖机工况修正。发动机温度较低时，燃油蒸发性差，为使发动机迅速进入最佳工作状态，必须供给较浓的混合气。发动机起动后，在达到正常工作温度之前，ECU 根据冷却液温度信号对喷油时间进行修正，暖机工况加浓修正系数曲线如图 2－19 所示。

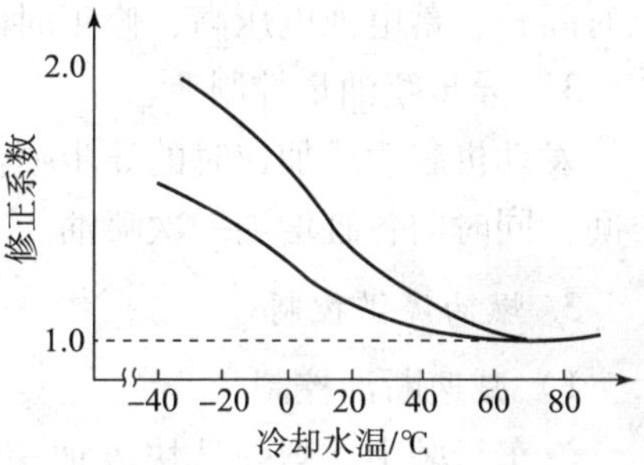

图 2－19　暖机工况加浓修正系数

暖机加浓修正还受怠速信号控制，节气门位置传感器中的怠速触点接通或断开时，根据发动机转速不同，ECU 确定的喷油时间略有不同。

（2）进气温度修正。发动机进气温度影响进气密度，ECU 根据进气温度传感器提供的进气温度信号（THA 信号），对喷油时间进行修正。通常以 20 ℃为进气温度信息的标准温度，低于 20 ℃时空气密度增大，ECU 适当增加喷油时间，使混合气不致过稀；高于 20 ℃时空气密度减小，ECU 适当减少喷油时间，以防混合气偏浓。

（3）大负荷工况喷油量修正。发动机在大负荷工况下运转时，要求使用较浓的混合气以获得大功率，ECU 根据发动机负荷大小修正喷油时间。

发动机工作时，ECU 可根据进气管绝对压力传感器信号或空气流量计信号以及节气门位置传感器输送的全负荷信号或节气门开度信号判断发动机负荷状况，大负荷时适当增加喷油时间。大负荷的加浓量约为正常喷油量的 10%～30%。有些发动机大负荷加浓量还与冷却水温度信号相关。

（4）过渡工况喷油量修正。发动机在过渡工况（加速或减速）下运行时，为获得良好的动力性、经济性和响应性，需要适当修正喷油时间。

ECU 主要根据进气管绝对压力信号（或空气流量信号）、发动机转速信号、车速信号、节气门位置信号、空挡起动开关信号来判断过渡工况，并对喷油时间进行修正。

（5）怠速工况稳定性修正（只用于 D 型电控燃油喷射系统）。在 D 型电控燃油喷射系统中，决定基本喷油时间的进气管绝对压力的变化，在过渡工况时，相对于发动机转速的变化将产生滞后。节气门之后进气管容积越大，怠速时发动机转速越低，这种滞后时间越长。

（6）空燃比反馈修正。在装有三元催化转化器的电控汽油机中，用氧传感器对排气中氧含量进行检测，ECU 根据检测结果对空燃比进行修正，将空燃比控制在理论空燃比附近。

（7）空燃比修正。发动机在使用过程中，电子控制燃油喷射系统各部件性能会有所改变，从而使空燃比控制发生偏差，且这种偏差随着时间的推移，会不断加大。在汽油喷射电子控制系统中虽然设有空燃比反馈修正，但它有一定的修正范围，一旦修正值超过修正范围，就会造成控制上的困难。

在实际运行中，当修正值大于设定值时，为进一步提高空燃比的控制精度，ECU 根据计算出的实际空燃比与理论空燃比的偏差，对喷油时间进行总修正，并把修正系数储存在 ROM 或 RAM 中作为以后的预置值。

（8）电源电压修正。通常把开启滞后与关闭滞后的差值称为无效喷射时间。由于在无效喷油时间内，事实上没有进行喷射，因此需要进行补偿修正。

在实际运行条件下，针阀开启滞后时间受蓄电池电压影响较大，针阀关闭滞后时间受蓄电池电压的影响较小，ECU 根据蓄电池电压对喷油持续时间进行修正，蓄电池电压低，修正时间长；蓄电池电压高，修正时间短。

3）异步喷油量控制

发动机起动或加速时的异步喷油量一般是固定的，即各缸喷油器以一个固定的喷油持续时间，同时向各缸增加一次喷油。

3. 燃油停供控制

1）减速断油控制

汽车行驶中，驾驶员快收加速踏板使汽车减速时，ECU 将会切断燃油喷射控制电路，停止喷油，以降低碳氢化合物及一氧化碳的排放量。当发动机转速降至设定转速时又恢复正常喷油。

2）限速断油控制

发动机加速时，发动机转速超过安全转速或汽车车速超过设定的最高车速时，ECU 将切断燃油喷射控制电路，停止喷油，防止超速。

4. 燃油泵控制

当点火开关打开或发动机熄火后，电控燃油喷射系统中的燃油泵一般预先或迟后工作 2 ~ 3 s，以保证燃油系统必需的油压。在发动机起动过程和运转过程中，燃油泵应保持正常工作。打开点火开关但不起动发动机，或关闭点火开关后，应适时切断燃油泵控制电路，使燃油泵停止工作。部分电控燃油喷射系统中装用的电动燃油泵有高、低两个转速挡，发动机工作时，电控燃油喷射系统根据发动机的转速和负荷来控制燃油泵以高速或低速运转。发动机高速、大负荷工况下耗油较多时，燃油泵以高速运转；发动机在低速、中小负荷工况工作时，使燃油泵以低速运转，以减少不必要的燃油泵磨损和电能消耗。

任务 2　空气供给系统主要元件的构造与检修

任务目标

（1）了解空气供给系统的组成、类型和特点。

（2）掌握空气供给系统主要部件的结构、原理和检修。

（3）能够对空气供给系统进行检修。

任务引入

空气供给系统是发动机电控系统的重要部分，在熟悉发动机电控系统中的空气供给系统主要类型、结构和特点的基础上，掌握空气供给系统主要组成部件的布置和结构，掌握空气滤清器的检查和维护方法、节气门体的检查和维修方法。

相关知识

一、空气供给系统的组成

发动机电控系统中的空气供给系统基本相同，主要组成部件包括空气滤清器、节气门体和进气管。

怠速控制系统的怠速控制阀和控制系统的进气温度传感器、节气门位置传感器、进气管绝对压力传感器（D 型）或空气流量计（L 型）也安装在空气供给系统中。在部分电控燃油喷射发动机的空气供给系统中，还装有其他系统（如进气控制系统等）的元件。

1. D 型发动机电控系统的空气供给系统

D 型发动机电控系统的空气供给系统由于没有空气流量计，其进气系统结构简单，应用比较广泛。D 型发动机电控系统的空气供给系统的组成如图 2－20 所示。发动机工作时，经空气滤清器滤清后的空气，通过进气总管和节气门体被分配到各缸进气歧管再进入气缸。流入进气室的空气量取决于节气门体内的节气门开度和发动机转速。怠速控制阀、进气温度传感器、进气管绝对压力传感器、节气门位置传感器均安装在进气系统中。

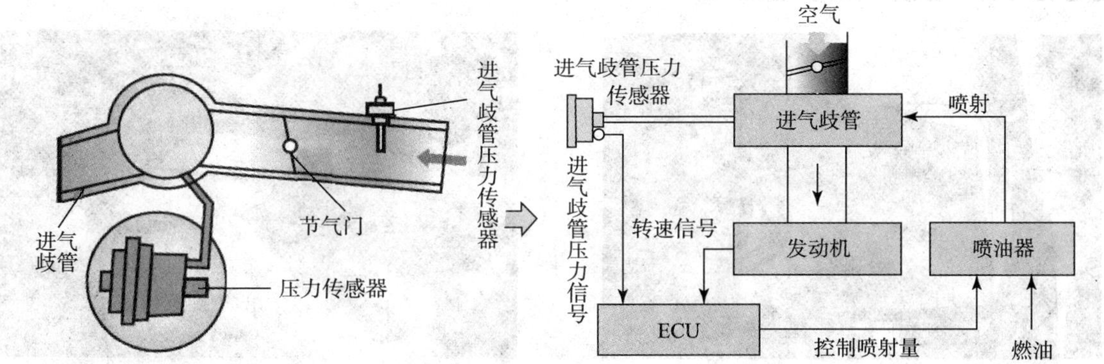

图 2－20　D 型发动机电控系统的空气供给系统

2. L 型发动机电控系统的空气供给系统

L 型发动机电控系统的空气供给系统对空气量的测量更精确，应用也比较广泛。L 型发动机电控系统的空气供给系统如图 2－21 所示。

与 D 型发动机电控系统的空气供给系统相比，在 L 型发动机电控系统的空气供给系统中增设了空气流量传感器，取消了进气歧管绝对压力传感器，其他的组成部件基本相同。

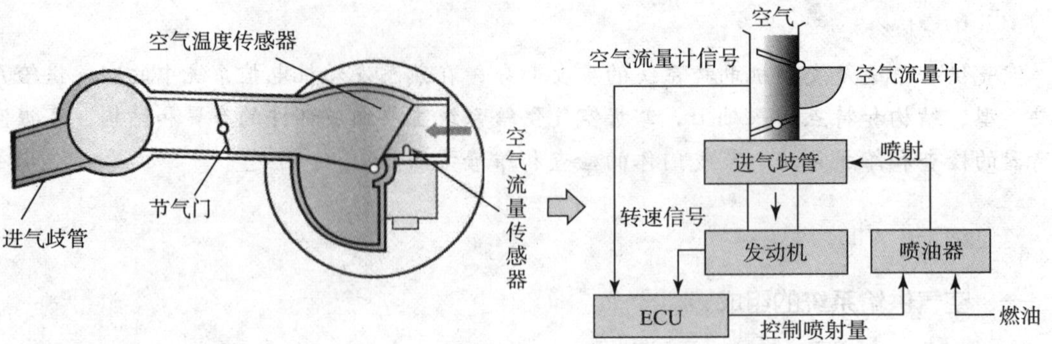

图 2－21　L 型发动机电控系统的空气供给系统

二、空气供给系统主要部件

1. 空气滤清器

空气滤清器是空气供给系统的主要组成部分，其功用是滤除空气中的杂质，以减轻发动机磨损。同时，空气滤清器也可减轻发动机进气噪声。空气滤清器在车上的位置如图 2－22 所示。

目前，汽车发动机广泛采用纸质干式空气滤清器，其结构如图 2－23 所示。滤芯是用树脂处理的微孔滤纸制成，滤芯为波折状，具有较大的过滤面积。为保证滤芯上、下两端的密封，在滤芯两端装有密封圈。发动机工作时，空气从滤清器盖与外壳之间的空隙进入，经过滤芯滤清后，经接管流向气缸。

图 2－22　科鲁兹空气滤清器

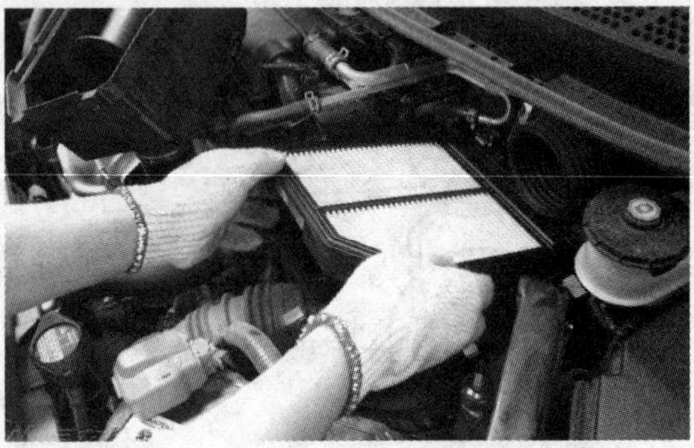

图 2－23　空气滤清器滤芯及其安装位置

2. 节气门体

节气门体安装在进气管中，用以控制发动机正常工况下的进气量，如图 2－24 所示。节气门体主要由节气门和怠速空气道等组成。由于电控燃油喷射发动机怠速运转时，一般将节气门完全关闭，因此专门设有怠速空气道，以供给发动机怠速时所需的空气。怠速空气道由 ECU 通过怠速控制阀控制。

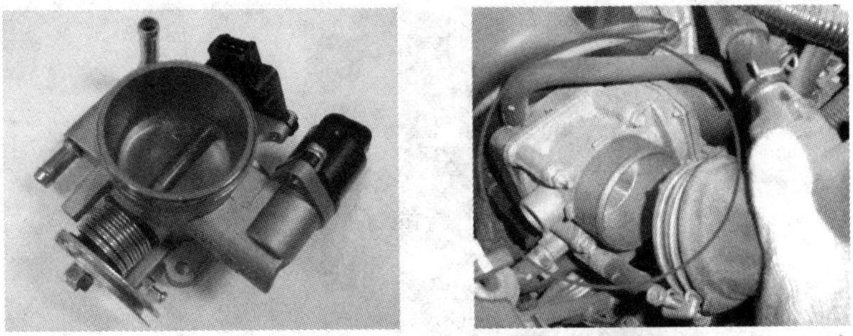

(a)　　　　　　　　　　　　(b)

图 2－24　节气门体及其安装位置

(a) 节气门体；(b) 节气门体安装位置

3. 进气管

进气管一般包括进气软管、进气总管和进气歧管。进气软管用于连接空气滤清器与节气门体，进气总管用于连接节气门体与进气歧管。有些发动机的进气总管与进气歧管制成一体，有些则是分开的，再用螺栓连接。典型的进气管如图 2－25 所示。进气歧管的功用是给各缸分配空气。进气歧管用螺栓安装在气缸盖上，在进气歧管与气缸盖之间装有密封垫，以防止漏气。发动机的进气歧管与排气歧管一般制成一体，称为整体式进、排气歧管。

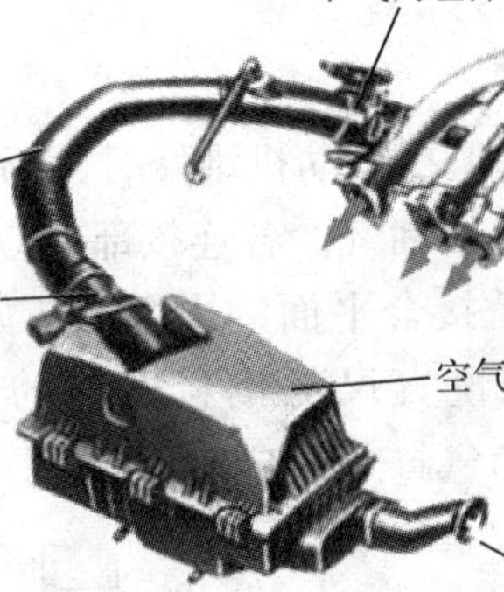

图 2－25　进气管及其安装位置结构

任务实施

一、空气滤清器的维护

一般汽车每行驶 15 000 km，应对空气滤清器进行一次维护。

维护空气滤清器时，打开空气滤清器盖上的锁扣或螺母，即可拆下滤清器盖，然后取出密封圈和滤清器滤芯。检查空气滤清器滤芯，若沾有油污或破损，应更换新件。对能继续使用的空气滤清器滤芯，可以轻轻磕打将灰尘震掉，也可以按图 2－26 所示用压缩空气从里向外吹掉灰尘，压缩空气的压力应在 196～294 kPa 范围内，避免压力过大损坏滤芯。

图 2-26　清洁空气滤清器滤芯

安装空气滤清器时，应注意将密封垫正确安装在原位，以防止不清洁的空气进入气缸。橡胶密封垫易老化或损坏，老化或损坏的密封垫必须更换新件。

二、节气门体的检修

节气门体是空气供给系统的重要部件，在维修时应检查节气门体内是否有积垢或结胶，必要时用化油器清洗剂进行清洗。

注意：绝对不允许用砂纸或刮刀等清理积垢和结胶，以免损伤节气门体内腔，导致节气门关闭不严或改变怠速空气道尺寸，影响发动机正常工作。

三、进、排气管的维修

进、排气管一般很少发生故障。但在发动机维修时，仍应注意进行以下检查：

（1）检查进气管漏气或排气管是否漏气。各连接部位应连接可靠，密封垫应完好。

（2）检查进、排气歧管与气缸盖接合平面的平面度。如图 2-27 所示，在相互交叉的两个方向上放置直尺，并用塞尺测量直尺与接合面间的间隙。最大间隙一般应不超过 0.1 mm，否则应修磨进、排气歧管与气缸盖接合平面或更换进、排气歧管。

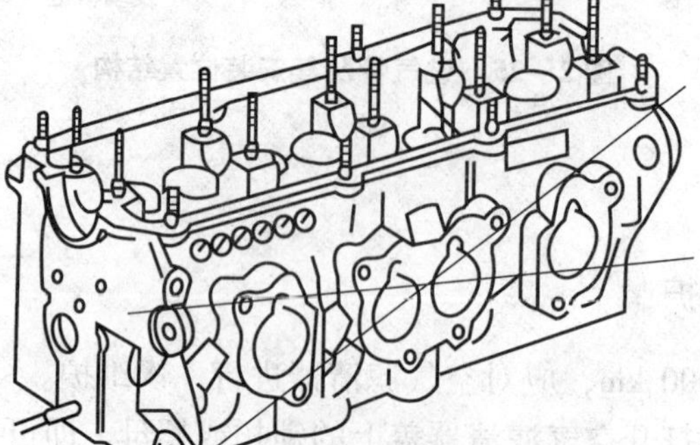

图 2-27　检查进、排气管与气缸盖接合平面的平面度

任务3　燃油供给系统主要元件的构造与检修

任务目标

(1) 了解燃油供给系统的组成、结构及特点。

(2) 了解燃油供给系统各部件的结构、工作原理及检测方法。

(3) 熟悉燃油供给系统油路。

(4) 掌握不同工作状态下系统燃油压力值。

任务引入

燃油供给系统是发动机电控系统的重要组成部分，储存、输送、清洁燃油，根据发动机各种不同工况，将适量的燃油与空气混合，以供给气缸一定浓度和数量的可燃混合气。在熟悉发动机电控系统中的燃油供给系统主要组成部件的布置和结构基础上，掌握电动燃油泵、燃油压力调节器、燃油滤清器等部件的作用及类型、结构及原理、维护与检修方法。

相关知识

一、燃油供给系统的基本组成

电控汽油发动机的燃油供给系统由燃油箱、电动燃油泵、燃油滤清器、喷油器、燃油压力调节器、燃油分配管及油管等组成，如图2－28所示。对于不同类型的电控汽油发动机，燃油供给系统的组成部件可能会有些差异，如有部分车型安装脉动阻尼器、冷起动喷油器等，但总体结构基本相似。

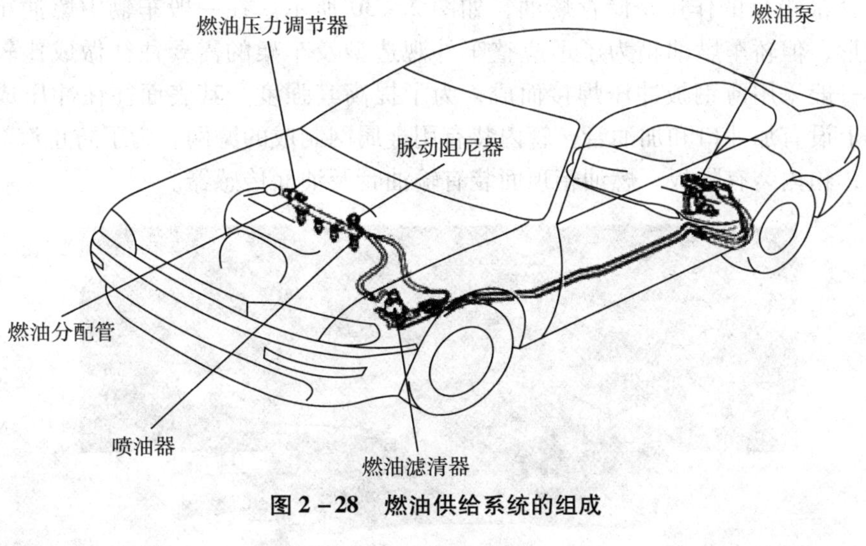

图2－28　燃油供给系统的组成

二、燃油供给系统的工作原理

以桑塔纳2000GLi为例，如图2－29所示。

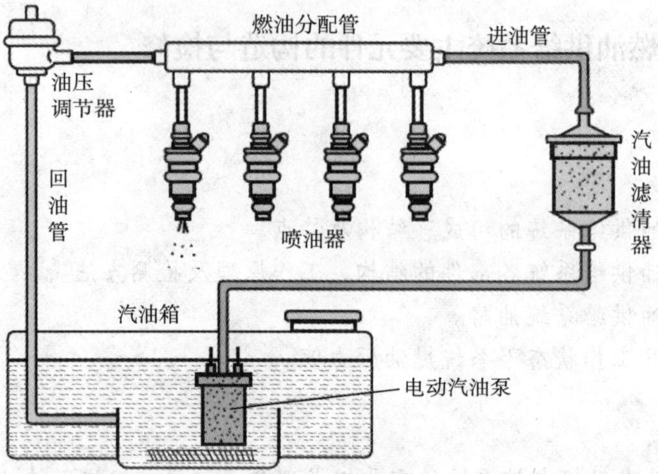

图 2－29　桑塔纳轿车燃油供给系统结构原理

电动汽油泵将汽油从油箱里泵出，先经汽油滤清器过滤，再经燃油压力调节器调节油压，使油路中的油压高于进气管负压（300 ± 20）kPa，最后经燃油分配管分配到各缸喷油器。喷油器根据电控单元（ECU）的指令将汽油适时喷在进气门附近。在德国原 Motronic 系统中，设计有冷起动喷油器，当冷车起动发动机时，冷起动喷油器按 ECU 发出的控制指令喷油，用以改善发动机的低温起动性能。桑塔纳 2000GLi、桑塔纳 2000GSi、捷达 GTX 等型轿车引进的 Motronic 系统经过改进设计，取消了冷起动喷油器。

三、燃油供给系统主要部件

1. 燃油箱

燃油箱（油箱）的作用是储存燃油，如图 2－30 所示。在一般车辆中燃油箱一般做成方形或圆柱形，但轿车燃油箱为了适应整车外观造型及车架的需要往往做成比较复杂的形状，油箱体一般采用薄钢板冲压焊接而成，为了提高其强度，其表面往往冲压成加强筋形式。油箱体上设有加油口和加油管，管内装有用金属网制成的滤网。为了防止汽车振动带来的燃油振荡，箱内装有隔板。燃油箱顶面装有输油管及油面传感器。

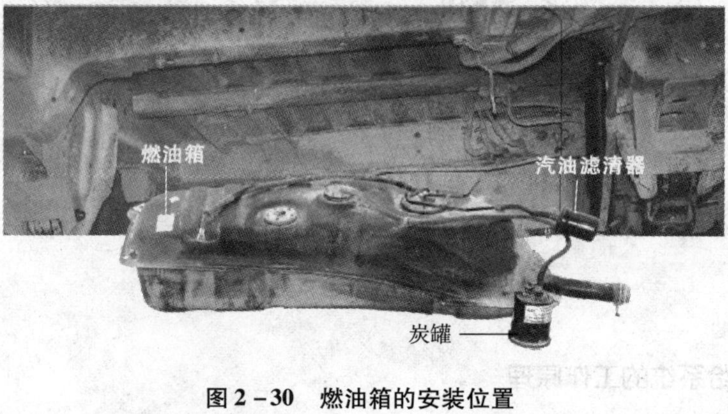

图 2－30　燃油箱的安装位置

在密闭的油箱中，当汽油输出而油面降低时，箱内将产生一定的真空度，真空度过大时汽油将不能被汽油泵吸出而影响发动机的正常工作；另外，在外界温度高的情况下，汽油蒸气过多，将使箱内压力过大。这两种情况都要求油箱能在必要时与大气相通。为此，一般采用装有空气阀和蒸气阀的油箱盖。油箱盖内有垫圈用以封闭加油管口。当箱内汽油减少，压力降低到 0.098 MPa 以下时，空气阀被大气压开，空气便进入油箱内，使汽油泵能正常供油。当油箱内汽油蒸气过多，其压力大于 0.11 MPa 时，蒸气阀被顶开，汽油蒸气泄出，以保持油箱内的正常压力。

2. 电动燃油泵

1）电动燃油泵的安装位置

电动燃油泵是一种由小型直流电动机驱动的燃油泵，其作用是给电控燃油喷射系统提供具有一定压力的燃油。电动燃油泵的电动机和燃油泵连成一体，密封在同一壳体内。

电动燃油泵按安装位置不同，可分为内置式和外置式两种。

内置式电动燃油泵安装在油箱中，油泵内置时浸泡在燃油里，这样可以防止产生气阻和燃油泄露，且噪声小。同时，可以用汽油进行冷却和润滑，延长其使用寿命。还有安装管路较简单等优点，目前应用较为广泛，安装位置如图 2-31 所示。有些车型在油箱内还设有一个小油箱，并将燃油泵置于小油箱中，这样可防止在油箱燃油不足时，因汽车转弯或倾斜引起燃油泵周围燃油的移动，使燃油泵吸入空气而产生气阻。

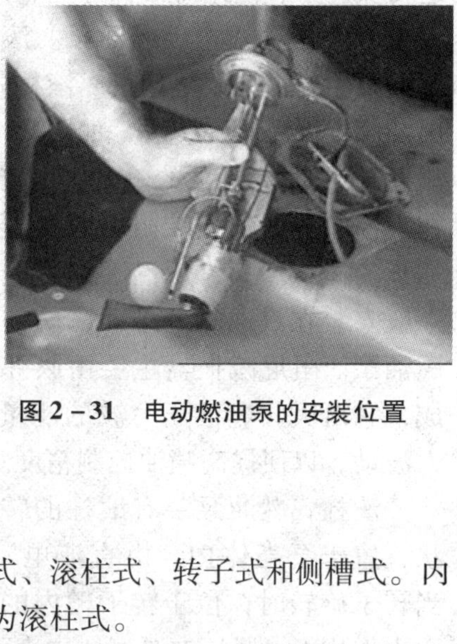

图 2-31　电动燃油泵的安装位置

外置式电动燃油泵串接在油箱外部的输油管路中，优点是容易布置，安装自由度大，但噪声大，且燃油供给系统易产生气阻，所以只应用在少数车型上。

2）电动燃油泵的构造

目前各车型装用的电动燃油泵按其结构不同，有涡轮式、滚柱式、转子式和侧槽式。内置式电动燃油泵多采用涡轮式，外置式电动燃油泵则多数为滚柱式。

（1）涡轮式电动燃油泵。涡轮式电动燃油泵主要由油泵电动机、涡轮泵、出油阀、卸压阀等组成，如图 2-32 所示。油箱内的燃油进入油泵内的进油室前，首先经过滤网初步过滤。

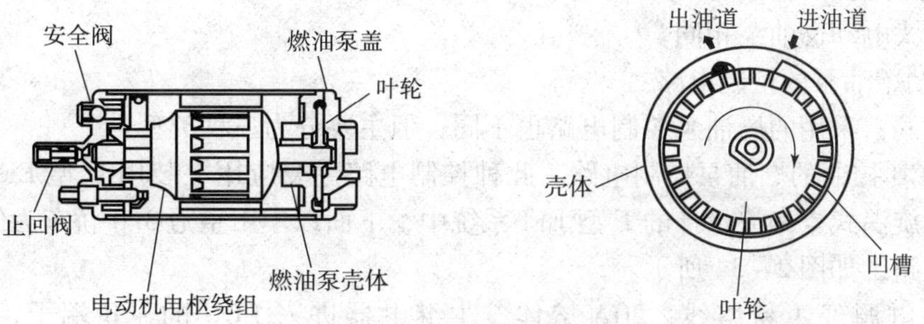

图 2-32　涡轮式电动燃油泵

涡轮泵主要由叶轮、叶片、泵壳体和泵盖组成，叶轮安装在油泵电动机的转子轴上。油泵电动机通电时，油泵电动机驱动涡轮泵叶轮旋转，离心力的作用，使叶轮周围小槽内的叶片贴紧泵壳，并将燃油从进油室带往出油室。由于进油室燃油不断被带走，因此形成一定的真空度，将油箱内的燃油经进油口吸入；而出油室燃油不断增多，燃油压力升高，当燃油压力达到一定值时，则顶开出油阀经出油口输出。出油阀还可在燃油泵不工作时，阻止燃油倒流回油箱，这样可保持油路中有一定的残余压力，便于下次起动。

燃油泵工作中，燃油流经油泵电动机内腔，对油泵电动机起到冷却和润滑的作用。燃油泵不工作时，出油阀关闭，使油管内保持一定的残余压力，以便于发动机起动和防止气阻产生。卸压阀安装在进油室和出油室之间，当燃油泵输出的燃油压力达到0.4 MPa时，卸压阀开启，使燃油泵内的进油室与出油室连通，燃油泵工作使燃油只能在其内部循环，以防止输油压力过高。

涡轮式电动燃油泵具有泵油量大、泵油压力较高（可在600 kPa以上）、供油压力稳定、运转噪声小、使用寿命长等优点，所以应用最为广泛。

（2）滚柱式电动燃油泵。滚柱式电动燃油泵主要由油泵电动机、滚柱式燃油泵、出油阀、卸压阀等组成，如图2－33所示。滚柱式电动燃油泵的输油压力波动较大，在出油端一般都安装阻尼减振器，这使燃油泵的体积增大，所以滚柱式电动燃油泵一般安装在汽油箱的外面，属外置式电动燃油泵。阻尼减振器主要由膜片和弹簧组成，它可吸收燃油压力波的能量，降低压力波动，以便提高喷油控制精度。

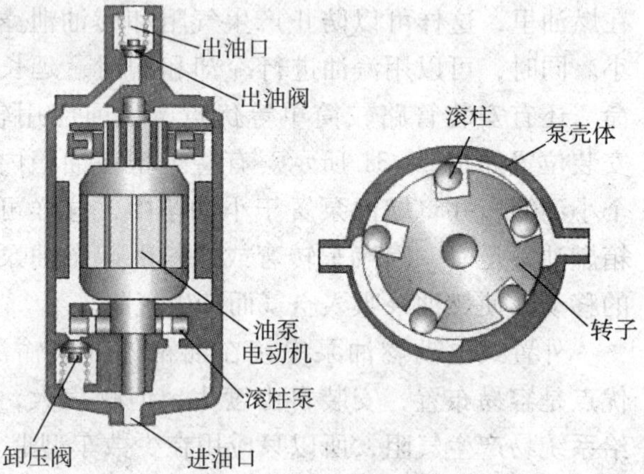

图2－33　滚柱式电动燃油泵

滚柱式燃油泵装有滚柱的转子呈偏心状，置于泵壳体内，由直流电动机驱动，当转子旋转时，位于转子槽内的滚柱在离心力作用下，紧压在泵壳体内表面上，对周围起密封作用，在相邻两个滚柱之间形成了工作腔。在燃油泵运转过程中，工作腔转过出油口后，其容积不断增大，形成一定的真空度，当转到与进油口连通时，将燃油吸入；而吸满燃油的工作腔转过进油口后，其容积又不断减小，使燃油压力提高，具有一定压力的燃油流过电动机，从出油口输出。出油阀和卸压阀的作用与涡轮式电动燃油泵相同。

3）电动燃油泵的控制电路

车型不同，采用的燃油泵控制电路也不同，但主要分为三种类型。

（1）ECU控制的燃油泵控制电路。此种控制电路主要应用在装用D型EFI系统和装用热式或卡门旋涡式空气流量计的L型EFI系统中，下面以丰田皇冠3.0轿车为例来说明燃油泵的控制电路，如图2－34所示。

蓄电池电源经主易熔线、20A熔体、主继电器进入ECU的＋B端子，燃油泵控制ECU通过FP端子向燃油泵供电。燃油泵控制ECU根据发动机ECU端子FPC和DI的信号，控制＋B端子与FP端子的连通回路，以改变输送给燃油泵的电压，从而实现对燃油泵转速

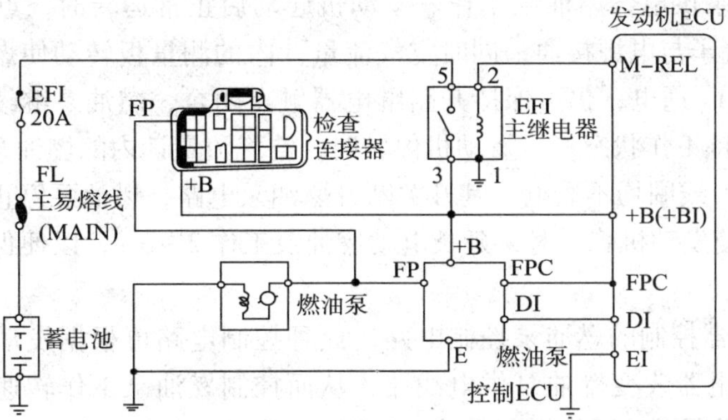

图 2－34　ECU 控制的燃油泵控制电路

的控制。当发动机高速、大负荷工作时，发动机 ECU 的 FPC 端子向燃油泵控制 ECU 发出指令，使 FP 端子向燃油泵提供 12 V 的蓄电池电压，燃油泵以高速运转。当发动机低速、小负荷工作时，发动机 ECU 的 DI 端子向燃油泵控制 ECU 发出指令，使 FP 端子向燃油泵提供较低的电压（一般为 9 V），燃油泵以低速运转。

ECU 的＋B 端子和 FP 端子，分别由导线与诊断座上的相应端子相连，以便于对燃油泵进行检查。

（2）油泵开关控制的燃油泵控制电路。此种控制电路用于装用叶片式空气流量计的 L 型 EFI 系统，下面以丰田凌志 ES300 轿车为例来说明燃油泵控制电路，如图 2－35 所示。

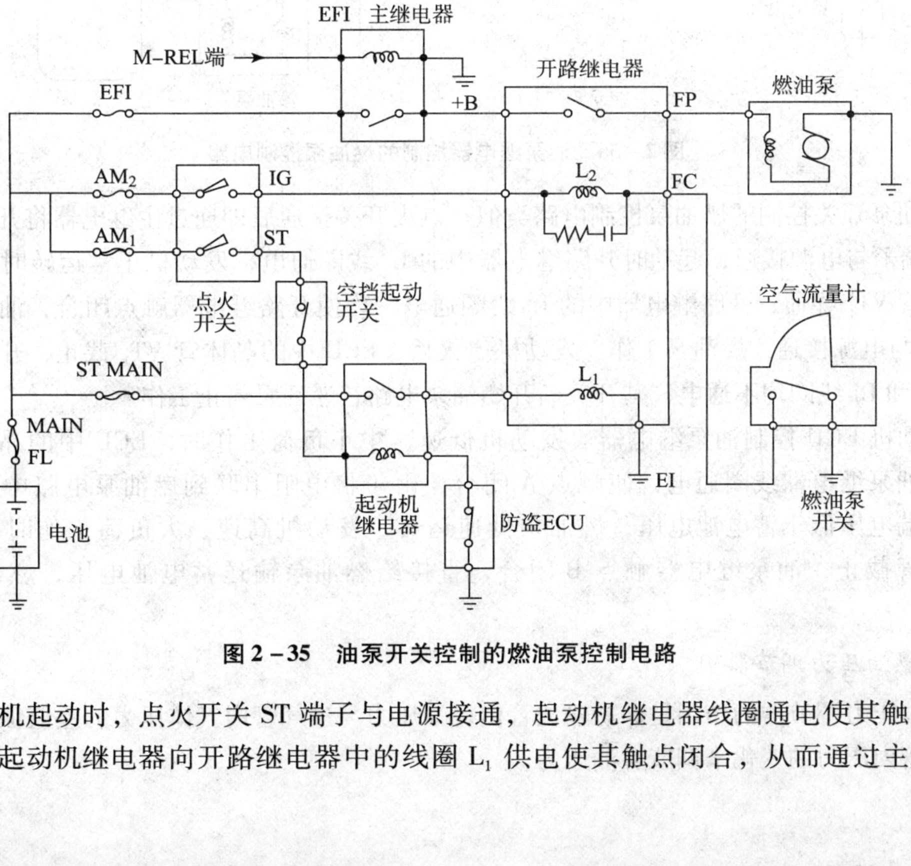

图 2－35　油泵开关控制的燃油泵控制电路

发动机起动时，点火开关 ST 端子与电源接通，起动机继电器线圈通电使其触点闭合，蓄电池经起动机继电器向开路继电器中的线圈 L_1 供电使其触点闭合，从而通过主继电器、开路继电器向燃油泵供电，燃油泵工作。发动机起动后正常运转时，点火开关处于点火位置，点火开关 IG 端子与电源接通，同时空气流量计内的测量板转动使燃油泵开关闭合，开路继电器内的线圈 L_2 通电，仍可保持开路继电器触点闭合，燃油泵继续工作。发动机运转中，燃油泵始终保持工作状态；当发动机停转时，空气流量计内的燃油泵开关便断开，开路继电器内的 L_1 和 L_2 线圈均不通电，其开关断开燃油泵电路，燃油泵停止工作。开路继电器中的 RC 电路，可使发动机熄火时，延长电动燃油泵工作 2 ~ 3 s，以便保持燃油系统内有一定的残余压力。

（3）油泵继电器控制的燃油泵控制电路。此种控制电路可根据发动机转速和负荷的变化，通过燃油泵继电器改变燃油泵供电线路，从而控制燃油泵工作转速。下面以丰田凌志 LS400 轿车为例来说明燃油泵的控制电路，如图 2 – 36 所示。

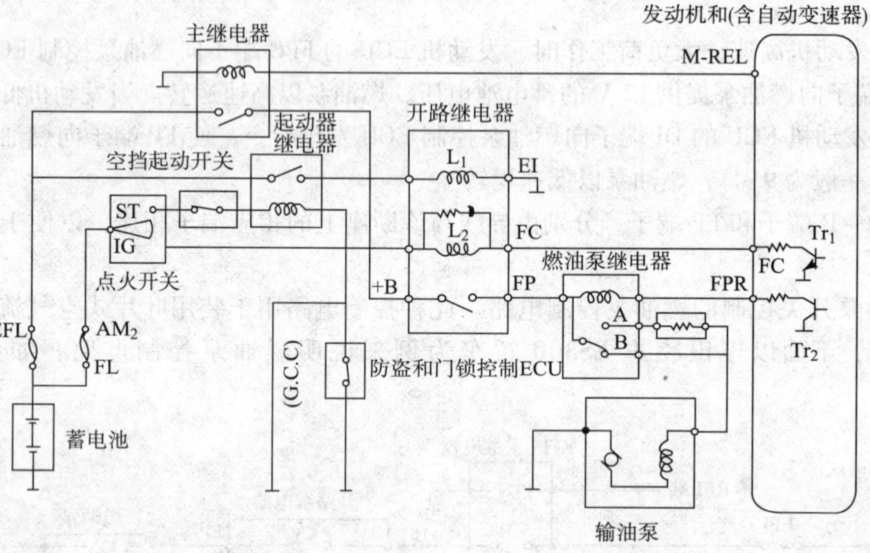

图 2 – 36　油泵继电器控制的燃油泵控制电路

与油泵开关控制的燃油泵控制电路类似，点火开关接通后即通过主继电器将开路继电器的 + B 端子与电源接通，起动时开路继电器中的 L_1 线圈通电，发动机正常运转时，ECU 中的晶体管 VT_1 导通，开路继电器中的 L_2 线圈通电，均使开路继电器触点闭合，油泵继电器 FP 端子与电源接通，燃油泵工作。发动机熄火后，ECU 中的晶体管 VT_1 截止，开路继电器内的 L_1 和 L_2 线圈均不通电，其开关断开燃油泵电路，燃油泵停止工作。

发动机 ECU 控制油泵继电器。发动机低速、中小负荷工作时，ECU 中的晶体管 VT_2 导通，油泵继电器线圈通电，使触点 A 闭合，由于将电阻串联到燃油泵电路中，因此燃油泵两端电压低于蓄电池电压，燃油泵低速运转。发动机高速、大负荷工作时，ECU 中的晶体管截止，油泵继电器触点 B 闭合，直接给燃油泵输送蓄电池电压，燃油泵高速运转。

3. 燃油压力调节器

燃油压力调节器的作用是保持输油管内燃油压力与进气管内气体压力的差值恒定，即根据进气管内压力的变化来调节燃油压力。

根据安装位置不同，燃液压力调节器可以分为两种类型，一种与燃油分配管相连，特点是带回油管；另一种是在油箱中，特点是无回油管。

1）带回油管的燃油压力调节器

带回油管的燃油压力调节器通常安装在燃油分配管的一端，结构如图 2－37 所示。燃油压力调节器主要由膜片、弹簧和回油阀等组成。膜片将燃油压力调节器壳体内部分成两个室，即弹簧室和燃油室；膜片上方的弹簧室通过软管与进气管相通，膜片与回油阀相连，回油阀控制回油量。

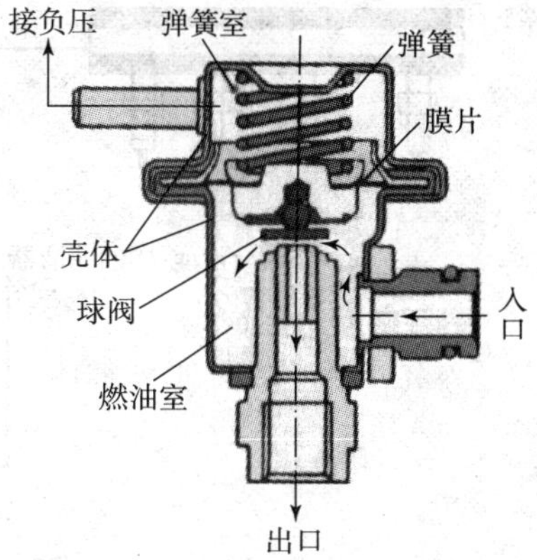

图 2－37　带回油管的燃油压力调节器结构

发动机工作时，燃油压力调节器膜片上方承受的压力为弹簧的弹力和进气管内气体的压力之和，膜片下方承受的压力为燃油压力，当膜片上、下承受的压力相等时，膜片处于平衡位置不动。当进气管内气体压力下降（真空度增大）时，膜片向上移动，回油阀开度增大，回油量增多，使输油管内燃油压力也下降；反之，当进气管内的气体压力升高时，则膜片带动回油阀向下移动，回油阀开度减小，回油量减少，使输油管内燃油压力也升高。

由此可见，在发动机工作时，燃油压力调节器通过控制回油量来调节输油管内燃油压力，从而保持喷油器喷油压差恒定不变。进气歧管内压力、燃油分配管内压力与节气门开度的变化关系如图 2－38 所示。

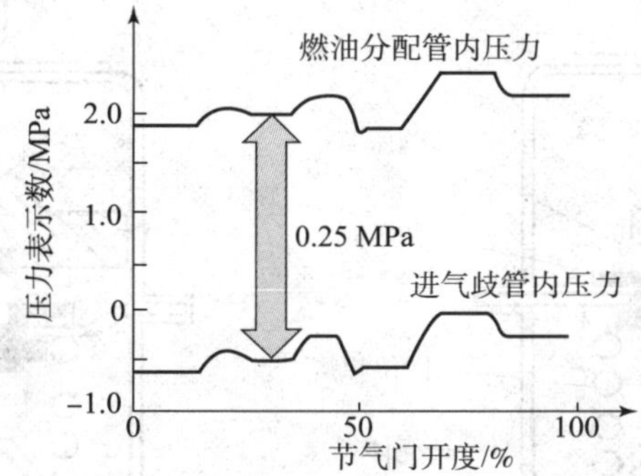

图 2－38　进气歧管内压力、燃油分配管压力与节气门开度的关系

2）无回油管的燃油压力调节器

无回油管燃油供给系统实际并不是真的没有回油管，只是将回油管和燃油压力调节器与燃油泵、燃油滤清器以及燃油表传感器等组成一体，一起组合安装在燃油箱内，燃油压力调节器和燃油滤清器位于总成的上部。由一条油管将油轨和这个总成连接起来，如图 2－39 所示。

在无回油管燃油供给系统中，由于燃油泵供给的多余燃油在燃油箱完成回流，从而避免了回油吸热导致油温升高的现象。

无回油管的燃油压力调节器是一个弹簧加载的压力调节器，如图 2－40 所示。主要由调压阀和调压弹簧组成。它的作用是把燃油管的压力限定在 350 kPa。当燃油压力小于 350 kPa

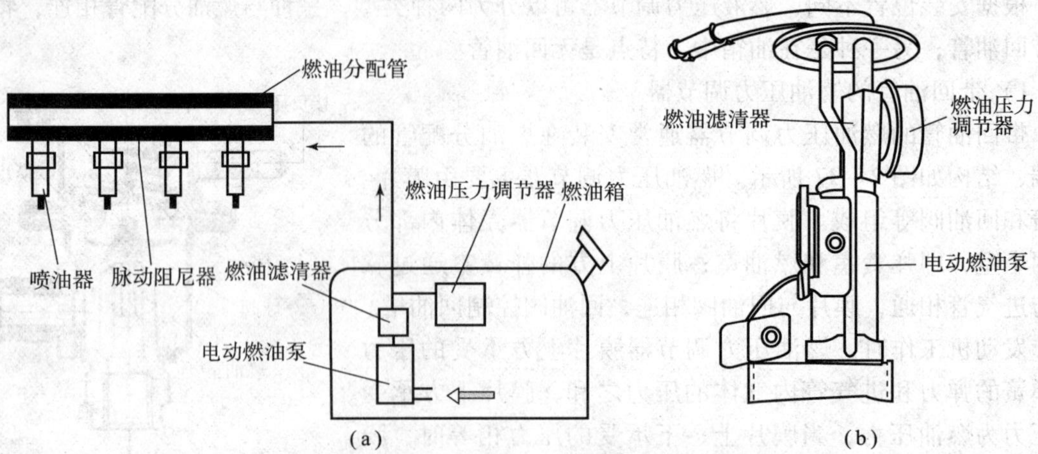

图 2－39　无回油管的燃油压力调节器总成

(a) 原理图；(b) 结构图

时，调压阀在调压弹簧的作用下落座；当燃油压力大于 350 kPa 时，调压阀克服调压弹簧的作用力向下移动，多余的燃油便经过调压阀和阀座之间的间隙流入调压弹簧室，再返回油箱。这样，可减少燃油热量，减少燃油气泡的形成。当然，标准压力限定值与车型有关。

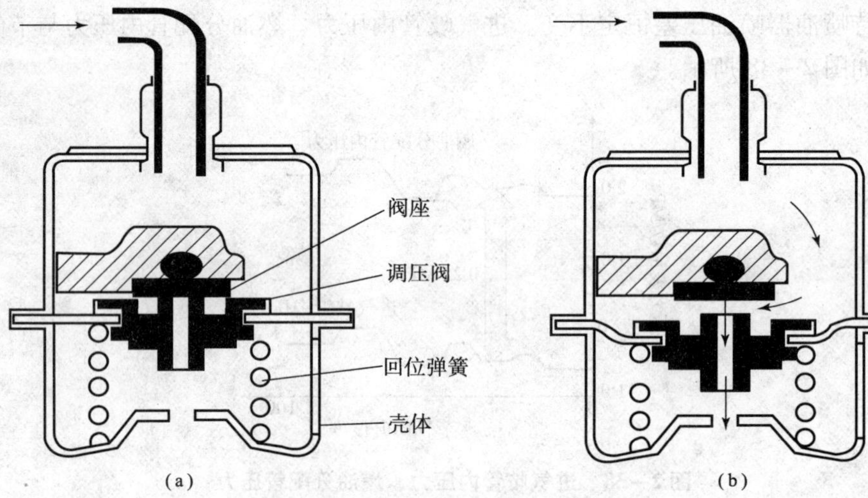

图 2－40　无回油管的燃油压力调节器结构

(a) 燃油压力小于 350 kPa；(b) 燃油压力大于 350 kPa

4. 燃油滤清器

燃油滤清器功用是滤除燃油中的杂质和水分，防止燃油系统堵塞，减小油泵、喷油器等部件的机械磨损，以保证发动机正常工作。

燃油滤清器安装在燃油泵之后的高压油路中，安装位置一般在车身底部，也有一些汽车将燃油滤清器安装在发动机舱内。

在电控燃油喷射系统中，一般采用的都是纸质滤芯，滤芯安装在金属外壳内。通常，燃油滤清器是整体更换的。在很多燃油滤清器的进油管接头和出油管接头上都有标志，滤清器外壳上的箭头表示燃油通过滤清器的流动方向。

一次性的燃油滤清器的结构如图 2－41 所示，燃油从入口进入滤清器，经过壳体内的滤芯过滤后，清洁的燃油从出口流出。一般汽车每行驶 20 000～40 000 km 或 1～2 年，应更换燃油滤清器。更换燃油滤清器时，应首先释放燃油系统压力，并注意燃油滤清器壳体上的箭头标记为燃油流动方向。

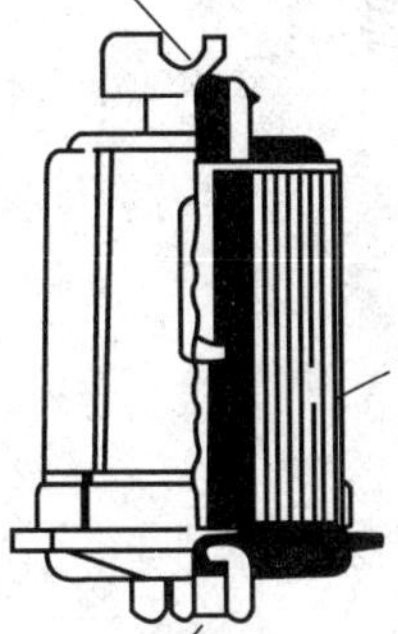

(a)

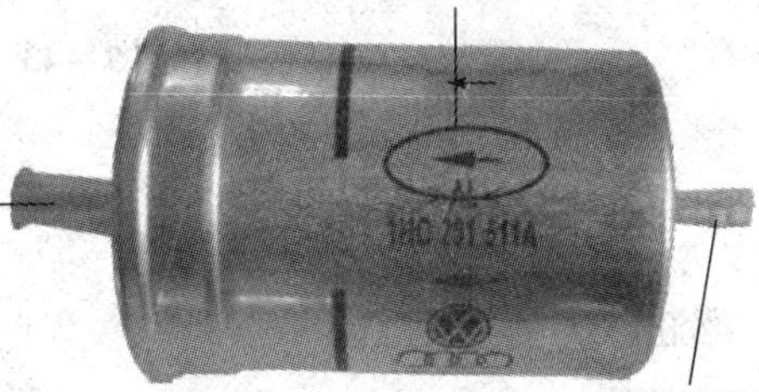

(b)

图 2－41　燃油滤清器

(a) 结构图；(b) 实物图

5. 脉动阻尼器

在部分电控燃油喷射发动机系统中，燃油分配管的一端装有脉动阻尼器，其功用是衰减喷油器喷油时引起的燃油压力脉动，使燃油系统压力保持稳定。

脉动阻尼器的结构如图 2－42 所示，主要由膜片和膜片弹簧等组成。发动机工作时，燃油经过脉动阻尼器膜片下方进入输油管，当燃油压力产生脉动时，膜片弹簧被压缩或伸张，膜片下方的容积略有增大或减小，从而可起到稳定燃油系统压力的作用。同时膜片弹簧的变形可吸收脉动能量，迅速衰减燃油压力的脉动。

脉动阻尼器一般不会发生故障。需进行拆卸时，注意应首先释放燃油系统压力。

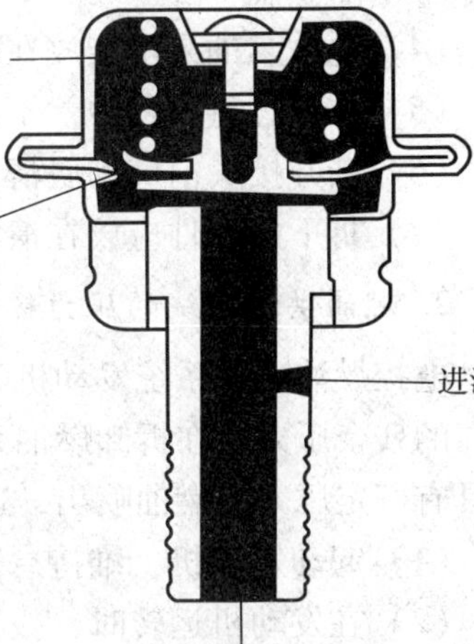

图 2－42　脉动阻尼器结构

6. 燃油分配管

燃油分配管也称油轨，通常由铸铝制成，包括喷油器的内装管接头、供油管和压力调节器，如图 2－43 所示。它的作用是把燃油均匀地分配到各个喷油器中，且同时保持对各个喷油器有相同的燃油压力。燃油分配管还起着储油的作用，分配管的容积相对于每次循环的喷油量来说应足够大，这样可避免管中燃油压力有波动，使分配到各个喷油器的燃油压力相等。同时分配管也可使喷油器的安装固定简单。油压测试口位于汽油分配管的一侧，用于维修时的检查和释放燃油系统压力。

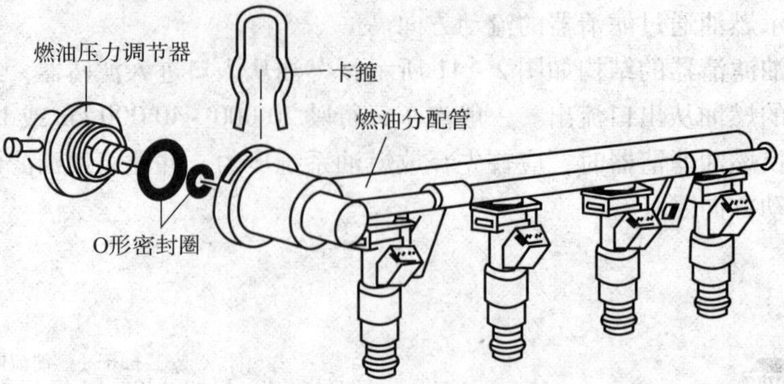

图 2-43　燃油分配管

任务实施

一、燃油压力的检测

1. 注意事项

（1）作业应在通风良好的环境下进行，避免烟火。

（2）打开系统前，应断开燃油泵熔丝，起动发动机泄掉燃油压力。

（3）拆装油箱部件时，应水平停放，燃油箱内燃油量不可超过总容积的 3/4。如果需要，可以排空燃油箱。

（4）电动燃油泵不能放在空气中进行长时间空转。

（5）作业进行过程中，不要移动车辆，以防发生火灾。

（6）断开接头前应彻底清洗接头及其周围区域。

（7）拆下的零件应放在清洁表面并盖好，不可使用有绒毛的抹布。

2. 燃油供给系统的压力释放

电控燃油喷射系统发动机为便于再次起动，在发动机熄火后，燃油供给系统内仍保持有较高的残余压力。在拆卸燃油系统内任何元件时，都必须首先释放燃油系统压力，以免系统内具有一定压力的燃油喷出，造成人身伤害或火灾。燃油供给系统压力的释放方法如下：

（1）起动发动机，维持怠速运转。

（2）在发动机运转时，拔下油泵熔丝、继电器或电动燃油泵线束连接器，使发动机自行熄火。

（3）再起动发动机 2～3 次，即可完全释放燃油供给系统压力。

（4）关闭点火开关，接上油泵熔丝、继电器或电动燃油泵线束连接器。

3. 燃油供给系统压力预置

在拆开燃油供给系统进行维修之后，为避免首次起动发动机时，因系统内无压力而导致起动时间过长，应预置燃油供给系统残余压力。燃油供给系统压力预置可通过反复打开和关闭点火开关数次来完成，也可按下述方法进行：

（1）检查燃油供给系统所有元件和油管接头是否安装良好。

（2）用专用导线将诊断座上的燃油泵测试端子跨接到 12 V 电源上，如：丰田车系直接将诊断座上的+B端子（电源端子）与FP端子（燃油泵测试端子）跨接。

（3）将点火开关转至“ON”位置，使电动燃油泵工作约10 s。

（4）关闭点火开关，拆下诊断座上的专用导线。

4. 燃油供给系统压力测试

通过测试燃油供给系统压力，可诊断燃油供给系统是否有故障，进而根据测试结果确定故障性质和部位。测试时需使用专用油压表和管接头，测试方法如下：

（1）检查油箱内燃油应足够。释放燃油供给系统压力。

（2）检查蓄电池电压，应在12 V左右（电压高低直接影响燃油泵的供油压力），拆开蓄电池负极电缆线。

（3）将专用油压表连接到燃油供给系统中。不同车型测试压力表的连接方式有所不同，主要有两种连接方式：一种是用专用接头将油压表连接在燃油分配管的进油管接头处；另一种是拆下连接在燃油滤清器与输油管之间的脉动阻尼器（如有脉动阻尼器），用专用接头将油压表安装到脉动阻尼器的位置。

（4）将溅出的汽油擦净，重新接好蓄电池负极电缆线。起动发动机并维持怠速运转。

（5）拆开燃油压力调节器上的真空软管，并用手指堵住进气管一侧的管口。检查油压表指示压力是否符合标准。一般多点喷射系统压力应为0.25～0.35 MPa，单点喷射系统压力应为0.07～0.10 MPa。

若燃油供给系统压力过低，可夹住回油软管以切断回油管路，再检查油压表指示压力，若压力恢复正常，说明燃油压力调节器有故障，应更换；若仍压力过低，应检查燃油供给系统有无泄漏，燃油泵滤网、燃油滤清器和管路是否堵塞，若无泄漏和堵塞故障，应更换电动燃油泵。

若油压表指示压力过高，应检查回油管路是否堵塞；若回油管路正常，说明燃油压力调节器有故障，应更换。

（6）如果测试燃油供给系统压力符合标准，使发动机运转至正常工作温度后，重新接上燃油压力调节器上的真空软管，油压表指示压力应略有下降（约0.05 MPa），否则应检查真空管路是否堵塞或漏气；若真空管路正常，说明燃油压力调节器有故障，应更换。

（7）使发动机熄火，燃油泵停止工作，等待10 min后，观察油压表压力（即燃油供给系统残余压力）：多点喷射系统压力应不低于0.20 MPa，单点喷射系统压力应不低于0.05 MPa。若压力过低，应检查燃油系统是否有泄漏，若无泄漏，说明燃油泵出油阀、燃油压力调节器回油阀或喷油器密封不良。

（8）检查完毕后，释放燃油供给系统压力，并拆下油压表，装复燃油系统。然后，预置燃油供给系统压力，并起动发动机检查有无泄漏。

5. 残余压力检测

（1）保证电源电压正常。

（2）接通点火开关，发动机怠速运转，使油压表压力达到额定值。

（3）断开点火开关，等待10 min后，油压表压力必须高于220 kPa。

（4）如果压力低于220 kPa，则重复步骤（2）。

（5）断开点火开关，夹住回油管，同时观察油压表压力，等待10 min后，如表压力高于200 kPa，说明油压调节器失效，应予更换。

（6）如果燃油压力低于200 kPa，说明输油管、喷油器有泄漏或燃油泵单向阀故障或喷油器进油口O形密封圈失效，需逐项进行检修。

二、电动汽油泵的检测

1. 就车检查电动汽油泵

就车检查电动汽油泵（图2－44）是否工作的方法为：

（1）打开油箱盖，然后打开点火开关（不要起动发动机），在油箱口仔细听有没有电动汽油泵运转的声音。如在打开点火开关后，能听到电动汽油泵运转3～5 s后又停止，说明电动汽油泵工作正常。

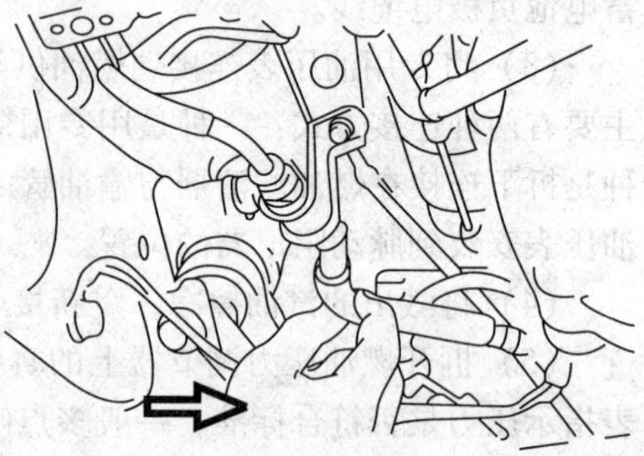

图2－44 电动汽油泵的检查

（2）若在油箱口听不清电动汽油泵运转的声音，可以在打开点火开关或起动起动机后，在发动机上方仔细听有无“嘶嘶”的燃油流动声，也可以用手检查进油软管有无压力。如有“嘶嘶”的燃油流动声，或进油软管有压力，说明电动汽油泵工作正常。

（3）拆下发动机进油管，打开点火开关或起动起动机，此时若油管内有大量汽油流出，说明电动汽油泵工作正常。

2. 就车测量电动汽油泵的压力

检查电动汽油泵之后，判定汽油泵能运转，这也并不能说明其工作完全正常，还应通过测量电动汽油泵的最大供油压力和保持压力来判断燃油泵有无泵油压力过低、出油单向阀泄漏等故障。

就车测量电动汽油泵最大压力和保持压力（图2－45）的方法是：

图2－45 电动汽油泵最大供油压力的测量

（1）释放燃油系统的油压。

（2）拆下蓄电池负极电缆。

（3）将油压表接在燃油管路上，并将出油口塞住。

（4）接上蓄电池负极电缆。

（5）用一根导线将电动汽油泵的两个检测插孔短接。

（6）打开点火开关，持续10 s左右（不要起动发动机），使电动汽油泵工作，同时读出油压表的压力，该压力称为电动汽油泵的最大供油压力。它应比发动机运转时的燃油压力高200～300 kPa，通常可为490～640 kPa。如不符合标准值，说明电动汽油泵性能不良，有可能导致电喷发动机动力不足等故障，应更换电动汽油泵。

（7）关闭点火开关，5 min后再观察油压表压力，此时的压力称为电动汽油泵的保持压力，其值应大于340 kPa。如不符合标准值，说明电动汽油泵出油口的单向阀有泄漏，此故障有可能导致电喷发动机起动困难，应更换电动汽油泵。

（8）释放燃油系统的油压。

（9）拆下蓄电池负极电缆。

（10）拆下油压表。

（11）接好燃油管道。

（12）接上蓄电池负极电缆。

（13）预置燃油系统的油压。

3. 电动汽油泵的拆装及拆下后的检测

多数轿车的电动汽油泵，可在打开汽车后备厢盖或翻开后座垫后，从油箱上直接拆出。但也有些轿车，必须将油箱从车上拆下，才能拆卸汽油泵。

注意：拆卸燃油泵时应释放燃油系统压力，并关闭用电设备。

将电动汽油泵拆下后检查是否能正常工作的方法是：

（1）用万用表测量电动燃油泵两接线柱之间的电阻。如汽油泵正常，应能导通，其电阻值应为 2 ~ 3 Ω。

（2）将蓄电池电源短时间加在电动汽油泵两接线柱上。如汽油泵正常，应能听到转子高速转动的声音。

注意：用蓄电池直接给燃油泵通电时，由于油泵电动机得不到润滑和冷却，通电时间一般不要超过 10 s，否则会导致油泵电动机损坏。

（3）将电动汽油泵浸在汽油桶内，用专用导线连接蓄电池和电动汽油泵；接通电源后，电动汽油泵出油口应有大量高压汽油泵出。

注意：应在通风良好处进行；电动汽油泵接线要连接牢固；蓄电池要远离电动汽油泵；最好使用非可燃性的专用喷油器检验液代替汽油。

以上检验如有异常，应更换电动汽油泵。

三、燃油压力调节器的检测

1. 工作状况的检查

一般情况下，检查燃油压力调节器是否工作良好要进行以下操作：

1）测量发动机运转时的燃油压力

将油压表接入燃油管路，测量发动机运转时的燃油压力。怠速运转时的燃油压力应为 250 kPa 左右。

2）测量燃油压力调节器真空软管拔掉后的燃油压力

拔下燃油压力调节器的真空软管，并检查燃油压力。此时的燃油压力应比怠速运转时的燃油压力高 50 kPa 左右。如压力变化不符合要求，即说明燃油压力调节器工作不良，应更换。

2. 保持压力的测量

关闭点火开关，用包上软布的钳子将燃油压力调节器的回油管夹紧，5 min 后观察燃油压力，该压力称为燃油压力调节器的保持压力。

当燃油系统保持压力不符合标准值（低于 147 kPa）时，应做此项检查，以便找出故障原因。

检查方法：

（1）将油压表接入燃油管路；

（2）用一根短导线将电动汽油泵的两个检测插孔短接；

（3）打开点火开关（旋至“ON”位置），并保持 10 s，让电动汽油泵运转；

（4）用包上软布的钳子将燃油压力调节器的回油管夹紧，油压应回升到 400 kPa 以上；

（5）关闭点火开关，拔去检测插孔上的短接导线；

（6）5 min 后观察燃油压力，如果该压力仍然低于燃油系统保持压力的标准（147 kPa），说明燃油系统保持压力过低的故障不在燃油压力调节器；相反，若此时压力大于 147 kPa，则说明燃油压力调节器有泄漏，应更换。

四、燃油供给系统的常见故障诊断

发动机电控系统中的燃油供给系统常见故障有油压过低、油压过高等，会造成发动机起动困难、加速无力或加速熄火等现象。

1. 油压过低故障诊断

油压过低故障诊断流程如图 2－46 所示。

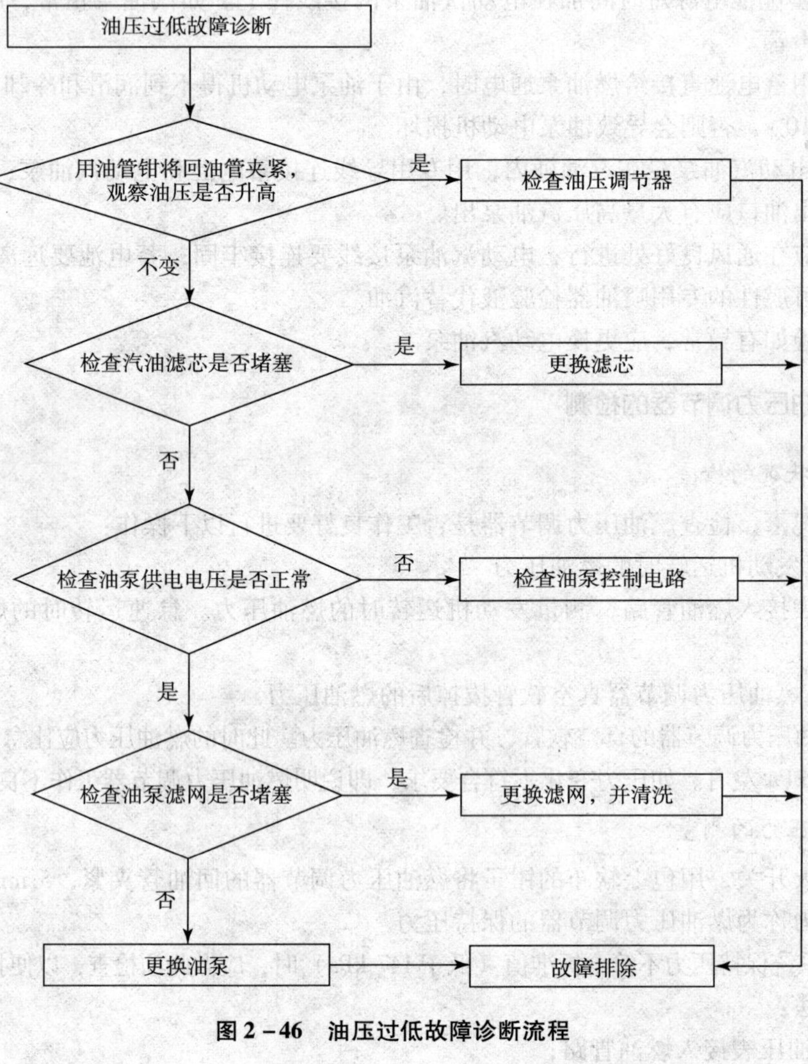

图 2－46　油压过低故障诊断流程

2. 油压过高故障诊断

油压过高故障诊断流程如图 2－47 所示。

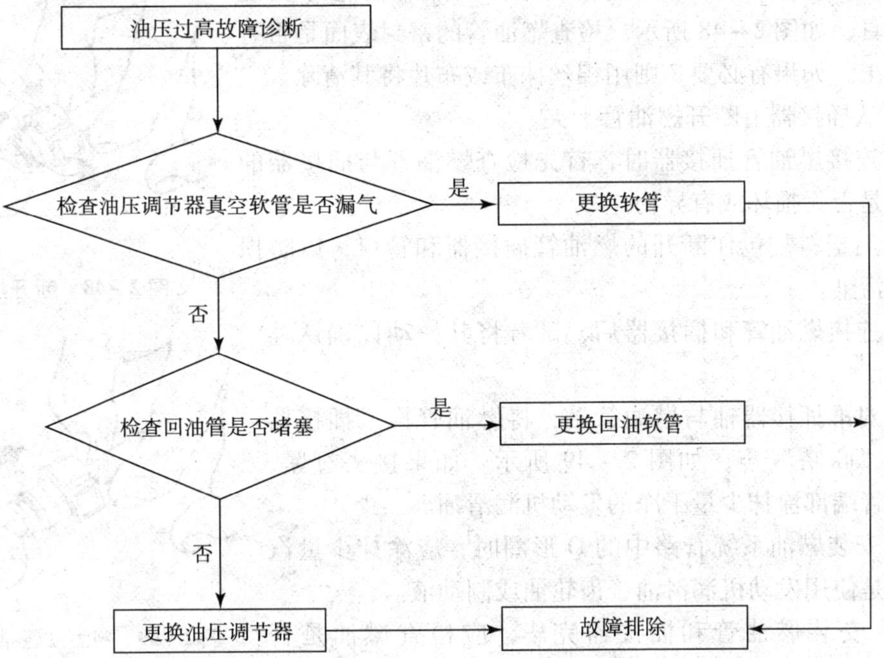

图 2－47　油压过高故障诊断流程

知识扩展

一、维护燃油供给系统的注意事项

1. 关于安全注意事项

（1）测试、拆卸和安装燃油系统部件时，应选择通风良好且无任何火源的场所进行操作，并小心不要使汽油泄漏。

（2）拆卸和安装燃油系统部件时，操作前应准备好一个灭火器。严禁用水清除溅出的汽油，否则会导致汽油扩散而引起火灾。

（3）避免使用电动机、工作灯和其他可能产生火花或高温的电器设备。避免使用铁锤，以免产生火花。

（4）电控燃油喷射系统内是有压力的，在维修作业前应先进行泄压。维护燃油系统时，为避免误操作，先从蓄电池负极端子断开电缆。

（5）避免橡胶或皮制零件接触到汽油。

（6）使用防火容器单独清理沾有燃油的布。

2. 关于燃油系统管路维护注意事项

（1）断开燃油高压管路时，会有大量汽油喷出，因此应进行燃油系统卸压，并将残留在燃油泵管内的燃油全部排放到容器内。

（2）断开燃油管插接器时，首先检查插接器周围管内是否有污物，如有必要则将其清除。

（3）用手捏住挡片并推拉插接器使其断开，注意不要使用任何工具，如图2－48所示。检查燃油管的密封表面是否有污物或泥土。如果有必要，则用棉丝抹布或布片将其清除。

（4）从插接器上断开燃油管卡夹。

（5）连接燃油管插接器时，首先检查燃油管与插接器的接触部位是否无损坏或有异物。

（6）用塑料袋包住断开的燃油管插接器和管口，以防损坏和异物污染。

（7）连接燃油管和插接器后，试着将其拉动以确认连接牢固。

（8）对准插接器轴与燃油管轴，将燃油管推入插接器直至发出“咔嗒”声，如图2－49所示。如果接头过紧，则在燃油管端部涂抹少量干净的发动机润滑油。

（9）安装燃油系统管路中的O形圈时，应涂抹少量汽油，而不是使用发动机润滑油、齿轮油或制动液。

（10）安装燃油管和插接器完毕，应检查燃油是否泄漏。

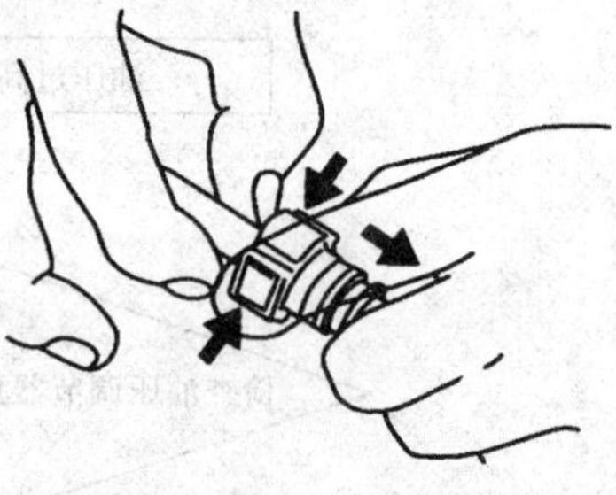

图2－48　断开插接器

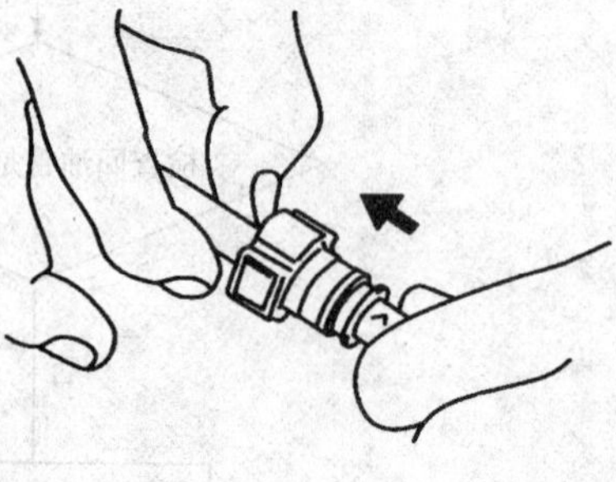

图2－49　将燃油管推入插接器

二、案例

案例一：以70～80 km/h的速度行驶时，急加速时车辆抖动严重

1. 故障现象

一辆广州本田雅阁2.0 L轿车，该车以70～80 km/h的速度行驶时，急加速时车辆抖动严重，而缓慢加速时车速可慢慢上来，在无负荷时加速，发动机工作正常。

2. 故障诊断与排除

试车后感觉好像是燃油系统供油不足，询问司机燃油滤清器多长时间没更换了，司机说约20 000 km。一般情况下，燃油滤清器在行驶20 000 km时不需更换，于是决定先测试一下燃油压力。当拆下燃油脉动阻尼器时，发现流出的燃油中有杂质，怀疑燃油滤清器过脏。拆下燃油滤清器，经检查发现燃油滤清器堵塞得很严重，于是更换了滤清器，试车，一切正常，维修完工出厂。

该车行驶了约10 000 km后，又出现了故障，这次的故障现象是车速在90～100 km/h时，急加速时车辆抖动，而缓慢加速时车速可慢慢上升。分析原因可能还是燃油滤清器过脏。拆下燃油滤清器，从里面倒出少许杂质，但如此少量的杂质，不应对车辆造成这么大的影响。还应继续寻找原因。

拆下燃油泵，发现燃油泵滤网堵塞严重，再查看油箱，发现杂质和铁屑很多。将油箱彻底洗净，将燃油泵滤网、喷油器及燃油管路也清洗干净，更换燃油滤清器，再试车，故障排除。

日常维护中，不仅要及时更换燃油滤清器，对油箱也应及时进行清洗。若不及时清洗，会对燃油泵的使用寿命产生影响，同时也易堵塞或损坏喷油器，造成许多故障。

案例二：燃油压力调节器膜片损坏，使发动机自行熄火后无法起动

1. 故障现象

一辆采用多点顺序喷射电控系统的凯迪拉克，发动机自行熄火后，无法起动。

2. 故障诊断与排除

检查发动机机油和冷却液。机油尺指示机油充足，但机油内有强烈的汽油味。经检查，点火系统工作正常。因此怀疑，不能起动的原因可能是燃油系统引起的，而且最有可能的故障部位是在燃油滤清器或燃油泵上，经检查这两个部件均正常。从节气门体上拆下空气滤清器软管，并拆下空气滤清器的滤芯，对空气滤清器滤芯和节气门体进行常规检查。发现燃油从节气门的下方流入节气门体内。燃油是如何进入到节气门体内的呢？通过分析判断，得出燃油一定是通过燃油压力调节器与节气门连通的一个真空软管流过来的。把该真空软管连接节气门的一端拆下并放进一个容器内，当转动发动机曲轴时，燃油从真空软管流入容器，这表明燃油压力调节器膜片损坏。

装上新的燃油压力调节器，并更换发动机机油和机油滤清器，再进行必要的维护后，发动机能顺利起动和正常运转，长时间试车后，故障彻底排除。

任务4　控制系统主要元件的构造与检修

任务目标

（1）了解控制系统的组成部件及安装位置。

（2）掌握各种传感器的结构、原理及检修方法。

（3）掌握执行器的结构、原理及检修方法。

（4）了解ECU的组成、控制功能及检测方法。

任务引入

控制系统是发动机电控系统的核心系统，在熟悉发动机电控系统中的控制系统主要组成部件的布置和结构基础上，掌握主要传感器（如空气流量传感器、进气歧管绝对压力传感器、节气门位置传感器、进气温度传感器、冷却液温度传感器、凸轮轴/曲轴位置传感器、车速传感器、氧传感器等）、电控单元和执行器（喷油器）等部件的作用及类型、结构及原理、维护与检修方法。

相关知识

一、传感器的构造

汽油发动机电控燃油喷射系统中用到的传感器如表2－1所示。

表 2－1　汽油发动机电控燃油喷射系统用的传感器

传感器				安装位置	功能
空气流量传感器	间接测量式	进气歧管绝对压力传感器		进气歧管内	检测进气歧管的绝对压力，从而间接获得进气量
	质量流量型	热式	热线式	空气滤清器与进气管之间	检测发动机吸入的空气的质量
			热膜式		
	体积流量型	叶片式			检测发动机吸入的空气的体积量
		卡门旋涡式			
进气温度传感器		负热敏电阻式		空气滤清器或空气流量传感器上	检测进气温度，用以计算进气量
冷却液温度传感器		负热敏电阻式		发动机体的冷却水道上	检测发动机温度
节气门位置传感器		开关式		节气门轴上	检测节气门开度
		线性式			
凸轮轴/曲轴位置传感器		光电式		曲轴前端或凸轮轴前端或分电器上	检测发动机转速和曲轴位置
		电磁式			
		霍尔式			
车速传感器		间转速传感器		变速器输出轴上	检测车速
氧传感器		氧化锆式		排气管上	检测进气中的氧浓度，用来对空燃比进行反馈修正
		二氧化钛式			

传感器输送给 ECU 的信号有数字信号和模拟信号两种，如图 2－50 所示。输出数字信号的传感器通常有车速传感器、凸轮轴/曲轴位置传感器等，这些传感器输出的信号是脉冲信号，需要经过放大和整形处理后才能输入微机。例如，电磁式凸轮轴/曲轴位置传感器输出信号的幅值是随转速而变的。转速高时，幅值大；转速低时，幅值小，信号就需要放大或缩小并将信号调理成整齐的矩形波，为此在输入回路中要设有信号整形电路。

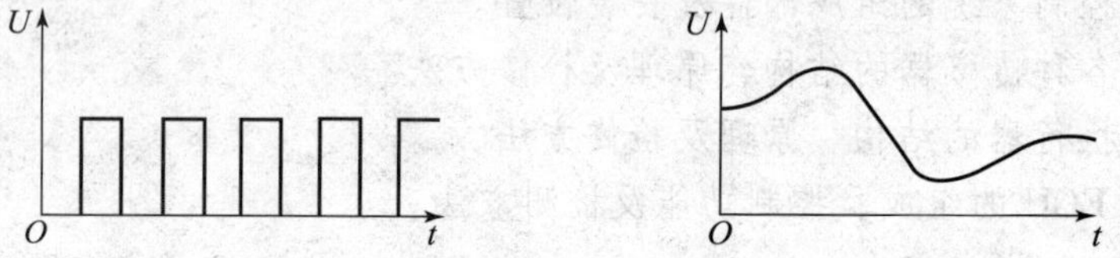

(a)　　(b)

图 2－50　传感器输入信号的种类

(a) 数字信号；(b) 模拟信号

在发动机电子控制系统中，有相当一部分传感器输入的信号都是模拟信号，如空气流量传感器、冷却液温度传感器、节气门位置传感器等向微机输入的都是变化缓慢的连续信号，它们经传感器及输入回路处理后，都已变成相应的电压信号，但这些信号微机不能直接处理，需经过相应的 A/D 转换器，将模拟信号转换成数字信号后才能输入微机。如从空气流量传感器输入 0～5 V 的模拟电压信号，当输入电平与 A/D 转换器设定的量程相同时，则模拟信号经 A/D 转换器转换成数字信号后，才能输入微机。

1. 空气流量传感器（MAF）

空气流量传感器也称空气流量计，用于L型发动机电控系统中，其作用是将单位时间内吸入发动机气缸的空气量转换成电信号并输送给ECU，作为决定喷油量和点火正时的基本信号之一。按结构形式和检测进气量的原理不同，空气流量计可分为叶片式、热线式、热膜式和卡门旋涡式四种类型。一般安装在空气滤清器和节气门体之间。

1）叶片式空气流量计

（1）叶片式空气流量计的结构及原理。叶片式空气流量计又称翼片式空气流量计、翼板式空气流量计，在发动机电控系统中，最早采用的空气流量计就是叶片式空气流量计，其主要由检测部件、电位计、调整部件、接线插座和进气温度传感器等组成，如图2－51所示。测量叶片和缓冲叶片制成一体，称为检测部件，安装在空气流量计壳体内的转轴上，转轴的一端装有回位弹簧，电位计安装在空气流量计壳体的上方，电位计的滑动触点与叶片为同轴结构。

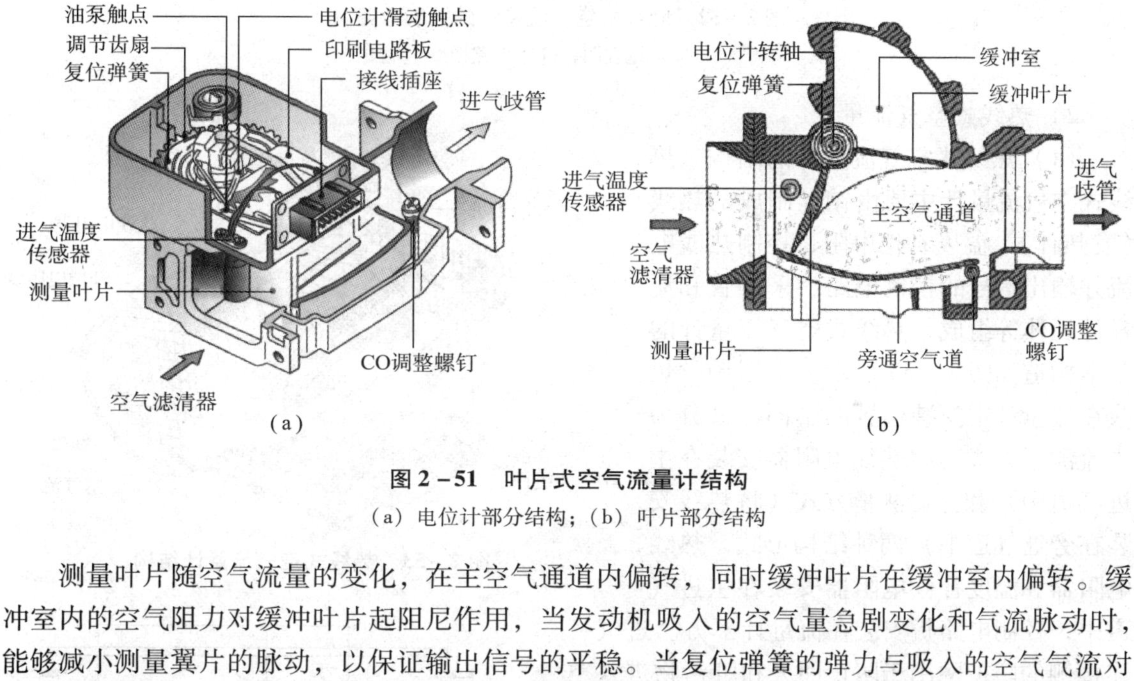

图2－51　叶片式空气流量计结构

（a）电位计部分结构；（b）叶片部分结构

测量叶片随空气流量的变化，在主空气通道内偏转，同时缓冲叶片在缓冲室内偏转。缓冲室内的空气阻力对缓冲叶片起阻尼作用，当发动机吸入的空气量急剧变化和气流脉动时，能够减小测量翼片的脉动，以保证输出信号的平稳。当复位弹簧的弹力与吸入的空气气流对测量叶片的推力平衡时，叶片即处于某一稳定位置。空气流量计主空气道下方，设置有空气旁通通道，在旁通通道的一侧设有可改变旁通空气量的CO调整螺钉，以便在空气流量较小时，对空气流量计的输出特性进行调节。

电位计部分布置在空气流量计壳体上方，由平衡配重、滑臂、螺旋复位弹簧、调整齿圈和印刷电路板组成，如图2－51所示。螺旋复位弹簧的一端固定在叶片转轴上，另一端固定在调整齿圈上，调整齿圈由一卡簧锁止。调整齿圈上有刻度标记，改变调整齿圈的固定位置，可以调整弹簧的预紧力，以便在使用中调整空气流量计的输出特性。叶片转轴上端安装着平衡配重和滑臂，随测量叶片一起转动，滑臂与印刷电路上的镀膜电阻接触，并在其上滑动。

（2）叶片式空气流量计的控制电路。叶片式空气流量计的控制电路如图2－52所示。发动机工作时，ECU给电位计电阻器提供一个标准电源电压U_B，使其电流保持恒定，由于进气流推动测量叶片转动，同时带动电位计滑动触点转动，使电位计滑动触点（信号端子 V_S）与电源端子 V_C 之间的电阻值发生变化，电压 U_S 也发生变化。当进气压力与测量叶片回位弹簧的弹力平衡时，测量叶片和电位计滑动触点即停止在某一位置，电压 U_S 也有一个相应的固定值，电位计将此位置产生的电压信号 U_S（或 U_B—U_S）输送给 ECU，以确定发动机进气量的大小。

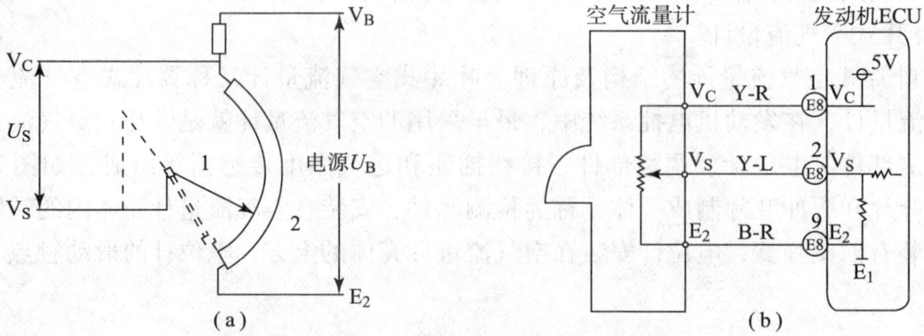

图 2-52 叶片式空气流量计的控制电路

（a）原理图；（b）电路图

2）热线式空气流量计

（1）热线式空气流量计的结构。热线式空气流量计主要由铂丝制成的热线（发热体）、温度补偿电阻、控制热线电流并输出信号的控制电路、采样管和流量计壳体等组成。热线式空气流量计的基本构造如图 2-53 所示。根据铂丝热线在流量计中安装位置的不同，又分为主流测量方式（将热线电阻器安装在主进气道中）和旁通测量方式（将热线安装在旁通气道中）两种结构形式。热线电阻器和温度补偿电阻器安装在主进气道中，控制电路板安装在流量计下方。进气管连接侧的防护网用于防止回火和脏污物进入空气流量计。

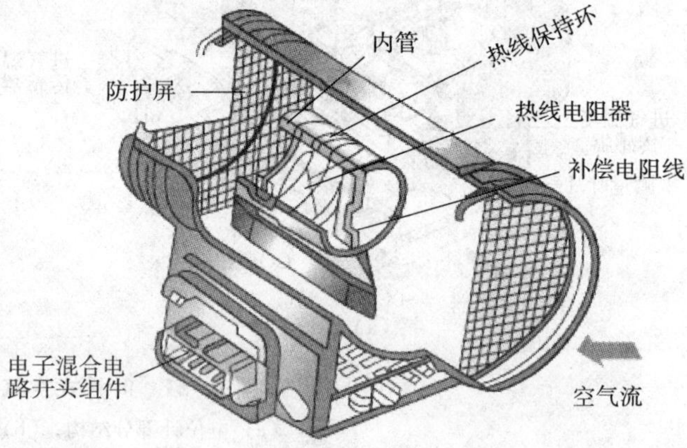

图 2-53 热线式空气流量计结构

（2）热线式空气流量计工作原理。热线式空气流量计工作原理如图 2-54 所示。当温度较低的进气气流流过放置在空气通道中温度较高的热线时，热线与空气发生热量交换，使热线温度下降。通过热线的空气质量流量越大，被空气带走的热量也越多，热线温度下降也越多。由于热线是惠斯顿平衡电桥电路的一个组成部分（即电阻 R_2），当热线温度下降、

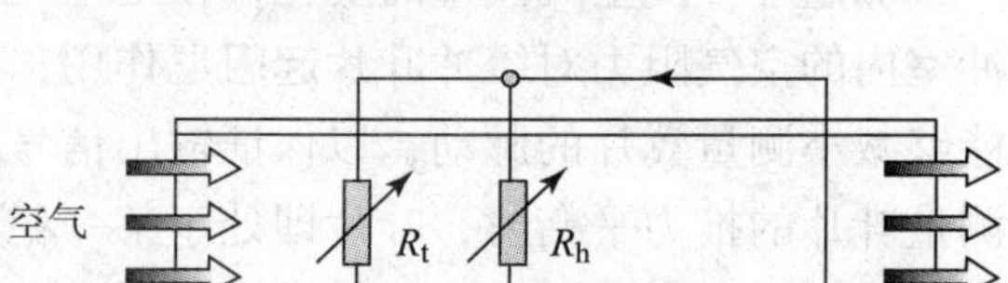

图 2-54 热线式空气流量计工作原理

电阻值发生变化时，电桥出现不平衡。为了使电桥平衡，必须加大流过热线的电流，使热线温度升高，阻值恢复到使电桥平衡的值。由此可知，流过热线的空气质量越大，空气带走的热量也越多，为保持电桥平衡，维持热线温度所需的电流也越大，反之则越小。热线式空气流量计正是利用流过热线的空气质量与保持热线温度所需热线电流的对应关系测量空气的质量流量的。发动机工作时，热线所需的加热电流一般在 50 ~ 120 mA。

为了克服热线易受污染的缺陷，有些电控系统在 ECU 中设有自洁电路，在发动机熄火后，自动将热线加热至 1 000 ℃，持续 1 s，将尘埃烧掉；也有一些电控系统将热线的保持温度提高至 200 ℃，防止污染物污染热线。

3）热膜式空气流量计

热膜式空气流量计是热线式空气流量计的改进产品，它的工作原理与热线式空气流量计基本相同，如图 2 – 55 所示。热膜式空气流量计的主要特点是：发热体由热线改为热膜，热膜为固定在薄的树脂膜上的金属铂，或者用厚膜工艺将热线、冷线、精密电阻镀在一块陶瓷片上，有效地降低了制造成本。热膜式空气流量计的发热体不直接承受空气流动所产生的作用力，从而提高了发热体的强度和工作可靠性，且结构简单，使用寿命长，不易受尘埃污染。这种流量计的主要缺点是空气流速不均匀，易影响测量精度。采用这种空气流量计的车型有上海大众的桑塔纳 2000 型时代超人、马自达 626 等。

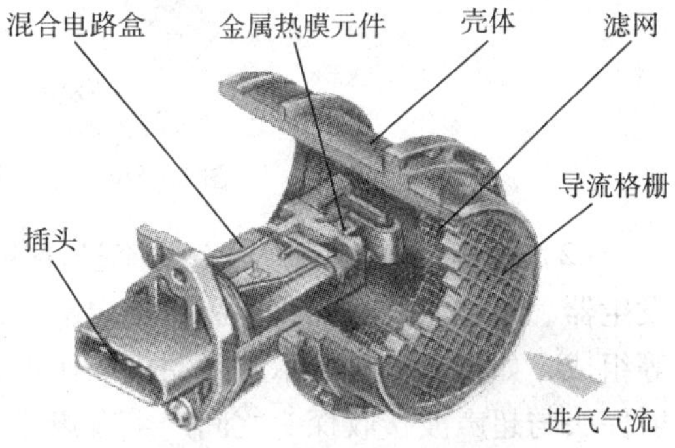

图 2 – 55　热膜式空气流量计结构

大多数国产大众系列轿车都采用热膜式空气流量计。在使用中经常会出现因空气流量计性能衰减而导致发动机出现故障的现象，但发动机 ECU 并不储存有关空气流量计的故障代码，这是因为空气流量计的性能并未完全丧失。

4）卡门旋涡式空气流量计

卡门旋涡式空气流量计主要由设置在空气通道中央的锥状卡门旋涡发生器和相应的旋涡检测装置等组成。当空气流过卡门旋涡发生器时，在其后部将会不断产生卡门旋涡。在单位时间内产生的卡门旋涡的个数（即发生频率）与气流的速度有关，只要测出卡门旋涡的发生频率，即可知道空气流量的大小。检测卡门旋涡频率有两种方法：反光镜检测方式和超声波检测。按检测方式不同，卡门旋涡式空气流量计可分为光学检测方式和超声波检测方式两种类型。

（1）光学式卡门旋涡空气流量计。光学式卡门旋涡空气流量计的结构如图 2 – 56 所示。在进气道内设一锥形涡流发生器，当空气流经进气道时，会在涡流发生器的后部产生有规律的卡门旋涡，从而导致涡流发生器周围的空气压力发生变化，变化的压力经导压孔引向金属膜制成的反光镜使反光镜产生振动，其振动频率与涡流发生的频率相等，而涡流发生频率与空气流速成正比；反光镜再将发光二极管投射的光反射给光电管（光敏晶体管），通过光电管检测涡流发生的频率，并向 ECU 输送信号，ECU 则根据此信号确定发动机的进气量（体积流量等于流速与流通截面积之积）。

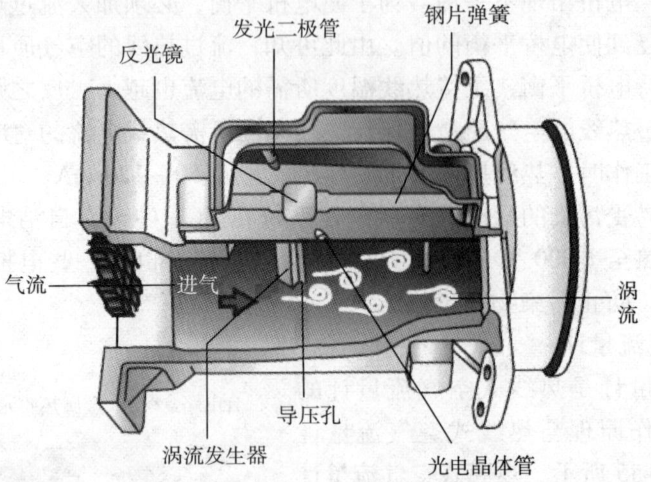

图 2－56　光学式卡门旋涡空气流量计结构

（2）超声波式卡门旋涡空气流量计。超声波式卡门旋涡空气流量计主要由超声波信号发生器、超声波发射探头、涡流稳定板、涡流发生器、整流器、超声波接收探头和转换电路等组成，如图 2－57 所示。发动机工作中，当空气流经涡流发生器时，在其后部的超声波发射探头与超声波接收探头之间产生有规律的卡门旋涡。超声波发射探头不断地接收超声波信号发生器输送来的超声波信号，并将其转换成机械波。超声波接收探头安装在发射探头正对面，它利用压电效应将接收到的机械波转换成电信号输送给转换电路。因卡门旋涡对空气密度的影响，就会使机械波从发射探头传到接收探头的时间产生相位差。转换电路对此相位信号进行处理，就可得到与涡流发生的频率成正比的脉冲信号，即代表空气体积流量的电信号。

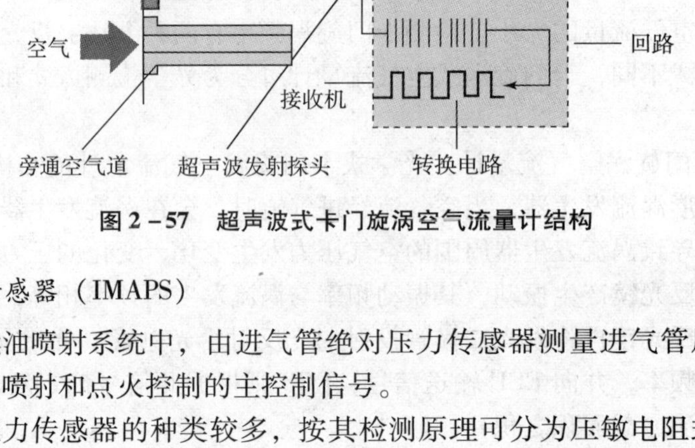

图 2－57　超声波式卡门旋涡空气流量计结构

2. 进气压力传感器（IMAPS）

在 D 型电控燃油喷射系统中，由进气管绝对压力传感器测量进气管压力，并将信号输入 ECU，作为燃油喷射和点火控制的主控制信号。

进气管绝对压力传感器的种类较多，按其检测原理可分为压敏电阻式、电容式、膜盒式、表面弹性波式等。在 D 型电控燃油喷射系统中应用最多的是压敏电阻式和电容式两种。

1）压敏电阻式进气管绝对压力传感器

如图 2－58 所示，压敏电阻式进气管绝对压力传感器主要由绝对真空室、硅片和 IC 放大电路等组成。硅片的一侧是绝对真空室，而另一侧承受进气管内的压力，在此压力作用下使硅片产生变形；由于绝对真空室的压力是固定的（绝对压力为 0），进气管绝对压力变化时，硅片的变形量不同；硅片是一个压力转换元件（压敏电阻），其电阻值随其变形量而变化，导致硅片所处的电桥电路输出电压发生变化，电桥电路输出的电压（很小）经 IC 放大电路放大后输送给 ECU。

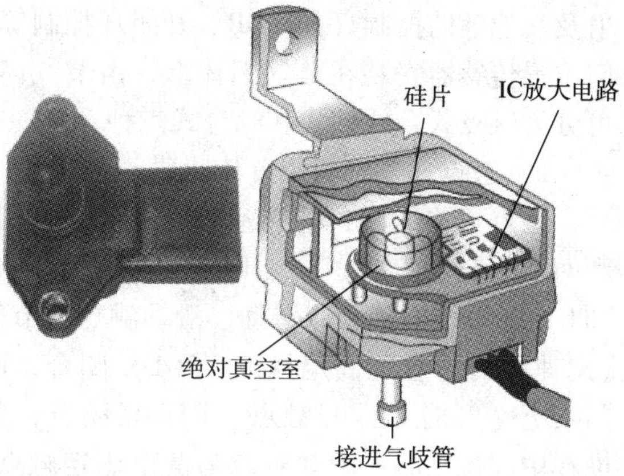

图 2－58 压敏电阻式进气管绝对压力传感器

2）电容式进气管绝对压力传感器

电容式进气管绝对压力传感器的结构如图 2－59 所示，位于传感器壳体内腔的弹性膜片用金属制成，弹性膜片上、下两个凹玻璃的表面也均有金属涂层，这样在弹性膜片与两个金属涂层之间形成两个串联的电容。

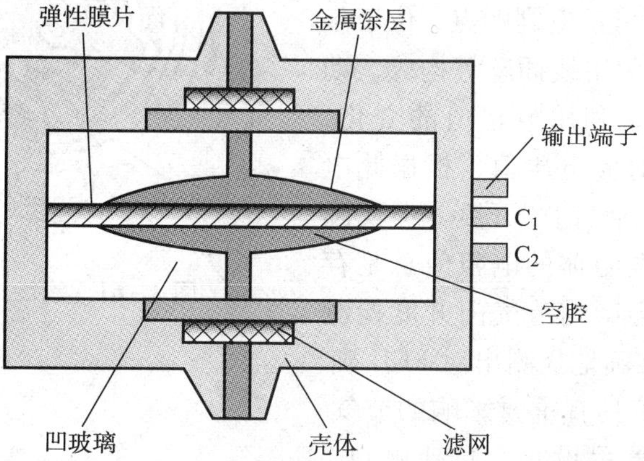

图 2－59 电容式进气管绝对压力传感器

电容式进气管绝对压力传感器利用电容效应检测进气管绝对压力。发动机工作时，进气管内的空气压力作用于弹性膜片上，使弹性膜片产生位移，弹性膜片与两个金属涂层之间的距离发生变化，一个距离减小，而另一个距离增大，在弹性膜片与两个金属涂层之间形成的两个电容的电容量也就一个增加，另一个则减小。电容量的变化量与弹性膜片的位移成正比，而弹性膜片的位移取决上、下两个空腔的气体压力，只要弹性膜片上部的空腔为绝对真空，下部空腔通进气管，则可通过检测电容量的变化来检测进气管的绝对压力。电容量的变化量再经过测量电路转换成电压信号输送给 ECU，测量电路可以是电容电桥电路或谐振电路等。

3. 节气门位置传感器（TPS）

节气门位置传感器检测节气门的开度及开度变化，此信号输入 ECU，用于控制燃油喷射及其他辅助控制（如 EGR、开闭环控制等）。节气门位置传感器安装在节气门体上，由节气门轴驱动，可分为触点式、线性式和综合式三种。

1）触点式节气门位置传感器

触点式节气门位置传感器主要由一个滑动触点和两个固定触点组成，如图 2－60 所示，滑动触点（TL）随节气门轴一起转动，滑动触点在节气门全关（怠速）时与怠速固定触点（IDL）闭合，而在节气门接近全开时与全开触点（PSW）闭合；节气门开度在中间位置时，滑动触点与两个固定触点均断开。ECU 根据触点的闭合情况确定发动机处于怠速工况、中等负荷工况或全负荷工况。

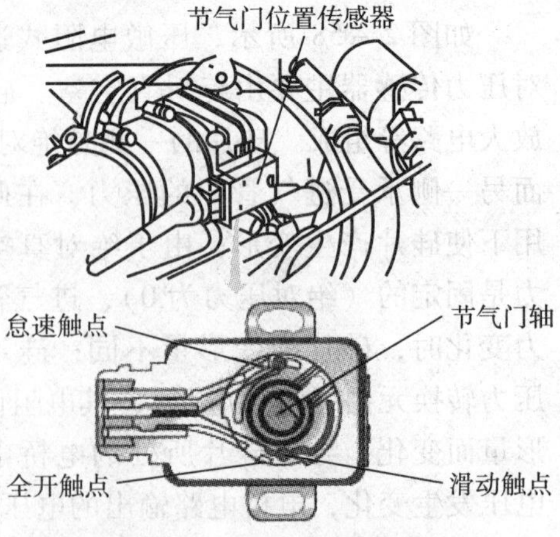

图 2－60　触点式节气门位置传感器

2）线性式节气门位置传感器

线性式节气门位置传感器的主要特点是，表示节气门开度的输出电压与节气门开度呈线性关系。该传感器的结构如图 2－61 所示。它由两个与节气门联动的可动电刷触点、位于基板上的电阻体、壳体及引出线插座等构成。动触点在电阻体上滑动，利用电阻值的变化，输出与节气门开度相对应电压值，根据此电压值 ECU 就可以知道节气门的开度。但实际上反映节气门开度的电阻体的电阻值总是存在一些偏差，这样将会影响节气门开度检测的准确性。为了能够准确地检测出对 ECU 确定控制方式和喷油修正具有重要影响的节气门全闭的位置，传感器另设一个怠速触点，该触点只有当节气门完全关闭时才被接通。

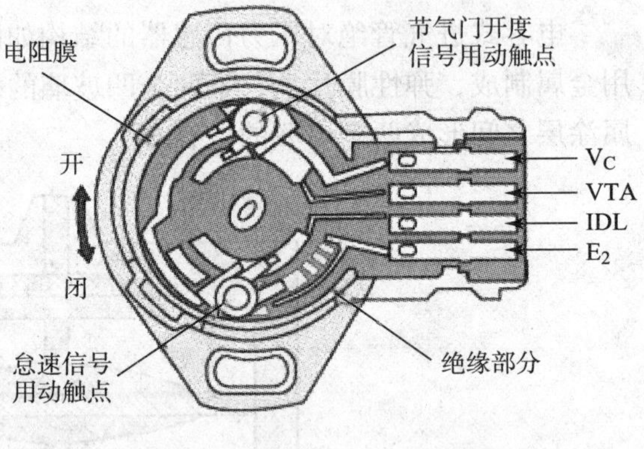

图 2－61　线性式节气门位置传感器

3）综合式节气门位置传感器

综合式节气门位置传感器在丰田皇冠 3.0、凌志 LS400 等轿车装用。它是由一个电位计和一个怠速触点组成的综合式节气门位置传感器，工作原理参照前两种节气门位置传感器，其电路如图 2－62 所示。

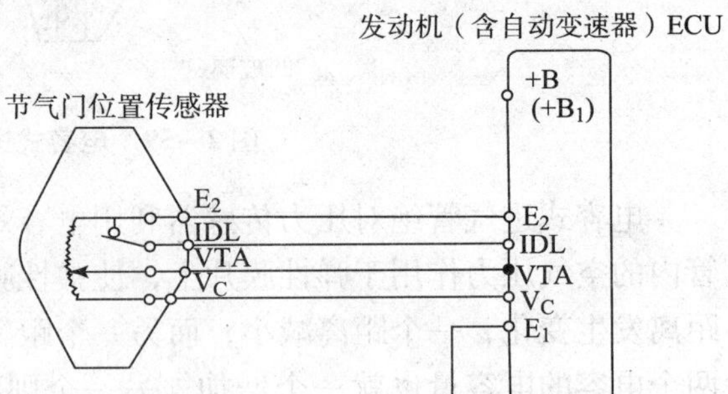

图 2－62　综合式节气门位置传感器

4. 进气温度传感器（IATS）

除装用热式空气流量计的电控燃油系统外，其他电控燃油喷射系统都不能直接测量发动机的实际进气质量，进气温度传感器的功用就是给 ECU 提供进气温度信号，作为燃油喷射和点火正时控制的修正信号。在装用热式空气流量计的电控燃油喷射系统中，有些也装有进气温度传感器。

在 D 型电控燃油喷射系统中，进气温度传感器一般安装在空气滤清器内或进气总管内。在 L 型电控燃油喷射系统中，进气温度传感器一般安装在空气流量计内。进气温度传感器的结构及电路如图 2－63 所示，传感器壳体内装有一个热敏电阻器，进气温度变化时，热敏电阻器的阻值发生变化，一般随进气温度升高，热敏电阻器的阻值逐渐减小。在 ECU 中有一标准电阻器与传感器的热敏电阻器串联，并由 ECU 提供标准电压，E_2 端子通过 E_1 端子搭铁。当热敏电阻器的电阻值随进气温度变化时，ECU 通过 THA 端子测得的分压值随之变化，ECU 根据此分压值判断进气温度。

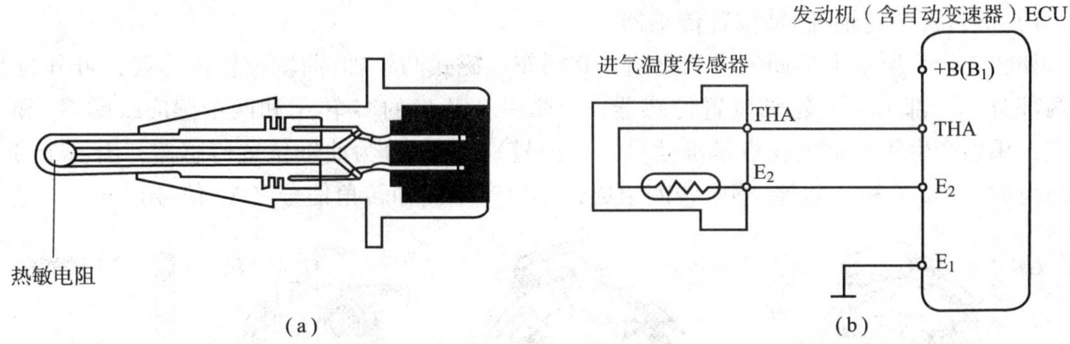

图 2－63　进气温度传感器结构与电路

（a）结构图；（b）电路图

5. 冷却液温度传感器（ECTS）

发动机冷却液温度传感器向 ECU 提供一个随冷却液温度变化的模拟信号。这种传感器通常固定在冷却水管上，其下端浸入发动机的冷却水中。其特性与进气温度传感器类似，同样为负温度系数，典型的冷却液温度传感器在 －40 ℃时电阻可达 35 000 Ω，在 120 ℃时只有 120 Ω。冷却液温度传感器的结构及特性曲线如图 2－64 所示。

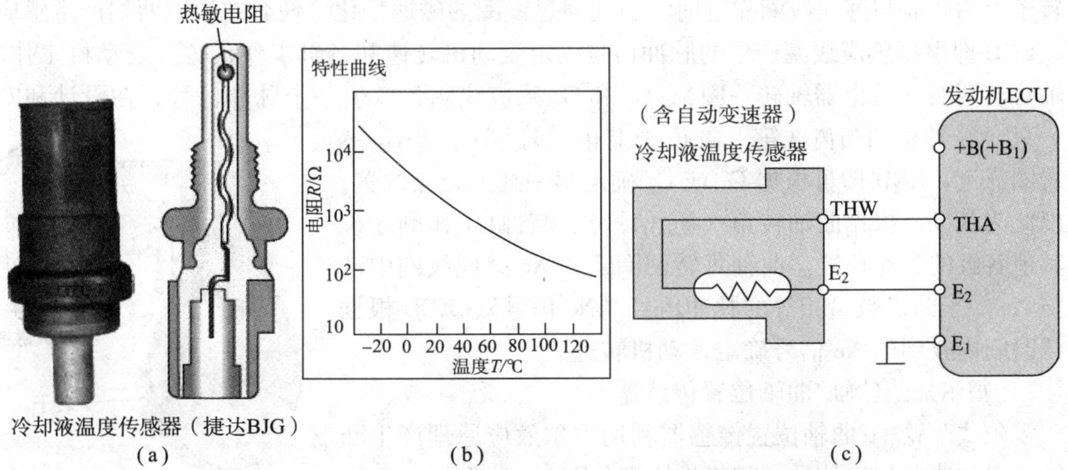

图 2－64　冷却液温度传感器结构与电路

（a）结构图；（b）特性曲线图；（c）电路图

与进气温度传感器相同，冷却液温度传感器也是一个负温度系数的热敏电阻，可在温度范围为 -40 ℃ ~ +150 ℃时正常工作。ECU 用本身的5 V 稳压电源向热敏电阻供电。热敏电阻按照温度变化送出电压信号，这个电压信号代表发动机冷却液的温度，作为电控系统各控制功能的修正信号。

6. 凸轮轴/曲轴位置传感器（CPS）

凸轮轴位置传感器和曲轴位置传感器的结构和工作原理基本相同，而且通常安装在一起，由于车型不同安装位置也不相同，通常都安装在曲轴、凸轮轴、飞轮或分电器处。也有些车型将凸轮轴位置传感器与曲轴位置传感器分开并安装在不同位置上。凸轮轴/曲轴位置传感器可分为电磁式、霍尔式和光电式三种类型。

1）电磁式凸轮轴/曲轴位置传感器

如图 2 -65 所示为早期的丰田皇冠3.0 轿车电磁式凸轮轴/曲轴位置传感器，可分为上、下两部分。上部分为凸轮轴位置传感器，由带一个凸齿的 G 转子和两个感应线圈 G_1 和 G_2 组成，用以产生第一缸上止点基准信号（G 信号）；下部分为曲轴位置传感器，由一个带 24 个凸齿的 Ne 转子和一个 Ne 感应线圈组成，用以产生曲轴转角信号（Ne 信号）。

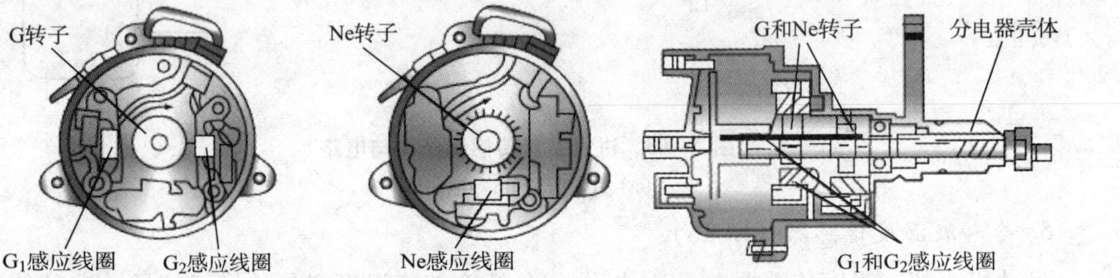

图 2 -65　电磁式凸轮轴/曲轴位置传感器

电磁式凸轮轴位置传感器和曲轴位置传感器都是利用电磁感应原理产生脉冲信号的。

电磁式凸轮轴/曲轴位置传感器工作原理：发动机工作时，转子随分电器轴一起转动，当转子上的凸齿与感应线圈靠近时，引起通过线圈的磁通变化，便会在线圈两端产生感应电压，ECU 即根据感应线圈产生的脉冲信号确定发动机转速和各缸工作位置。发动机工作时，曲轴每转两圈（分电器轴转一圈），G_1 和 G_2 感应线圈各产生一个脉冲信号，在设计和安装时，只要 G 转子的凸齿在第一缸位于上止点时与 G_1 或 G_2 感应线圈靠近，ECU 即可根据 G_1 或 G_2 确定第一缸上止点位置，并以此为基准，根据曲轴转角（Ne 信号）和各缸工作顺序确定其他各缸的工作位置。曲轴每转两圈，在 Ne 感应线圈中产生与 Ne 转子凸齿数量相等的脉冲信号（Ne 信号），ECU 根据单位时间内收到的 Ne 信号确定发动机转速。

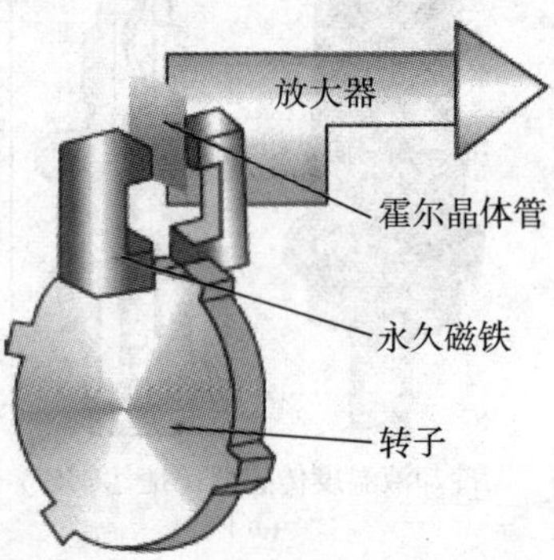

图 2 -66　霍尔式凸轮轴/曲轴位置传感器

2）霍尔式凸轮轴/曲轴位置传感器

霍尔式凸轮轴/曲轴位置传感器利用霍尔效应原理产生凸轮轴位置和曲轴位置信号，其工作原理如图 2 -66 所示。ECU 提供电源使电流通过霍尔晶体管，旋转转子的凸齿经过磁场时使磁场强度改变，霍尔晶体管产生的霍尔电压经放大后输送给 ECU。ECU 根据霍尔电压产生的时刻确定凸轮轴位置，根据霍尔电压产生的次数确定曲轴转角和发动机转速。

霍尔式凸轮轴/曲轴位置传感器的工作原理：ECU 提供电源使电流通过霍尔晶体管，旋转转子的凸齿经过磁场时使磁场强度改变，霍尔晶体管产生的霍尔电压经放大后输送给 ECU。ECU 根据霍尔电压产生的时刻确定凸轮轴位置，根据霍尔电压产生的次数确定曲轴转角和发动机转速。

3）光电式凸轮轴/曲轴位置传感器

光电式凸轮轴/曲轴位置传感器主要由转子、发光二极管、光敏晶体管和放大电路等组成，如图 2－67 所示。转子上制有一定数量的透光孔，利用发光二极管作为信号源随转子转动，当透光孔与发光二极管对正时，光线照射到光敏晶体管上产生电压信号，经放大电路放大后输送给 ECU。转子内、外两圈的透光孔数量不等，分别用以产生 G 信号和 Ne 信号。

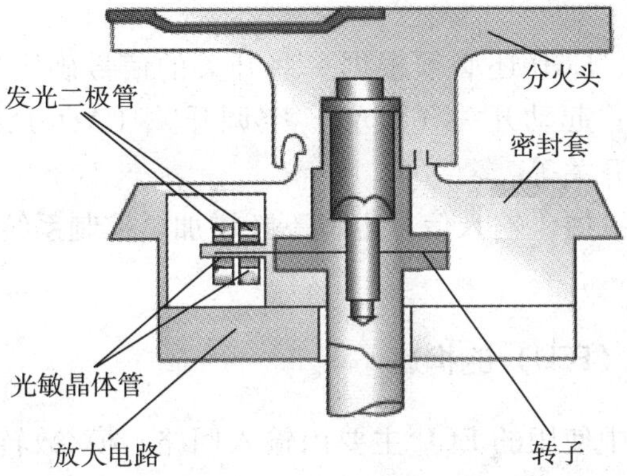

图 2－67　光电式凸轮轴/曲轴位置传感器

7. 车速传感器（VSS）

车速传感器检测汽车的行驶速度，给 ECU 提供车速信号（SPD 信号），用于巡航定速控制和限速断油控制。在汽车集中控制系统中，也是自动变速器的主控制信号。

车速传感器通常安装在组合仪表内或变速器输出轴上。车速传感器有舌簧开关式和光电式两种类型，光电式车速传感器的结构和工作原理与光电式凸轮轴/曲轴位置传感器类似，在此不再重述。

舌簧开关式车速传感器的结构如图 2－68（a）所示。车速表软轴由安装在变速器输出轴上的齿轮驱动，车速表软轴驱动磁铁旋转，每转一圈相对固定的舌簧开关，磁铁的极性变换 4 次，从而使开关触点闭合或断开，ECU 根据触点开闭的频率即可确定车速。

舌簧开关式车速传感器电路如图 2－68（b）所示，ECU 给车速传感器提供 12V 标准电压并进行监控，舌簧开关控制搭铁，当舌簧开关闭合使电路接通时，传感器便产生一个脉冲信号输送给 ECU。在维修时，检查车速传感器电源电压是否正常，然后转动驱动车轮，测量车速传感器输出的信号电压（信号输出端子与搭铁间），车速表软轴每转一圈应产生 4 个脉冲信号，信号电压约为 12V 蓄电池电压。

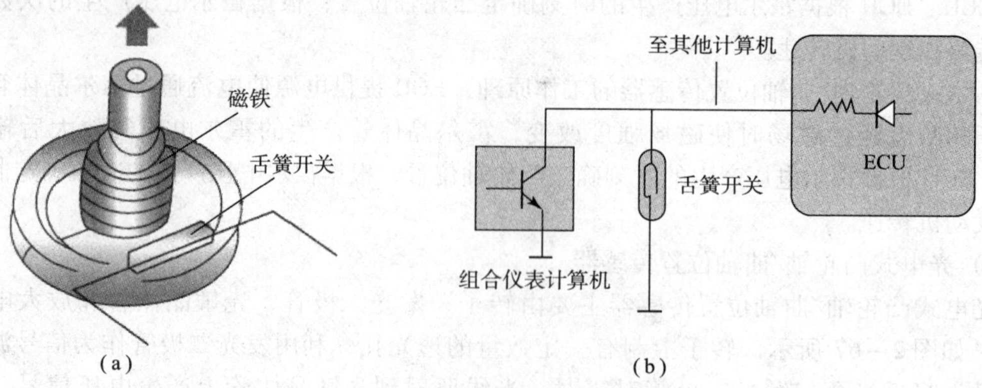

图 2-68　舌簧开关式车速传感器

(a) 结构图；(b) 电路图

8. 信号开关

在发动机控制系统中，ECU 还必须根据一些开关的信号确定发动机或其他系统的工作状态，常用的信号开关有：起动开关（STA）、空调开关（A/C）、挡位开关、制动灯开关、动力转向开关、巡航控制开关等。

随着控制系统功能的扩展，输入信号也将不断增加。控制系统所用传感器及信号开关的数量必将有所增加。

二、发动机电控单元（ECU）的构造

发动机集中控制系统中使用的 ECU 主要由输入回路、模/数转换器（A/D 转换器）、微型计算机（简称微机）和输出回路组成，如图 2-69 所示。

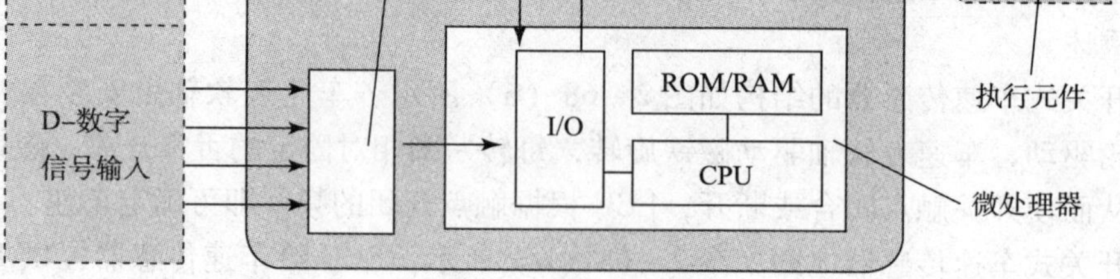

图 2-69　ECU 的组成

1. 输入回路

发动机工作时，各种传感器的信号输入 ECU 后，首先进入输入回路进行处理。传感器输入的信号不同，处理的方法也不同，一般是先将输入信号滤除杂波和将正弦波转变为矩形

波后，再转换成输入电平。输入回路的作用如图2－70所示。

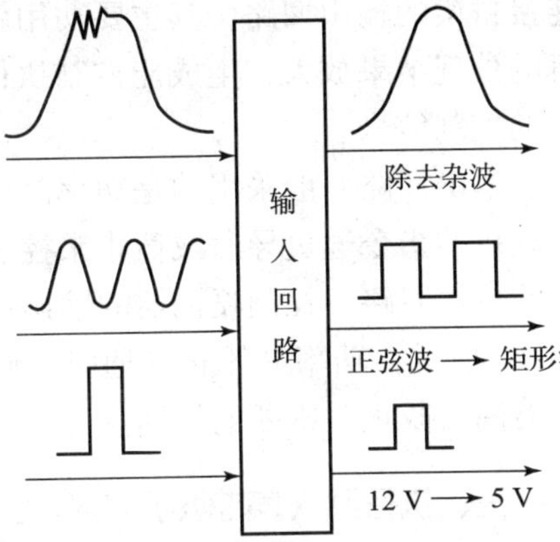

图2－70　输入回路的作用

2. A/D 转换器

传感器输送给ECU的信号有数字信号（如卡门旋涡式空气流量计信号、转速信号等）和模拟信号（如叶片式空气流量计信号、进气温度传感器信号、节气门位置传感器信号等）两种。数字信号可直接输入微机，但微机不能直接接受模拟信号，必须由A/D转换器转换成数字信号后再输入微机。

3. 微机

微机是控制系统的神经中枢，其功用是根据工作需要，利用其内存程序和数据对各传感器输送来的信号进行运算处理，并将处理结果送往输出回路。

微机主要由中央处理器（CPU）、存储器（RAM/ROM）和输入/输出（I/O）装置组成，如图2－71所示。

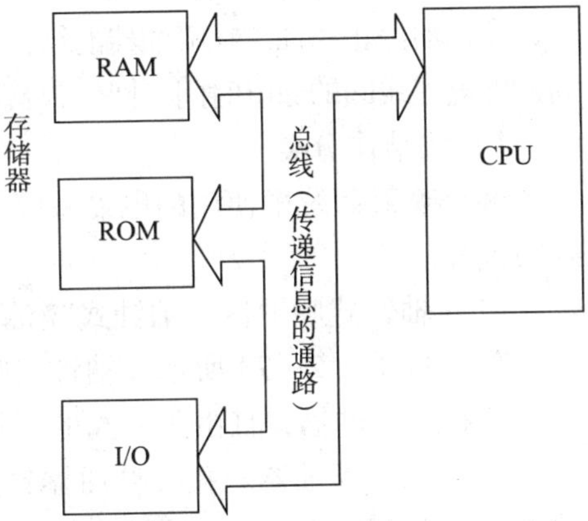

图2－71　微机的组成

1）中央处理器

中央处理器主要由进行算术运算和逻辑运算的运算器、暂时存储数据的寄存器、按照程序在各装置之间完成信号输送及控制任务的控制器等组成。其功用是读出命令并执行数据处理任务。

2）存储器

存储器的功用是存储信息资料，包括随机存储器RAM和只读存储器ROM。

随机存储器RAM是用来暂时存储信息的，如存储微机输入、输出和计算过程中产生的中间数据等，存储的信息可随时调出或被新的数据取代，当切断电源时，存储在RAM中的信息将丢失。为使故障码等信息在RAM中能保存较长时间，一般用不受点火开关控制的专用电路给RAM提供电源；当然，专用电路断开时（如拆开蓄电池电缆），存储在RAM中的信息仍会丢失。

只读存储器ROM是用来存储固定信息（如控制程序、发动机特征参数等）的，存储的内容一般由制造商一次性存入，使用中不能更改，但可以随时调出使用。即使切断电源，ROM中存储的信息也不会丢失。

3）输入/输出装置

输入/输出装置是微机与外界进行信息交流的纽带，在控制系统工作时，输入/输出装置根据中央处理器的命令，在中央处理器与输入回路和输出回路之间负责数据传送。

输入/输出装置一般称为I/O接口，具有数据缓冲、电平匹配、时序匹配等多种功能。

4. 输出回路

微机输出的数字信号电压很弱，不能直接驱动执行元件工作。作为微机与执行元件之间连接桥梁的输出回路，其主要功用就是将微机的处理结果放大，生成能控制执行元件工作的控制信号。

输出回路一般采用的是功率晶体管，根据微机的指令通过导通或截止来控制执行元件的搭铁回路。控制喷油器的输出回路如图2－72所示，功率晶体管导通时，喷油器通电喷油，截止时则断电停油。

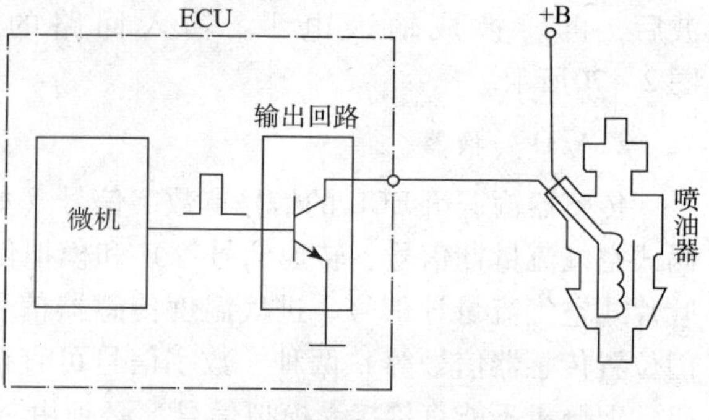

图2－72　控制喷油器的输出回路

三、执行器（喷油器）的构造

1. 多点喷射系统喷油器

喷油器不喷油时，回位弹簧通过衔铁使针阀紧压在阀座上，防止滴油。当电磁线圈通电时，产生电磁吸力，将衔铁吸起并带动针阀离开阀座，同时回位弹簧被压缩，燃油经过针阀并由轴针与喷口的环隙或喷孔中喷出。当电磁线圈断电时，电磁吸力消失，回位弹簧迅速使针阀关闭，喷油器停止喷油。在喷油器的结构和喷油压力一定时，喷油器的喷油量取决于针阀的开启时间，即电磁线圈的通电时间。回位弹簧弹力对针阀密封性和喷油器断油的干扰程度会产生影响。

1）按结构分类

多点喷射系统中使用的电磁式喷油器形式较多，按其结构特点可分为轴针式喷油器和孔式喷油器。

（1）轴针式喷油器。轴针式喷油器针阀的前端有一段轴针，喷油器关闭时轴针露出喷孔，其结构如图2－73所示。轴针式喷油器的主要特点是喷孔不易堵塞，但燃油的雾化质量稍逊于孔式喷油器，且由于针阀的质量较大，因此动态响应较差。

（2）孔式喷油器。孔式喷油器针阀的前端没有轴针，故针阀不露出喷孔。孔式喷油器的喷孔数为1个或2个。针阀头部为锥形或球形（也称球阀式喷油器），其结构如图2－74所示。孔式喷油器的特点是燃料雾化质量较好，且球阀式针阀的质量仅为轴针式针阀的一半，故响应速度快；不足之处是喷孔易堵塞。

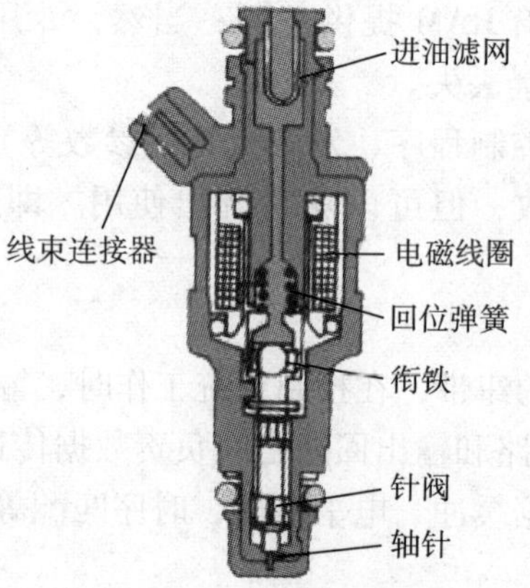

图2－73　轴针式喷油器

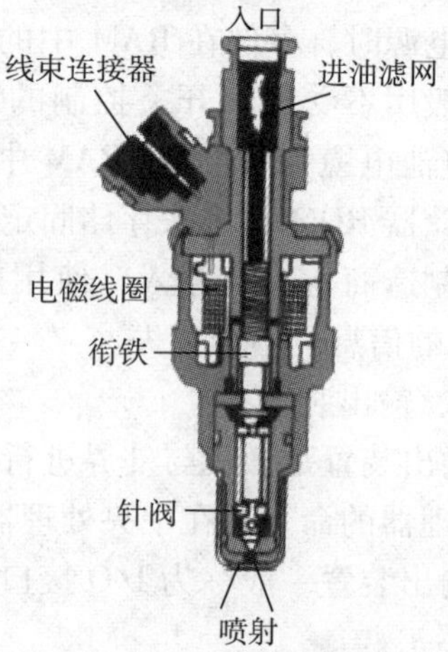

图2－74　孔式喷油器

2）按电磁线圈阻值分类

根据喷油器电磁线圈的阻值，可分为低阻喷油器和高阻喷油器。

（1）低阻喷油器。低阻喷油器电磁线圈的匝数较少，电阻值约为0.6～3Ω。由于减少了电磁线圈的匝数，因此线圈的电感小，动态响应特性好。

当采用电压驱动方式时，须在驱动回路中串入附加电阻，增加回路的阻抗，如图2－75所示。因为是低阻喷油器，电磁线圈的电阻很小，在相同的电压下，流过线圈的电流较大。可能导致电磁线圈发热损坏。在电路中串入附加电阻，可以起到减小电磁线圈电流，防止电磁线圈过热损坏的作用。

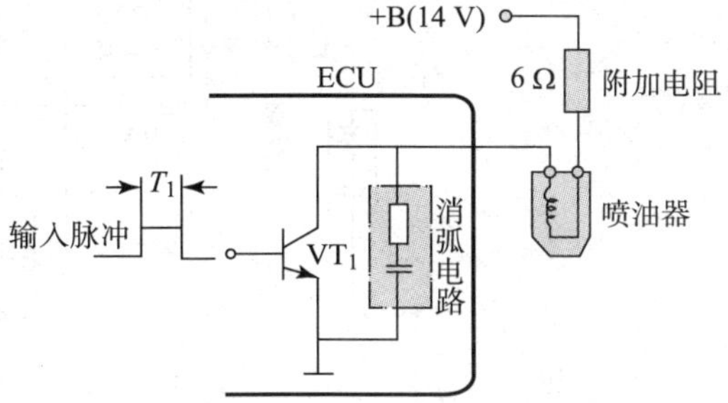

图2－75　低阻喷油器电压驱动电路

当采用电流驱动方式时，喷油器直接与电源连接，ECU通过检测回路电磁线圈的通过电流进行控制，如图2－76所示。这种驱动方式的回路阻抗很小，功率三极管VT_1刚开始导通时，喷油器电磁线圈的通过电流在极短的时间内迅速增大，针阀能以最快的速度升起，使喷油器具有良好的动态响应特性，缩短无效喷射时间（迟滞喷射时间）。当针阀升至全开位置时，电磁线圈中的通过电流达到最大的峰值电流I_P（一般为4～8A）。在电磁线圈通过电流迅速增大的同时，电流检测电阻的电压也在迅速增大。当图2－76中A点的电压达到设定值时（此时针阀恰好全开），ECU控制大功率三极管VT_1在喷油期间以20 MHz的频率交替导通截止，使电磁线圈的通过电流下降至保持电流I_n，保持电流的平均值一般为1～2 A。该电流足以使针阀保持在全开位置，从而可防止线圈发热，减小电能无效损耗。

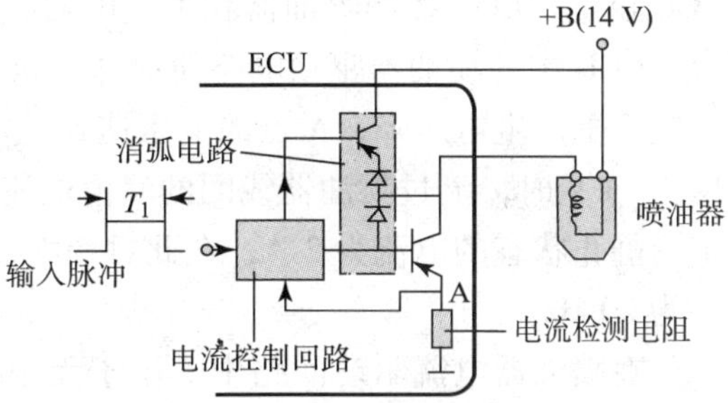

图2－76　低阻喷油器电流驱动电路

（2）高阻喷油器。高阻喷油器电磁线圈的电阻值（或内装附加电阻）为12～17 Ω。高阻喷油器只能采用电压驱动方式，故驱动电路较简单，成本较低，但高阻喷油器无效喷射时间较长，响应特性较差。高阻喷油器的驱动电路与图2－75相似，只是在电路中不需要串联附加电阻。在电压驱动电路中，当大功率三极管VT_1截止时，线圈两端可能产生很高的感应电动势，此电动势与电源电压一直作用在功率管上，有可能将功率管击穿，故在电路中设有CR消弧电路。

3）按驱动方式分类

喷油器的驱动方式可分为电流驱动和电压驱动两种方式。电流驱动方式只适用于低阻值喷油器，电压驱动方式对高阻值和低阻值喷油器均可使用。

（1）电流驱动方式。如图2－77所示，在采用电流驱动方式的喷油器控制电路中，不需附加电阻，低阻喷油器直接与蓄电池连接，通过ECU中的晶体三极管对流过喷油器线圈的电流进行控制。喷油器电流驱

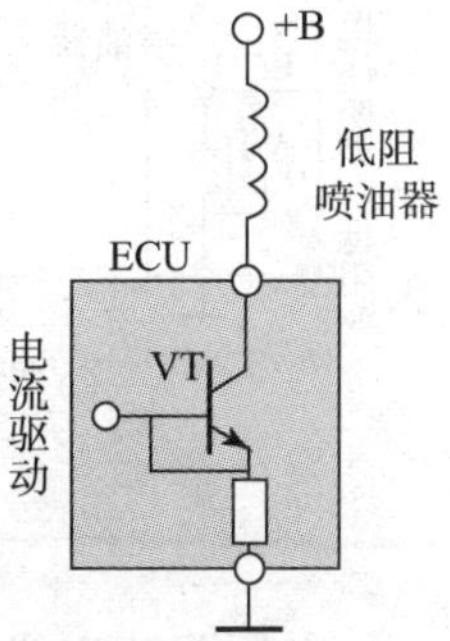

图2－77　电流驱动方式

动电路如图 2－78 所示。

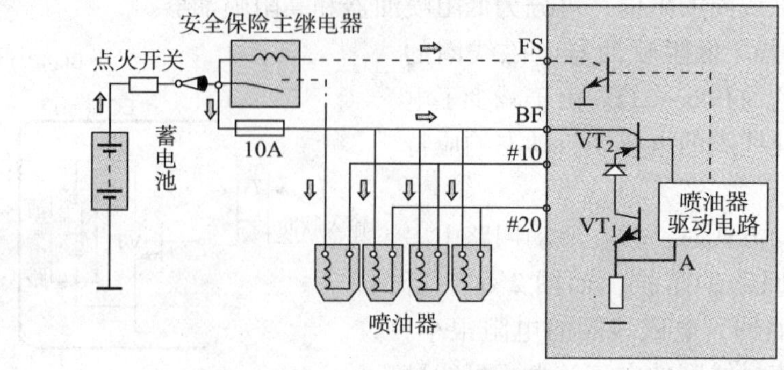

图 2－78　喷油器电流驱动电路

由图 2－78 可以看出，蓄电池通过点火开关和主继电器（或熔丝）直接给喷油器和 ECU 供电，ECU 控制喷油器和主继电器线圈的搭铁回路。点火开关接通时，继电器触点闭合，ECU 中的喷油器驱动电路使晶体三极管 VT_1 导通，流过喷油器线圈的电流在 VT_1 发射极电阻上产生电压降；A 点的电压达到设定值时，喷油器驱动电路使 VT_1 截止。当蓄电池电压为 14 V 时，流过喷油器线圈的峰值电流为 8 A，喷油器针阀达到最大升程后，保持这一稳定、静止状态的电流为 2 A；在此过程中，VT_1 以 20 Hz 的频率导通或截止，即电压变化频率为 20 Hz。

在喷油器电流驱动回路中，由于无附加电阻，回路的阻抗小，ECU 向喷油器发出指令时，流过喷油器线圈的电流增加迅速，电磁线圈产生的磁力使针阀开启快，喷油器喷油迟滞时间缩短，响应性更好。喷油器针阀的开启时刻总是比 ECU 向喷油器发出指令的时刻晚，此时间即称为喷油器喷油迟滞时间（或无效喷油时间）。此外，采用电流驱动方式，保持针阀开启使喷油器喷油时的电流较小，喷油器线圈不易发热，也可减少功率损耗。

（2）电压驱动方式。电压驱动方式喷油器原理如图 2－79（a）所示。低阻喷油器采用电压驱动方式时，必须加入附加电阻。因为低阻喷油器线圈的匝数较少，加入附加电阻，可减小工作时流过线圈的电流，以防止线圈发热而损坏。

电阻与喷油器的连接方式有三种方式，如图 2－79（b）所示。

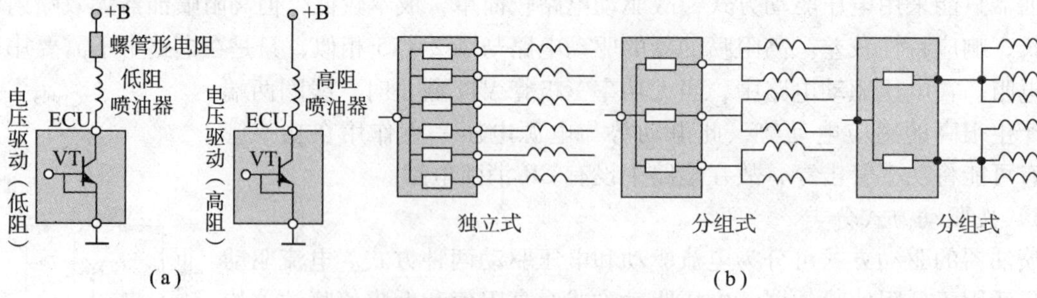

图 2－79　电压驱动方式

（a）结构图；（b）电路图

电压驱动方式中的喷油器驱动电路较简单，但因其回路中的阻抗大，所以喷油器的喷油滞后时间长。其中，电压驱动高阻喷油器的喷油滞后时间最长，电压驱动低阻喷油器次之，电流驱动的喷油器滞后时间最短。

注意：低阻喷油器不能直接与蓄电池连接，必须串联一个 8～10 Ω 的附加电阻。此外，各车型喷油器的喷油量和均匀度标准不同，一般喷油量为每 15 s 50～70 mL，各缸喷油器的喷油量相差不超过 10%。

2. 单点喷射系统喷油器

单点电控汽油喷射系统使用 1 个或 2 个电磁式喷油器，喷油器安装在节气门上方，汽油喷入进气总管，如图 2－80 所示。

单点燃油喷射系统的喷油器一般都采用下部进油式，即进油口设在喷油器侧面，而不是在顶部，主要是可降低喷油器的高度，以便于在节气门体内安装。

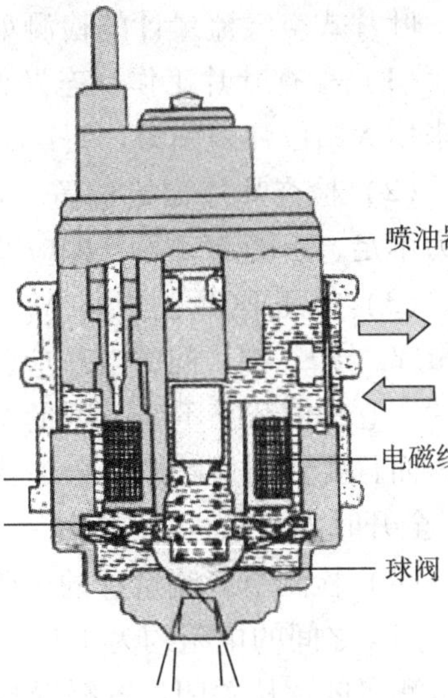

图 2－80 单点喷射系统喷油器

任务实施

一、传感器的检修

1. 空气流量计

1）叶片式空气流量计的检测

叶片式空气流量计线束连接器一般为 7 个端子，其电路有两种类型，一种是用于模拟控制系统中，另一种是用于数字控制系统中，如图 2－81 所示。检测叶片式空气流量计时，可以从车上拆下，也可以在汽车上进行。

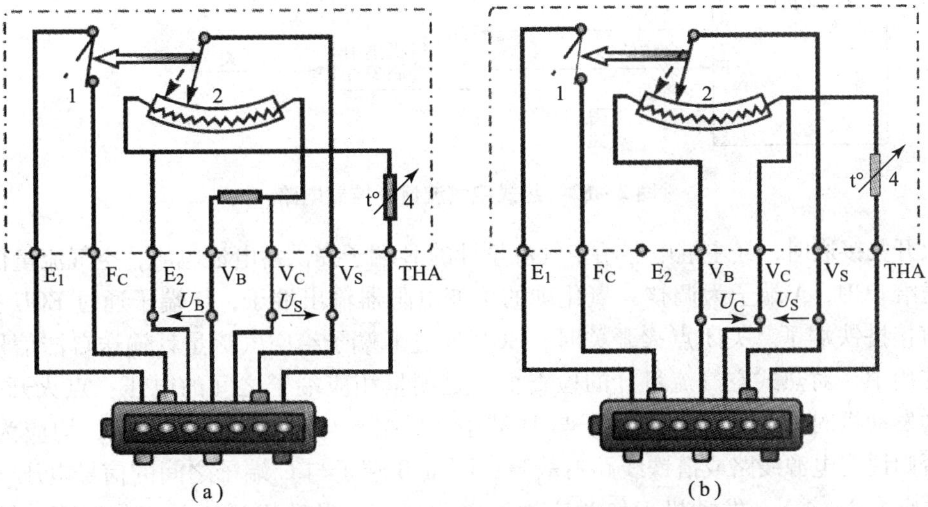

图 2－81 叶片式空气流量计的控制电路

（a）模拟控制系统采用；（b）数字控制系统采用

THA—进气温度传感器信号；V_C—空气流量传感器输出信号；F_C—油泵开关；

V_S—空气流量传感器输出信号；E_1—油泵开关搭铁；V_B—电源电压；E_2—搭铁

叶片式空气流量计的检测如下：

（1）检查叶片工作状态及回位弹簧弹力，如果弹力减小，应拨动电位计内调整齿圈的齿来增大回位弹簧弹力，每次只能调 1 ~2 个齿。

（2）检查叶片初始位置，即进气量与叶片位置是否匹配；如发动机加速响应时间长、动力不足、不能起动等，即应调整弹簧预紧力。

（3）检测 ECU 侧 V_B、V_C、V_S 和 THA 与端子 E_2 间的电压。使点火开关置于“ON”，测量 V_B 与 E_2 端子间的电压应为 13.5 V，V_C 与 E_2 端子间电压应为 10 V，测量时轻推测量叶片，它的值几乎不变。测量 V_S 与 E_2 端子间的电压时，不但要读取流量计全关和全开的电压，而且要让测量叶片从全关状态慢慢开启，直到全开，检查电压上升情况。全闭时为 2.5 V，全开时为 8 V。

（4）检测空气流量计的电阻。点火开关置于“OFF”，拔下空气流量计插接器，测量得 V_B 与 E_2 之间的电阻约为 400 Ω，V_C 与 E_2 间的电阻约为 300 Ω；测量 V_S 与 E_2 之间电阻时，应将测量叶片从关闭位置缓慢打开，阻值应逐渐增大，关闭时为 50 Ω，全开时 200 Ω 为正常；测量 THA 与 E_2 之间的电阻（即进气温度传感器的阻值），其阻值随车型和温度的不同而不同；检查油泵开关，测量叶片稍开，F_C 和 E_1 之间的电阻应为 0Ω，即触点处于“ON”状态，当测量叶片全关闭时阻值为∞。

2）热式空气流量计

热式空气流量计的控制电路如图 2 –82 所示。

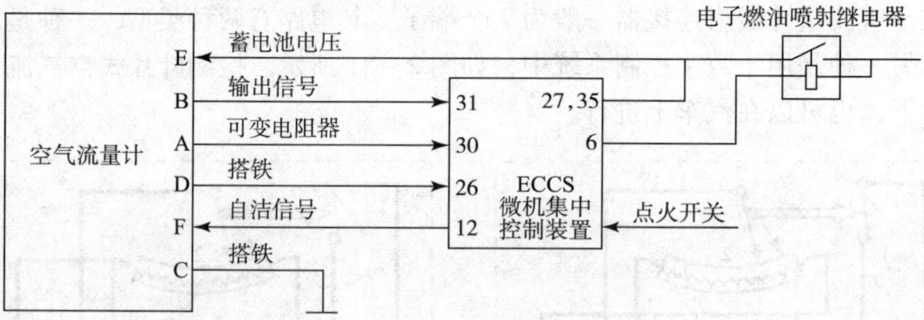

图 2 –82 热式空气流量计控制电路

点火开关接通时，经主继电器给空气流量计的 E 端子提供蓄电池电压，空气流量信号经 B 端子输送给 ECU，A 端子为调整一氧化碳的可变电阻器输出端子，D 端子通过 ECU 搭铁，C 端子为直接搭铁端子。关闭点火开关时，ECU 通过 F 端子给空气流量计输送自洁信号。

在使用中，对热式空气流量计的检查主要是测量相应端子之间的电压：点火开关接通，但不起动发动机时，分别测量 E 端子与 D 端子、E 端子与 C 端子之间电压，均应为蓄电池电压，否则说明电源线路或搭铁线路有故障；测量 B 端子与 C 端子之间的信号电压，发动机不工作时应为 2 ~4 V，发动机工作时应为 1.0 ~1.5 V；发动机达正常工作温度、转速超过 1 500 r/min 后，测量 F 端子与 D 端子之间电压，关闭点火开关时，电压应回零并在 5 s 后又跳跃上升，1 s 后再回零，否则说明自洁信号不良。

3）卡门旋涡式空气流量计

卡门旋涡式空气流量计控制电路如图 2 –83（b）所示。

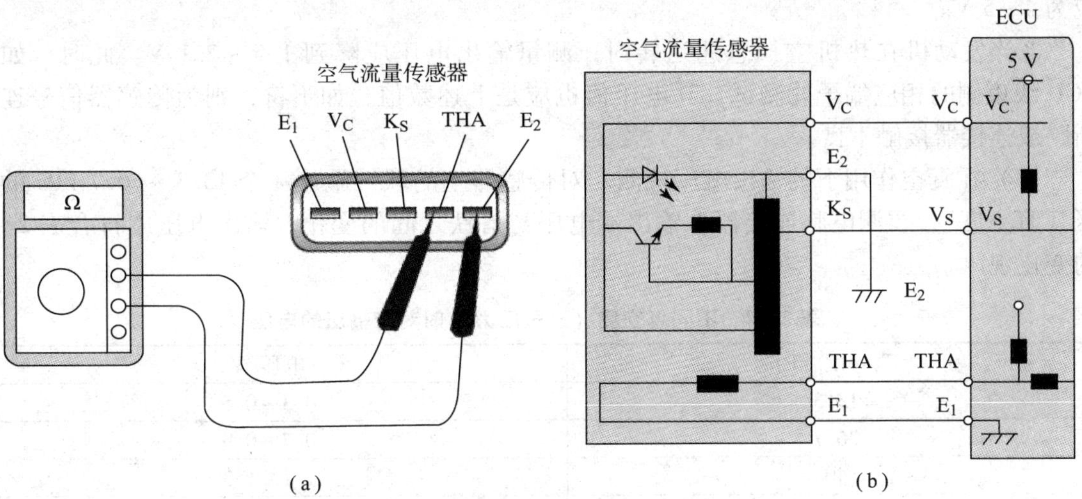

图 2-83　卡门旋涡式空气流量计控制电路

（a）测量示意图；（b）电路图

ECU 通过 V_C 端子给空气流量计提供一个标准的 5 V 电压，空气流量信号经 K_S 端子输入 ECU，E_2 为搭铁端子。

电阻的检测，如图 2-83（a）所示。维修时，将点火开关转至“ON”位置，测量空气流量计电源电压（ECU 的 V_C 端子与 E_2 端子之间电压）应约为 5 V，否则应检查 ECU 或其连接线路是否有故障；在盘转发动机的同时，测量空气流量计输出的信号电压（K_S 端子与 E_2 端子之间的电压）应为 2 ~ 4 V（既不是 0 V，也不是 5 V），否则应更换该空气流量计。

2. 进气压力传感器

1）用万用表检测

进气压力传感器（MAP）和电脑之间的电路如图 2-84 所示。根据产生的电压信号不同，有模拟电压型 MAP 和变频型 MAP，其检测方法有所不同。

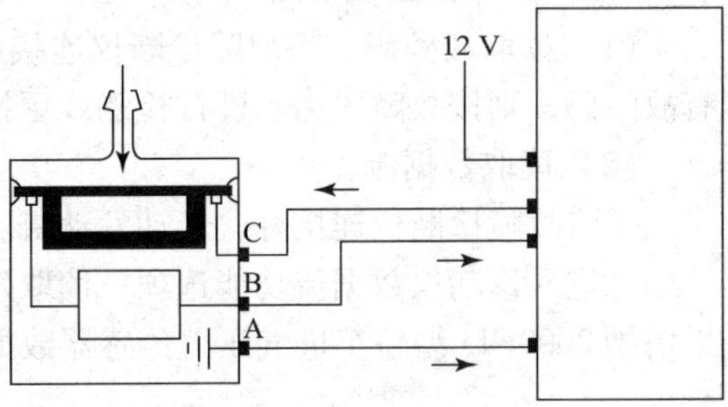

图 2-84　进气压力传感器（MAP）和电脑之间的电路

（1）基准电压的检测。

①拔下传感器的插头，打开点火开关。

②测量插头上电源端子与搭铁线端子之间电压，应为 4.5 ~5 V，否则应检查电脑上相应端子上的电压，应为 4.5 ~5 V。

③若电脑上相应端子的电压正常，而插头上电源端子与搭铁线端子之间电压不正常，则为电脑至传感器之间线路有故障。

④若电脑上相应端子没有电压，应检查电脑上的电源线和接地线是否正常，若正常则说明电脑有故障。

（2）标准大气压力下输出电压的检测。

①将插接器插上，拆下传感器上的软管，使其置于大气中。

②打开点火开关，用万用表测量传感器信号输出端子与搭铁线之间的输出电压，正常值

应为4~5 V。

③当发动机在热机空挡怠速运转时，测量输出电压应降到1.5~2.1 V。此时，如从ECU线束侧的相应端子处测试，其电压值也应是上述数值；如不符，则为传感器信号连线断路或连接器接触不良。

（3）在真空作用下的输出电压检测。对传感器上的软管施加一个13.3~66.7 kPa的负压（真空度），再测电脑连接器上输出端电压与搭铁之间的变化，输出电压应符合表2-2的变化规律。

表2-2 不同真空度（进气压力）时对应输出的电压

真空度/kPa	电压/V
13.3	0.3~0.5
26.7	0.7~0.9
40	1.1~1.3
53.5	1.5~1.7
66.7	1.9~2.1

（4）传感器的接地情况检测。用万用表欧姆挡，从传感器的端子接地处，测试其接地电阻。如电阻值不接近为零或电阻值较大，应检修相关线束及接地点连接。

（5）测试ECU地线的接地情况检测。用万用表欧姆挡测试ECU接地线与发动机地线接线柱之间的电阻值。若它们之间的电阻值均为0 Ω或小于1 Ω，传感器地线接地良好；若电阻值大于1Ω或更大，则传感器地线接地不良，应查明原因并予以排除。

2）用故障诊断仪检测

（1）读取故障码。将故障诊断仪连接好，将点火开关打到“ON”挡，读取故障码。若有故障码，则按故障码指示进行检测或更换传感器；若无故障码，则进行读取数据流。

（2）读取数据流。

①将故障诊断仪连接好，起动发动机。

②进入诊断仪数据流功能选项；读取发动机不同运行工况下进气压力传感器的压力值。桑塔纳2000GLi型轿车进气压力传感器数据流，如表2-3所示，参照标准值进行分析。

表2-3 桑塔纳2000GLi型轿车进气压力传感器数据流

不同工况	MAP传感器瞬时数据/kPa
怠速	57.33~71.33
急加速	最大84.66
急减速	最小6.66

注意：为了防止损坏诊断仪，在连接或断开诊断仪之前一定将点火开关旋至“LOCK（OFF）”位。

（3）波形测试。以桑塔纳2000GLi型轿车进气压力传感器为例，介绍其测试方法：

①将示波器连接到进气压力传感器信号输出端，起动发动机。

②使其稳定怠速后，观察输出电压的信号波形。

③将节气门逐渐开大至全开，保持约2 s。

④回到怠速并保持2 s。

⑤再急加速至节气门全开，并怠速。

⑥锁定波形，对照标准波形进行分析，不同工况下的波形如图 2－85 所示。

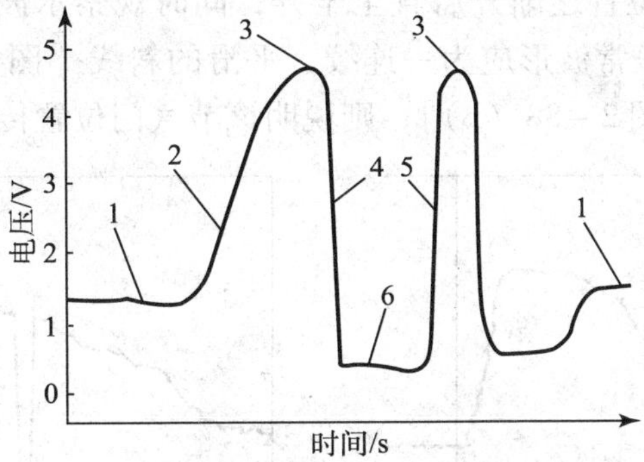

图 2－85　正常 MAP 不同工况时的测试波形

1—怠速工况；2—缓慢加速；3—节气门全开；4—全减速，节气门迅速关闭；
5—急加速；6—全减速后，保持 2s 时的波形

3. 节气门位置传感器

1）电阻的检测

检测时拔下线性输出式节气门位置传感器的插接器，用万用表检查传感器端子 V_C 与 E_2、VTA 与 E_2 和 IDL 与 E_2 之间的电阻。节气门全闭和全开时的电阻基准值，是判定节气门传感器好坏的依据。VTA 与 E_2 间电阻与节气门开度成正比例，全闭时为 0.34～6.3 kΩ，全开时为 2.4～11.2 kΩ。V_C 与 E_2 间电阻为 3.1～7.2 kΩ。而 IDL 与 E_2 的导通情况，需根据在节气门调节螺钉与其止动杆间插入厚薄规来确定，当插入 0.45 mm 厚薄规时，电阻在 0.5 kΩ 以下，插入 0.55 mm 厚薄规时电阻为∞，如图 2－86 所示。

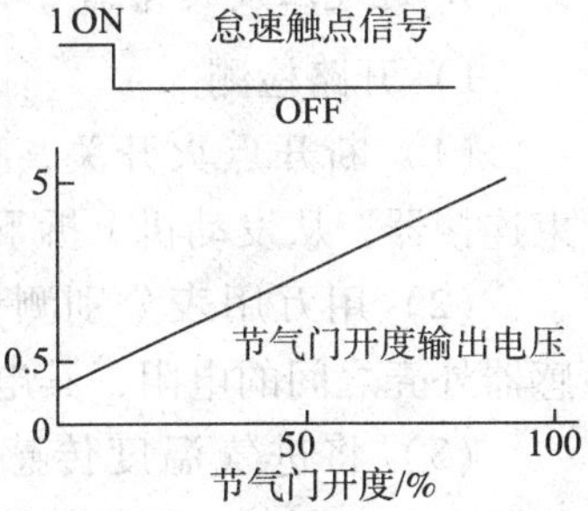

图 2－86　输出特性

2）用万用表检测

（1）拔去节气门位置传感器的线束插头。

（2）用万用表在电位计式位置传感器线束插座上测量电位计总电阻（图 2－87 中 V_C 端和 E 端之间的电阻）。如有断路、短路或阻值不符合标准，说明该传感器有故障。

（3）测量电位计滑动触点的电阻（图 2－87 中 V_T 端和 E 端之间的电阻），该电阻应能随节气门的开启或关闭而平滑地变化，否则说明该传感器有故障。

3）用示波器检测

（1）将示波器测头与电位计式节气门

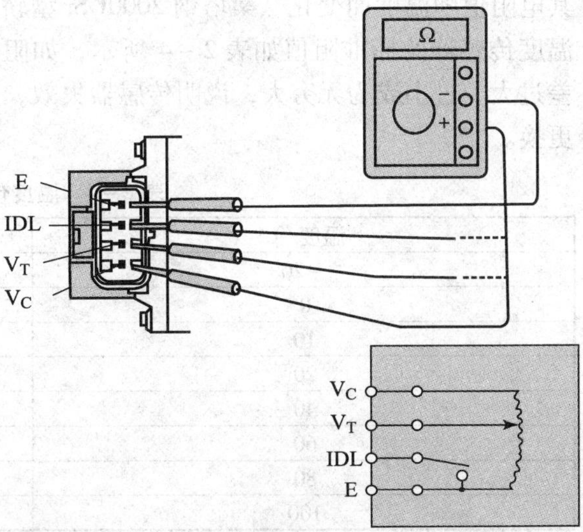

图 2－87　用万用表检测节气门位置传感器

位置传感器的信号输出端（图 2－87 中的 V_T 端）连接。

（2）打开汽车的点火开关或让发动机运转。

（3）让节气门由关闭位置逐渐开启直至全开，同时观察示波器显示屏上的节气门位置传感器输出信号的波形。正常波形应为一连续、平滑的斜线［图 2－88（a）］。若测得的信号波形不平滑，有突变［图 2－88（b）］，则说明该节气门位置传感器有故障。

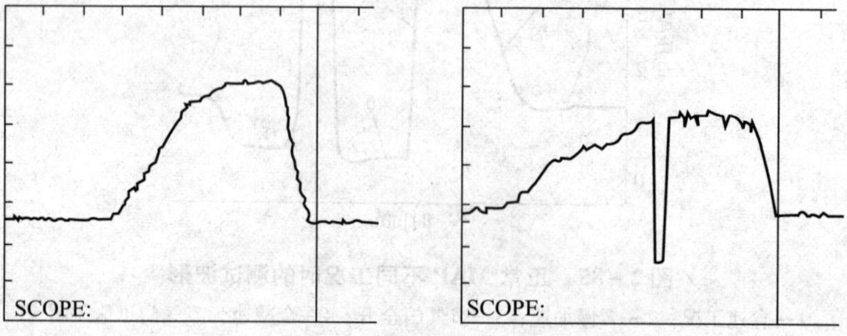

（a）　　（b）

图 2－88　节气门位置传感器波形

（a）正常波形；（b）有故障的波形

4. 进气温度传感器

1）开路检测

（1）断开点火开关，拔下进气温度传感器线束连接器，从发动机上拆下传感器。

（2）用万用表分别测量传感器的两端子与传感器外壳之间的电阻，其电阻应为无穷大。

（3）将进气温度传感器放到盛水的烧杯中，如图 2－89 所示；用加热器加热烧杯中的水。

（4）用万用表测量传感器两端子之间的电阻，其电阻值随温度而变化。桑塔纳 2000GSi 型轿车用温度传感器的标准阻值如表 2－4 所示，如阻值偏差过大、过小或为无穷大，说明传感器失效，应予更换。

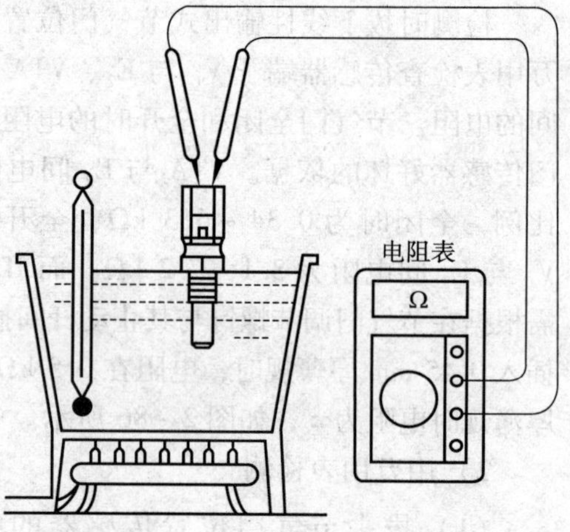

图 2－89　温度传感器的检测方法

表 2－4　温度传感器标准阻值

温度/℃	阻值/Ω
－20	14 000～20 000
0	5 000～6 500
10	3 300～4 200
20	2 200～2 700
40	1 000～1 400
60	530～650
80	280～350
100	170～200

2）传感器及线路检测

就车检测进气温度传感器时，首先将电压表连接到传感器的端子上，然后起动发动机，观察电压表读数。在不同温度下，传感器应该有一个对应的电压降，参照表2－5所列数值。若不符合规定，应更换传感器。

表2－5　进气温度传感器不同温度时的电压值

温度/℃	电压/V
－20	4.7
0	4.0
20	3.5
40	2.5
60	1.5
80	1.0

注意：当进气温度传感器电路断路时，将出现电压升高直至5 V的现象；当进气温度传感器电路对地短路时，将出现电压向下直至0 V的现象。

5. 冷却液温度传感器

1）元件检测

冷却液温度传感器的检测方法及参考值与进气温度传感器的检测方法相同。

2）就车检查

冷却液温度传感器的控制电路如图2－90所示。

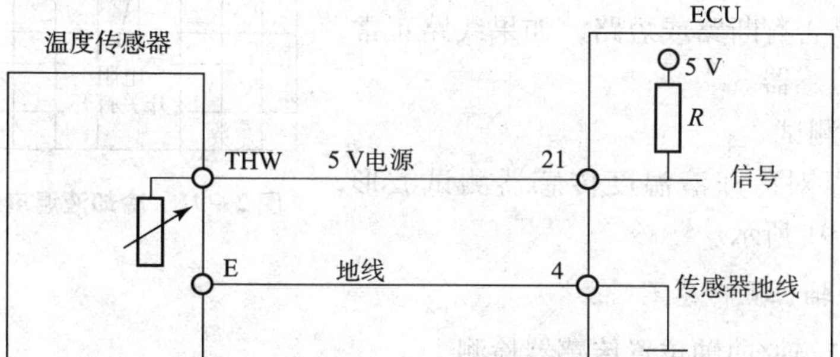

图2－90　冷却液温度传感器的控制电路

（1）拔下传感器线束插头，打开点火开关，测量插头上的电压，应为5 V左右。

（2）测量电脑端的输出电压，也应为5 V。

（3）将线束插头接好，起动发动机，将发动机逐渐升温，测量传感器侧两端子之间的电压，应在0.5～4 V变化，温度越低时电压越高；温度越高时电压越低，参照表2－6所列数值。

表 2-6　冷却液温度传感器不同温度时的电压值

发动机处于冷态		发动机处于热态	
温度/℃	电压/V	温度/℃	电压/V
-29	4.7	43	4.2
-17	4.4	55	3.7
-7	4.1	65	3.4
5	3.6	76	3.0
15	3.0	82	2.8
27	2.4	93	2.4
49	1.25	115	1.62

注意：多数电控发动机电脑内部有一个与冷却液温度传感器串联的电阻，这个电阻将在 50 ℃左右（电压在 1.25 V 左右）时打开，所以传感器两端的电压降在冷态和热态时会有很大变化。

3）线路检测

检测时，先拆开冷却液温度传感器线束连接器及电脑端子，再测量两个端子与电脑相应端子之间有无断路，对地有无短路，阻值过大（大于 0.5 Ω）等故障，否则应维修或更换相关线束。

4）读取数据块

（1）发动机怠速工况，解码器进入“读测量数据块”功能。

（2）选择相应显示组。

（3）读取冷却液温度传感器数据。

（4）如果显示数据与实际温度不符，关闭点火开关，检查传感器插头上端子和发动机控制单元线束插头间的线路是否有断路或短路，如果线路正常，更换冷却液温度传感器。

5）电压波形测试

用示波器可以对冷却液温度传感器测试波形，标准波形如图 2-91 所示。

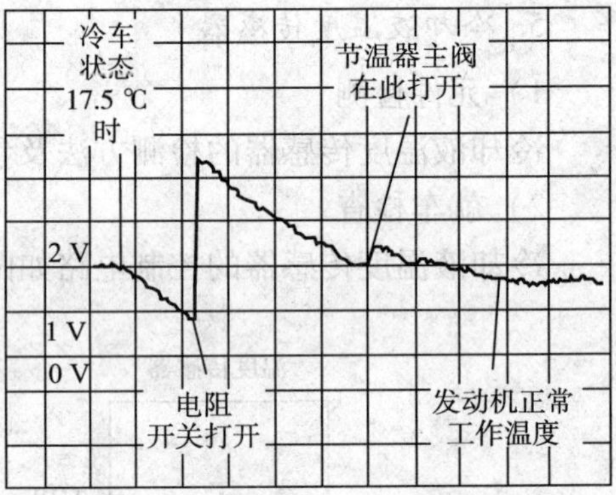

图 2-91　冷却液温度传感器标准波形

6. 凸轮轴/曲轴位置传感器

1）电磁式凸轮轴/曲轴位置传感器检测

电磁式凸轮轴/曲轴位置传感器故障会导致发动机起动困难、无法起动等故障，检测步骤如下：

（1）故障诊断仪读取故障码。若没有曲轴位置传感器故障码则进行如下基本检查：

①检查传感器插接器连接状况。

②测量信号转子凸齿与磁头间的气隙，信号转子凸齿与磁头间的气隙应在 0.2 ~ 0.4 mm 范围内（相关车型参考维修手册）。

（2）测量相关电阻。如果以上检查正常，进行下面基本检查：

①拔下传感器线束插头。

②用万用表测量传感器电阻及传感器与电脑间的线路侧各端子阻值，车型不同时，传感器阻值不同，桑塔纳2000GSi型轿车的电磁式凸轮轴/曲轴位置传感器线圈阻值及相关线路电阻如表2-7所示。线路连接如图2-92所示。

表2-7 桑塔纳2000GSi型轿车的电磁式凸轮轴/曲轴位置传感器线圈各端子阻值

测试端子	电阻值/Ω
1与2	450~1 000
2与3	∞
1与3	∞
3与搭铁	不超过1.5
2与56	不超过1.5
13与63	不超过1.5

(3) 测量其输出信号。

①可通过转动曲轴，用万用表测量其输出信号情况，若无电压输出说明传感器有故障。

②对于安装在分电器内的电磁式凸轮轴/曲轴传感器，也可以将分电器拆下，用手转动分电器轴，用万用表测量其输出信号情况，若有电压输出，说明传感器能工作，否则，说明传感器有故障。

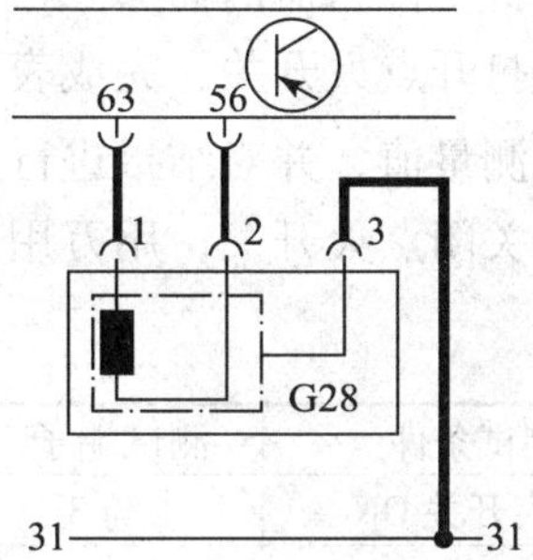

图2-92 桑塔纳2000GSi电磁式凸轮轴/曲轴位置传感器线路连接

(4) 测量其输出波形。

①正确连接示波器；

②起动发动机，使之怠速工作；

③观察并记录测量的波形；

④参照标准波形（图2-93）进行分析。

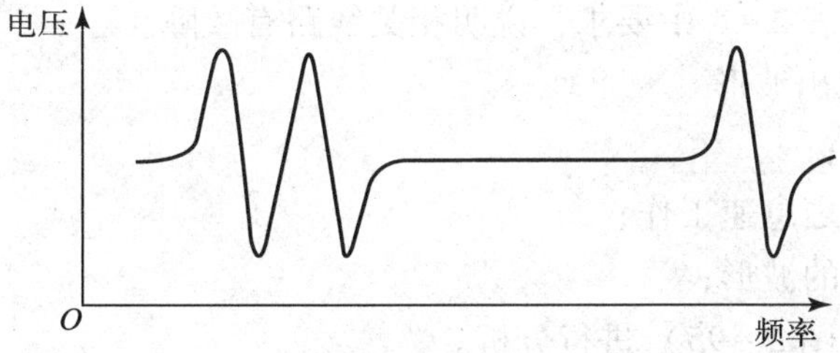

图2-93 电磁式凸轮轴/曲轴位置传感器标准波形

各种电磁式凸轮轴/曲轴位置传感器输出信号波形基本相同，若出现波形过于平缓，或有间断时，说明传感器有故障。

2）霍尔式凸轮轴/曲轴位置传感器检测

以桑塔纳2000GSi型轿车的霍尔式凸轮轴/曲轴位置传感器为例进行说明。当发动机运行时，若霍尔式凸轮轴/曲轴位置传感器出现故障而导致信号中断时，则发动机将立刻熄火而无法运转，这时，电控单元ECU能够检测到故障信息，利用V.A.G1551/2故障诊断仪，可以读取故障信息。如故障代码显示霍尔式凸轮轴/曲轴传感器有故障，可用万用表检测传感器电源电压和导线电阻，传感器插头接线如图 2－94 所示。

(1) 故障诊断仪读取故障码。若没有霍尔式凸轮轴/曲轴位置传感器故障码则进行如下基本检查：

①检查传感器插接器连接状况。

②测量信号转子与磁头间的气隙，信号转子凸齿与磁头间的气隙应在标准范围内（相关车型参考维修手册）。

(2) 测量相关线路电阻、电压。如果以上检查正常，进行下面基本检查（以桑塔纳 2000GSi 型轿车的霍尔式凸轮轴/曲轴位置传感器检测为例）：

①拆下传感器的插头。

②打开点火开关，完成表 2－8 的第一项检查，观察万用表测量值，并对结果进行分析。

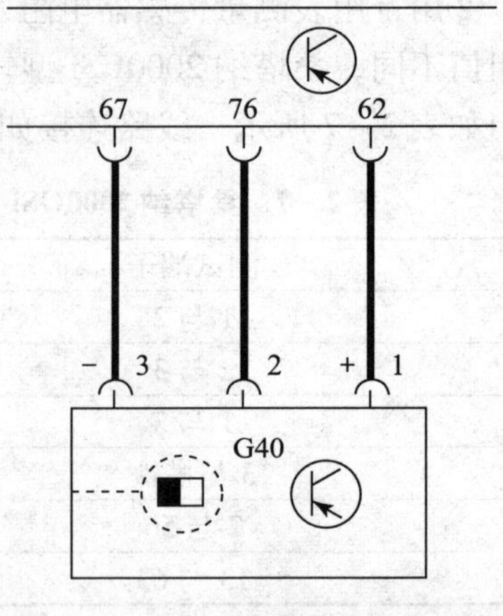

图 2－94　桑塔纳霍尔式凸轮轴/曲轴位置传感器插头接线

③关闭点火开关，用万用表测量各端子阻值，测量数值参照表 2－8 所示。

表 2－8　测试参考条件和数据

测试条件	测试端子	测试结果
点火开关 ON	1 与 3	4.5～5.0V，若过低或过高，说明线束断路、短路或 ECU 有故障
点火开关 OFF	1 与 62	应不大于 1.5Ω
	2 与 76	应不大于 1.5Ω
	3 与 67	应不大于 1.5Ω
	1 与 2	应为∞
	1 与 3	应为∞

若测量数值不符合表 2－8 中要求，说明相关线路有故障。

(3) 测量传感器输出波形。

①正确连接示波器；

②起动发动机，使之怠速工作；

③观察并记录测量的波形；

④参照标准波形（图 2－95）进行分析。

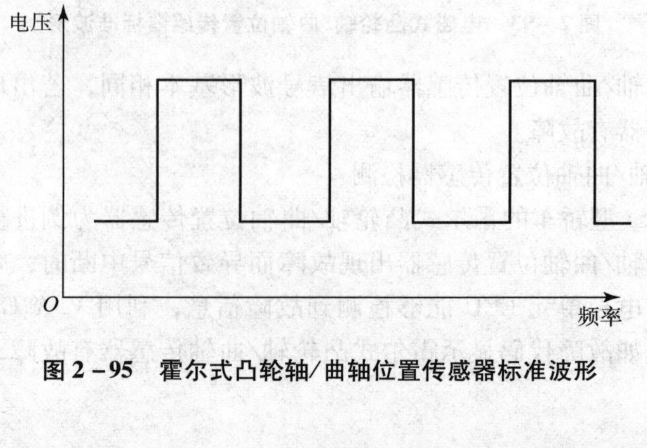

图 2－95　霍尔式凸轮轴/曲轴位置传感器标准波形

各种霍尔式凸轮轴/曲轴位置传感器输出信号波形基本相同，为方波形。若波形不符，说明传感器有故障。

3）光电式凸轮轴/曲轴位置传感器检测

（1）测量电压值。光电式凸轮轴/曲轴位置传感器控制电路如图 2－96 所示。检测时，先拆下线束插头，将点火开关转至“ON”位置。

①测量电脑侧 1 与 2 端子之间电压应为 12 V，否则说明线路或 ECU 有故障；

②给传感器侧的 1 与 2 端子之间直接施加 12 V 电源电压，并分别在信号输出端子 3 和 4 与 1 之间接上电流表，转动转子一圈时，两个电流表应分别摆动 1 次和 4 次（与透光孔数量相等），每次电流表指示电流应约为 1 mA，否则应更换传感器。

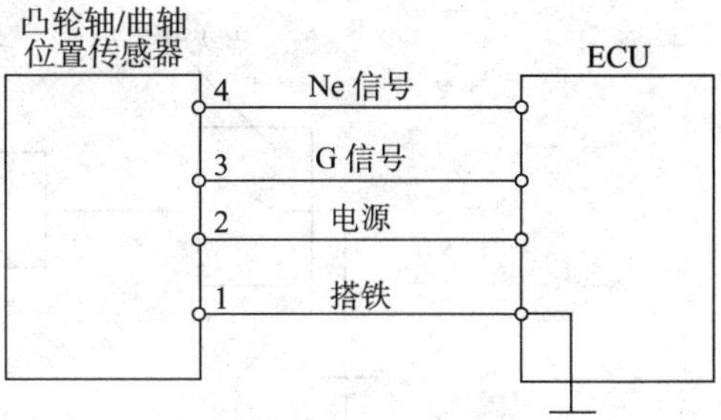

图 2－96　光电式凸轮轴/曲轴位置传感器检测电路

（2）测量其输出波形。

①正确连接示波器；

②起动发动机，使之怠速工作；

③观察并记录测量的波形；

④参照标准波形如图 2－97 所示，进行分析，若波形不符，说明传感器有故障。

7. 车速传感器

舌簧开关式车速传感器电路如图 2－98 所示，ECU 给车速传感器提供 12 V 标准电压并进行监控，舌簧开关控制搭铁，当舌簧开关闭合使电路接通时，传感器便产生一个脉冲信号输送给 ECU。在维修时，检查车速传感器电源电压是否正常，然后转动驱动车轮，测量车速传感器输出的信号电压（信号输出端子与搭铁间），车速表软轴每转一圈应产生 4 个脉冲信号，信号电压约为 12 V 蓄电池电压。

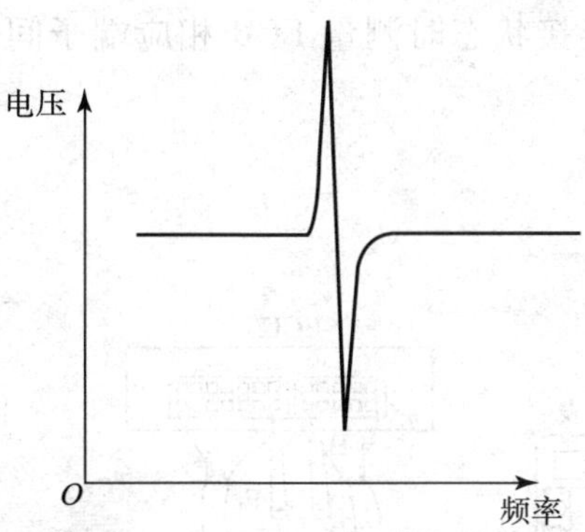

图 2－97　光电式凸轮轴/曲轴位置传感器的标准波形

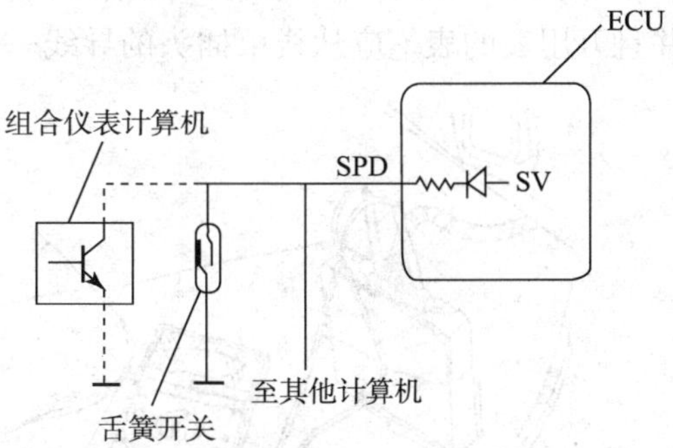

图 2－98　舌簧开关式车速传感器电路

8. 信号开关

检修各种开关信号时，检测方法基本相同。以自动变速器轿车的空挡起动开关为例，其电路如图 2－99 所示。用万用表欧姆挡测量空挡起动开关两端子之间的导通性，自动变速器手柄置于“P”或“N”位时应导通，自动变速器手柄置于除“P”或“N”以外的其他挡位时应不导通，否则应更换空挡起动开关。

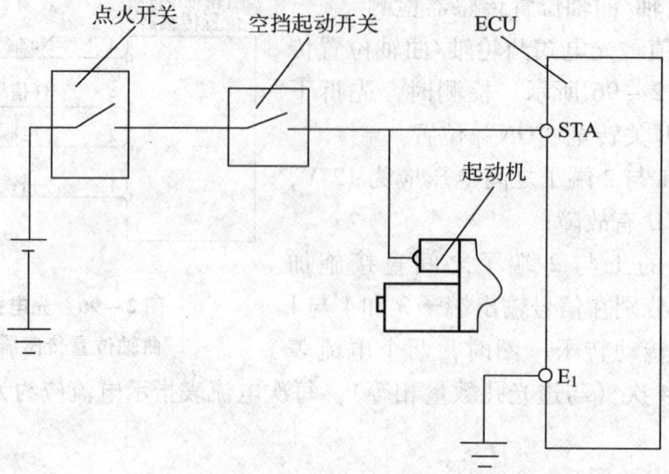

图 2-99　空挡起动开关电路

随着控制系统功能的扩展，输入信号也将不断增加。控制系统所用传感器及信号开关的数量必将有所增加。

二、ECU 的检修

1. 发动机 ECU 维修注意事项

在用万用表检测 ECU 端子的电压和电阻时应注意以下事项：

（1）在检测之前，应先检查各熔断器、熔丝及有关的线束插接器是否良好。

（2）蓄电池电压应不低于 11V，蓄电池电压过低会影响测量结果。

（3）必须使用高阻抗（大于 10 MΩ/V）的万用表，最好使用汽车专用万用表检测。

（4）如图 2-100 所示，必须在线束插接器处于连接状态时测量 ECU 相应端子间的电压，并且万用表的表笔应从线束插头的导线一侧插入。

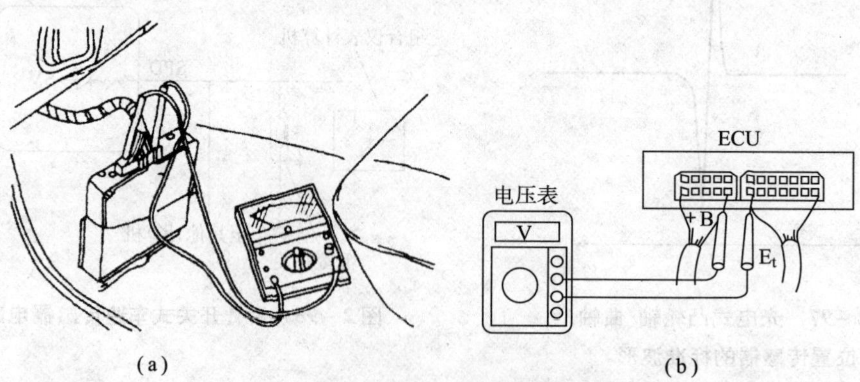

图 2-100　ECU 端子间电压测量方法

(a) 线束插接器处于连接状态；(b) 万用表的测笔从线束插头的导线一侧插入

(5) 不可在拆开线束插接器的状态下，直接测量 ECU 端子间的电阻，否则会损坏 ECU。

(6) 若需拆开 ECU 线束插接器检测各控制线路，则应先拆下蓄电池负极搭铁线。在蓄电池连接完好的状态下拆开 ECU 线束插接器，可能会损坏 ECU。

2. 发动机 ECU 的维修

发动机 ECU 的维修主要是线路的维修。以桑塔纳 2000GSi 轿车为例，电控系统的 ECU 线束插接器插头端子的布置如图 2－101 所示。

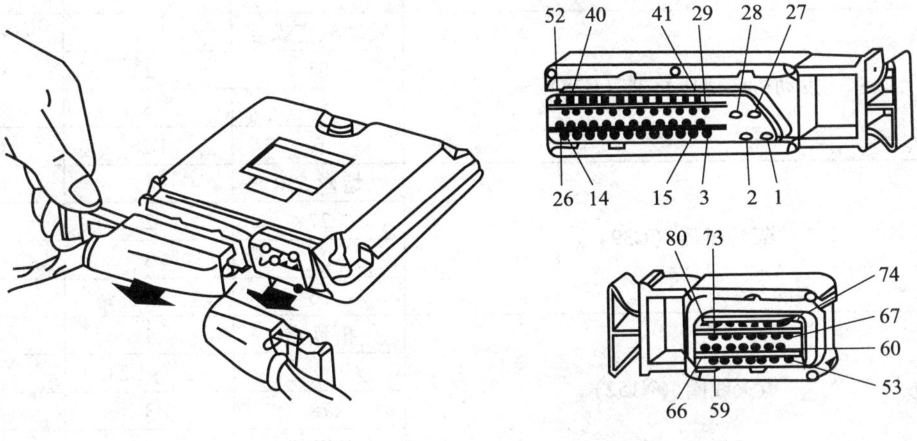

(a)　　　　　　　　　(b)

图 2－101　ECU 的插线与插座

(a) 拔下插头；(b) 插头端子的布置

发动机 ECU 共有 80 个端子，线束插接器接线与一个有 52 个端子的插头和一个有 28 个端子的插头相连接。

1) 线路电阻的检测

关闭点火开关，从 ECU 上拔下插头，再拔下要检测的组件插头，检测其接线的电阻。检测时，为了避免损坏电子组件，要注意量程必须符合检测条件。检测步骤与标准值如表 2－9 所示。

表 2－9　线路电阻的检测

检测步骤	检测项目		检测部位：ECU 插座端子号	检测部位：组件插座端子号	标准值/Ω
1	空气流量计（G70）		11	4	<0.5
			12	3	<0.5
			13	5	<0.5
2	节气门控制部件（J338）	节气门定位器（V60）	66	1	<1
			59	2	<1
		怠速开关（F60）	69	3	<0.5
		节气门电位计（G69）	62	4	<0.5
		怠速开关（F60）	75	5	<0.5
			67	7	<0.5
		节气门定位电位计（G88）	74	8	<0.5
		怠速开关闭合	67 与 69		<1
		怠速开关打开	67 与 69		∞

续表

检测步骤	检测项目	检测部位		标准值/Ω
		ECU 插座端子号	组件插座端子号	
3	冷却液温度传感器（G62）	67	1	<1
		53	3	<0.5
4	进气温度传感器（G72）	54	1	<0.5
		67	2	<1
5	发动机转速传感器（G28）	发动机搭铁点	1	<0.5
		63	2	<0.5
		56	3	<0.5
		6	D26	<0.5
6	氧传感器（G39）	熔丝 530	1	通
		27	2	<20
		25	3	<1.5
		26	4	<1.5
7	点火线圈（N152）	搭铁点	4	通
			2 与 D23	通
		78	3	<0.5
		71	1	<0.5
8	霍尔传感器（G40）	62	1	<0.5
		76	2	<0.5
		67	3	<1
9	活性炭罐电磁阀（N80）	15	2	<0.5
		熔丝 530	1	通
10	空调压缩机	8	压缩机电磁开关插头触点	<0.5
		10	空调（A/C）开关	<0.5
11	车速传感器	20	3	<0.5
12	爆燃传感器（G61）	68	1	<0.5
		67	2	<1
		2	3	<0.5
13	爆燃传感器（G66）	60	1	<0.5
		67	2	<1
		2	3	<0.5
14	1 缸喷油器（N30）	73	2	<1
15	2 缸喷油器（N31）	80	2	<1
16	3 缸喷油器（N32）	58	2	<1
17	4 缸喷油器（N33）	65	2	<1

2）线路组件的检测

（1）在进行各线路组件检测时，应首先检查蓄电池电压是否正常（应大于 11V），燃油泵继电器、熔丝是否正常。

（2）从汽车上拆下 ECU，测量电压的时候应使线束插接器处于连接状态。

（3）将点火开关转到“ON”位置，不起动发动机。

（4）用万用表按表 2－10 所示的步骤和检测条件，依次检测 ECU 相应端子之间的电阻或电压（注意：测量电压时，万用表的测笔应从线束插接器的插头导线一侧插入，也可插入大头针来作为引出的导线），测量值应符合标准值，否则说明 ECU 或控制线路有故障。

表 2－10　线路组件检测步骤（接 ECU）

检测步骤	检测项目	检测条件（附加操作）	检测部位	标准值
1	1～4 缸喷油器电阻	关闭点火开关，拔下 1～4 缸喷油器插座	插座两端子	13～18 Ω
2	1～4 缸喷油器供电电压	喷油器插座端子 1 和喷油器熔丝间线路正常	插头端子 1 和发动机搭铁点	蓄电池电压
3	汽油泵继电器	关闭点火开关，从中央拔下汽油泵继电器，测 2 号位继电器上端子 4 和搭铁点	—	接近 12 V
4	氧传感器（λ 传感器）加热装置	关闭点火开关，拔下氧传感器 4 个端子的插头	插座端子 1 和 2	1～5 Ω（电阻随温度升高）
5	氧传感器输出电压	发动机正常工作，改变工况	插座端子 3 和 4	0.1～0.3 V 与 0.7～1.1 V 变化
6	氧传感器供电电压	加热正常，打开点火开关	插头端子 3 和 4	蓄电池电压
7	活性炭罐电磁阀	关闭点火开关，拔下插头	插座两端子	22～30 Ω
8	节气门电位计（G69）	关闭点火开关，拔下插座，再打开点火开关	插头端子 5 和 7	约 5 V
9	节气门定位电位计（G88）	关闭点火开关，拔下插座，再打开点火开关	插头端子 4 和 7	约 5 V
10	空气流量计供电电压	汽油泵继电器和熔丝正常	插头端子 4 和搭铁点	约 5 V
11	发动机转速传感器	关闭点火开关，拔下发动机转速传感器插头	插座端子 2 和 3	480～1 000 Ω
12	发动机 ECU 供电电压	蓄电池电压高于 11 V，保险 517 正常，关闭点火开关，再打开点火开关	V. A. G1598/22 测试盒端子 3 和 2 V. A. G1598/22 测试盒端子 1 和 2	接近蓄电池电压
13	爆燃传感器输出电压	发动机运转	插座端子 1 和 2	0.3～1.4 V
14	霍尔传感器（G40）输出电压	拔下插座，打开点火开关	插座端子 1 和 3	接近 5 V
15	霍尔传感器（G40）输入电压	拔下插座，打开点火开关	插头端子 2 和 3	接近蓄电池电压

三、执行器的检修

1. 喷油器的检测

1）喷油器就车诊断

接通点火开关，使发动机怠速运转；用螺丝刀或听诊器测试各缸喷油器工作声音，如图 2－102 所示。若各缸喷油器工作声音清脆均匀，说明各缸喷油器工作正常；若听不到某缸喷油器工作声音，则应测量该喷油器的电磁线圈电阻及检查喷油器控制线路。

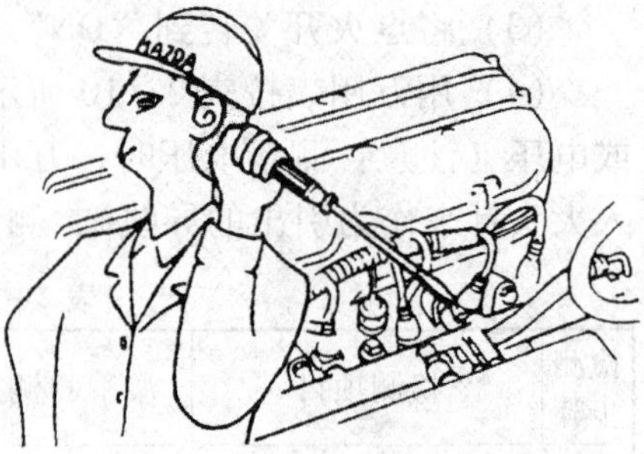

图 2－102　听诊各缸喷油器

2）喷油器线圈阻值检测

拔下喷油器线束插头，用万用表测量喷油器两端子之间的电阻，如图 2－103 所示，低阻值喷油器应为 2～3Ω，高阻值喷油器应为 13～16Ω，否则应更换喷油器。

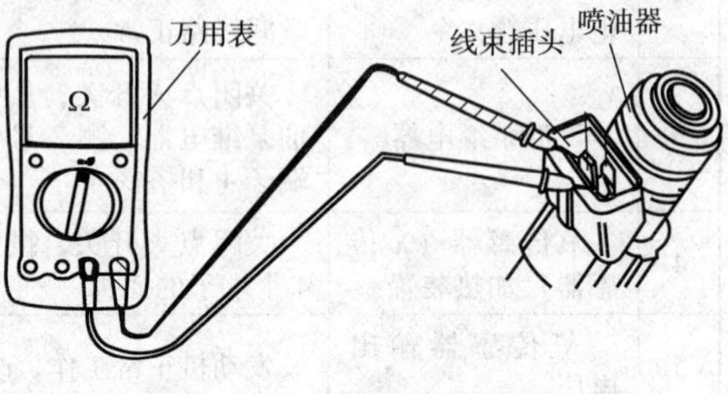

图 2－103　测量喷油器电阻

3）喷油器控制电路检查

（1）拆开喷油器线束连接器，接通点火开关，但不起动发动机。

（2）用万用表检测喷油器的供电电压，应为蓄电池电压（即端子 1 与发动机搭铁之间的电压）。

（3）若供电电压不符合，应检查供电线路、点火开关、继电器或熔丝是否正常。

（4）测量得到的各喷油器插头负极端子与发动机 ECU 喷油器端子之间的阻值应小于 1 Ω，如图 2－104 所示，如测量得到的桑塔纳 2000 型喷油器端子 2 与 ECU 端子 73、80、58、65 之间的阻值应小于 1Ω，否则线路有断路或接触不良。

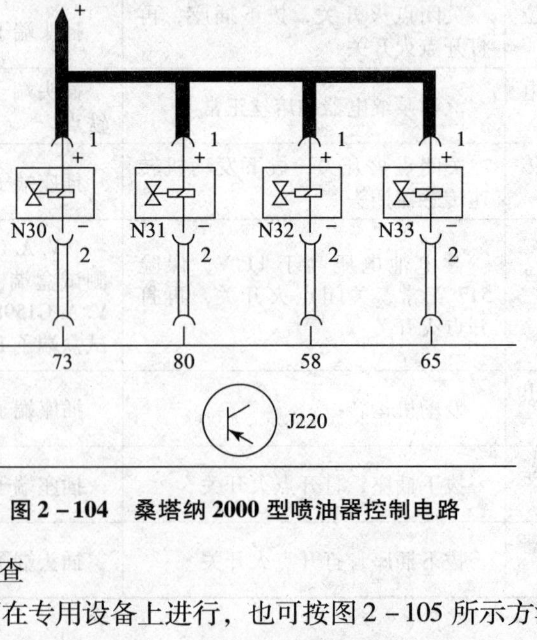

图 2－104　桑塔纳 2000 型喷油器控制电路

4）喷油器的喷油量检查

喷油器的喷油量检查可在专用设备上进行，也可按图 2－105 所示方法检查。检查方法是：

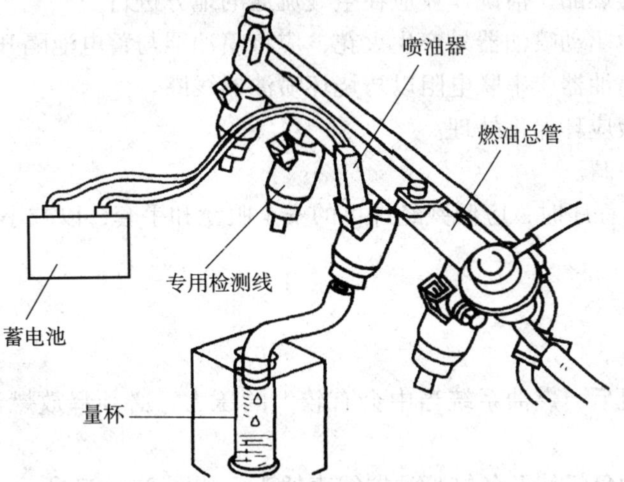

图 2－105　喷油器喷油量的测试

（1）将被测喷油器插入量杯中。

（2）使燃油泵工作。

（3）用导线让蓄电池直接给喷油器通电，使喷油器喷油 30 s，观察喷油量。一般喷油量为每 30 s 85～105 mL（具体车型请以维修手册数据为准），各缸喷油器的喷油量相差不超过 5%。

（4）每个喷油器应重复检查 2～3 次，各缸喷油器的喷油量和均匀度应符合标准。

（5）观察燃油从喷孔喷出的形状，应为 35°左右的圆锥雾状。

5）喷油器密封性检查

喷油器密封性可在专用设备上进行，在检测喷油量之前，直接给燃油泵通电工作，油压达到正常时，观察喷油器有无滴漏现象。也可将喷油器和输油管从安装位置上拆下，再与燃油系统悬空连接好，打开点火开关，让燃油泵通电工作，观察喷油器有无滴漏现象。一般要求 2 min 内喷油器滴油不超过 1 滴，说明喷油器密封性良好，否则应更换喷油器。

注意：低阻喷油器不能直接与蓄电池连接，必须串联一个 8～10 Ω 的附加电阻。同时作业环境要通风，避免烟火。

2. 喷油器的清洗

1）超声波清洗方法

把喷油器放入超声波清洗仪中，调整好时间（10～20 min），按开始键进行清洗。

2）简易清洗方法

将喷油器进油口与燃油系统清洗剂连接，利用蓄电池驱动喷油器，压开燃油系统清洗剂出口，反复清洗，如图 2－106 所示。清洗喷油器时，应注意以下几点：

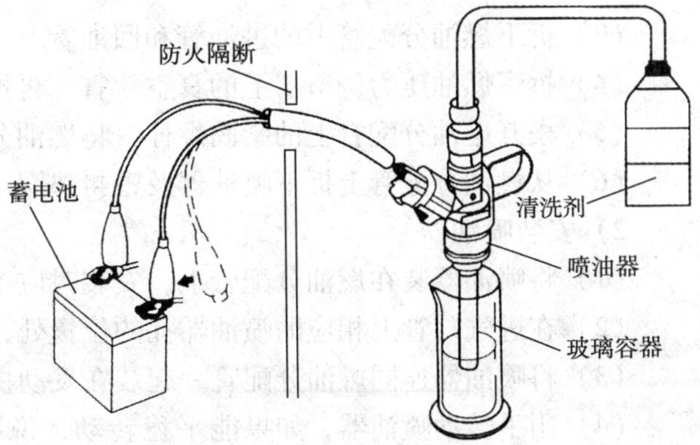

图 2－106　喷油器简易清洗方法

（1）清洗剂是易燃品，清洗作业应在空气流通的地方进行。

（2）利用蓄电池驱动喷油器易产生火花，应将喷油器与蓄电池隔开。

（3）低阻抗的喷油器应串联电阻以防烧坏喷油器线圈。

（4）废旧清洗液应环保化处理。

（5）注意保护眼睛。

注意：在执行本程序时，应佩戴经许可的安全眼镜和手套，以减小人员眼睛、皮肤受伤的风险。

3. 喷油器的拆装

1）拆卸喷油器

（1）发动机停机后，燃油系统当中会有较大的压力，必须释放燃油压力，然后拆卸喷油器。

（2）拆下蓄电池负极线及各缸喷油器线束插头，如图 2－107 所示。

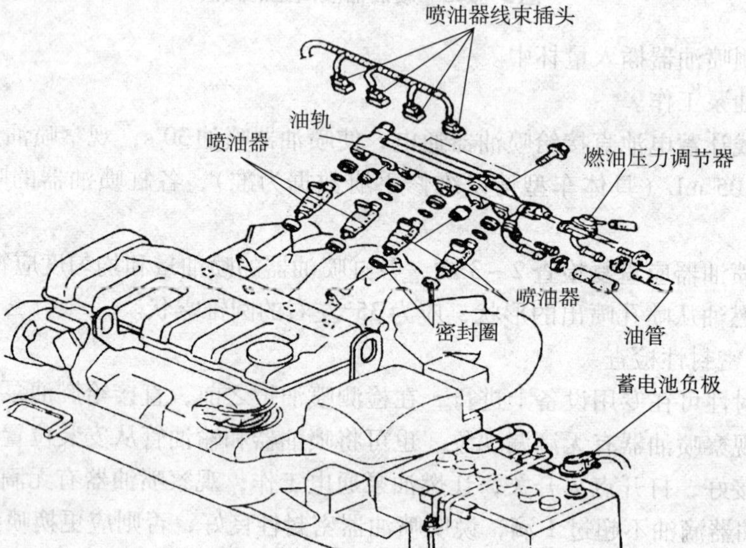

图 2－107　喷油器拆装示意

（3）拆下燃油分配管上的进油管和回油管。

（4）拆下燃油压力调节器上的真空软管，再拆下燃油压力调节器。

（5）松开燃油分配管上的紧固螺栓，将燃油分配管及喷油器一起拆下。

（6）从燃油分配管上拆下喷油器及密封垫圈。

2）安装喷油器

（1）将喷油器装在燃油分配管上，安装时应不断转动喷油器，以免损坏 O 形圈。

（2）在进气歧管上相应的喷油器孔的位置处，放好橡胶密封圈。

（3）将喷油器连同燃油分配管一起装在发动机上，并拧紧固定螺栓。

（4）用手转动喷油器，如果能平稳转动，说明安装良好；否则说明 O 形圈安装不当，应重新安装。

(5) 安装进油管和回油管，插上真空软管及各缸喷油器线束。

(6) 检查并确认无漏装零件。

(7) 预置燃油系统压力，检查有无漏油现象。

(8) 起动发动机，检查发动机怠速是否平稳，检查喷油器密封圈有无漏气现象。

注意：在安装喷油器 O 形圈时，应用凡士林或其他不伤害橡胶和塑料的润滑油脂涂抹后，再安装，以避免损坏 O 形圈。

4. 喷油器的常见故障及检查

1) 常见故障及影响

喷油器是燃油喷射系统中故障较多的部件之一，其常见故障及影响如表 2－11 所示。

表 2－11 喷油器的常见故障及影响

故障部位	对电控燃油喷射系统的影响	对电控发动机的影响
喷油器阀胶结、喷油器堵塞	喷油器不喷油或喷油量少，喷油雾化不良	发动机动力下降、加速迟缓、怠速不稳容易熄火、发动机不能工作、发动机工作不稳
电磁线圈或内部线路连接处断路	喷油器不喷油	发动机工作不稳或不工作
喷油器密封不严	喷油器滴油	油耗上升、排气管放炮、发动机起动困难或不能起动，排气冒黑烟
喷油器阀口积污	喷油量减少	发动机工作不稳、进气管回火，发动机动力不足、加速性差

2) 故障检查方法

(1) 就车检查。发动机热车后使其怠速运转，用听诊器测听各缸喷油器有无工作时的“嗒嗒”声响。若各缸喷油器工作声音清脆均匀有节奏，则说明各缸喷油器工作正常；若某缸喷油器的工作声音很小或工作声音较其他缸沉闷，则说明该缸喷油器工作不正常，可能是针阀卡滞，应作进一步的检查；若听不到某缸喷油器的工作声音，说明该缸喷油器不工作，则应检查喷油器控制线路或测量喷油器电磁线圈电阻；若控制线路及电磁线圈正常，则说明喷油器针阀完全卡死，应更换喷油器。

如发动机工作不平稳，可以采用断缸方法来判断各缸喷油器工作良好与否：发动机热车后使其怠速运转，依次拔下各缸喷油器的线束插头，使喷油器停止喷油，进行断缸检查。若拔下某缸喷油器的线束插头后，发动机转速有明显下降，则说明该缸喷油器工作正常；相反，若拔下某缸喷油器线束插头后发动机转速无明显下降，则说明该缸喷油器不工作或工作不良，应做进一步检查。

(2) 喷油器电阻检测。如果怀疑某缸喷油器不工作，可用万用表检测该缸喷油器电磁线圈的电阻是否正常。电流驱动型（低阻抗型）喷油器电磁线圈电阻值一般在 1.5～5 Ω，电压驱动型（高阻抗型）喷油器电磁线圈的阻值一般在 12～16 Ω。如测得的电阻过小或过大，都需要更换该缸喷油器。

(3) 喷油器的单件检查。

①目测检查。在工作台上铺一块干净的白布，将燃油分配管及喷油器内的残余汽油倒在白布上。若发现有铁锈或水珠自燃油分配管内或喷油器进油口处倒出，说明喷油器已锈蚀，

应更换。

②喷油器喷油量和漏油的检查。将已从发动机上拆下的喷油器用软管与发动机输油管路相连接，再用专用接线器将喷油器线端子接上蓄电池电压，燃后将燃油泵检查插接器短接，并接通点火开关，使燃油泵工作（发动机不工作），看喷油器喷油是否正常。喷油量应在每 15 s 40 ~ 50 mL 范围内（不同的发动机标准不同），各缸喷油器喷油量之间差值应少于 5 mL。

喷油器接蓄电池需用专用接线器，是因为对于电流驱动型喷油器或一些低电阻的电压驱动型喷油器来说，由于喷油器的电磁线圈电阻较小，直接接蓄电池 12 V 的电压，会因电流过大而烧坏。

喷油器泄漏的检查（密封性检查），只需在上述条件下拆下专用接线器，使喷油器停止喷油，看喷油器是否漏油，要求喷油器 1 min 内的漏油量少于 1 滴（说明密封性能良好），否则需更换喷油器。

说明：如果条件允许，喷油器最好用喷油器清洗试验台进行清洗和测试。在喷油器清洗试验台上可以观察喷油器喷油雾化状况，测定喷油器在一定时间或一定喷油次数内的喷油量，检查喷油器针阀的密封性能。对于工作不良的喷油器，还可以在清洗试验台上进行超声波清洗和反流清洗，以达到彻底清洁喷油器，使之恢复良好的喷油雾化性能的目的。

3）喷油器驱动电路的常见故障及检查方法

（1）喷油器不工作是造成发动机不能起动或运转不平稳的常见原因之一。喷油器不工作的可能原因有：

①喷油器电磁线圈不良或内部接线断脱；

②喷油器的串联电阻断路或漏电（低电阻电压驱动型喷油器）；

③线路断脱或插接器有接触不良之处；

④线路熔断器烧断；

⑤电子控制器（ECU）有故障。

（2）故障检查方法。以图 2－108 所示的喷油器驱动电路为例，可用以下方法来确定故障的具体部位：

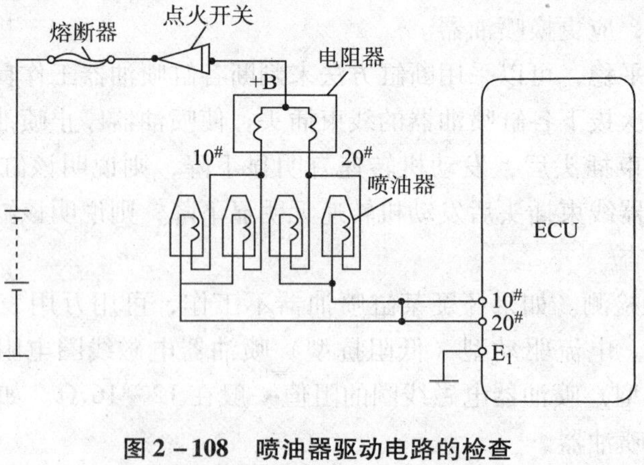

图 2－108　喷油器驱动电路的检查

①拔下喷油器上线路插接器，接上一个高阻抗的试灯，摇转发动机，看试灯是否闪亮。若试灯闪亮，则检查喷油器电磁线圈电阻，若电阻过大或不通，需更换喷油器；若试灯不闪

亮，则做下一步检查。

②用试灯连接接线端子 +B 与搭铁之间，检查 +B 点火通电与否，若试灯不亮，说明 +B 点未通电，需检查点火开关及有关的线路；若试灯亮，则说明 +B 通电，需做下一步检查。

③用万用表欧姆挡检查串联电阻是否正常（无串联电阻的则无此步诊断）。若电阻不正常或不通，则更换串联电阻；若电阻正常，则做下一步检查。

④检查喷油器及其与 ECU 的连接线路。若喷油器或线路不良，更换或检修不良处；若喷油器和线路均良好，则需更换 ECU。

知识扩展

近年来，随着汽油机电控技术的发展，无回油管燃油系统和汽油直接喷射系统在新车型上的应用越来越多，这两项技术的应用对进一步降低汽油机的燃油消耗和排放污染均具有重大意义。

1. 无回油管燃油系统

在汽油机传统燃油供给系统中，由燃油压力调节器根据进气管内的气体压力变化来调节输油管内燃油压力，从而保证喷油压差恒定，但输油管内的燃油压力是不恒定的，多余的燃油从回油管流回到油箱。虽然此种有回油管的燃油供给系统技术比较成熟，但由于输油管和回油管内的燃油吸收发动机热量，回油温度较高，导致油箱内的油温升高，这种情况加速了油箱内燃油蒸发速度，使得油箱内蒸气压力升高，不仅增加了燃油蒸发损失和蒸发排放控制系统的工作负荷，而且发动机的热起动性能也会变差。为此，无回油管燃油系统应运而生。

无回油管燃油系统实际并不是真的没有回油管，只是将回油管和燃油压力调节器与燃油泵一起组合安装在燃油箱内，燃油压力调节器一般也安装在燃油泵壳体内，如图 2－109 所示。在无回油管燃油系统中，由于燃油泵供给的多余燃油在油箱完成回流，从而避免了回油吸热导致油箱内油温升高的现象。

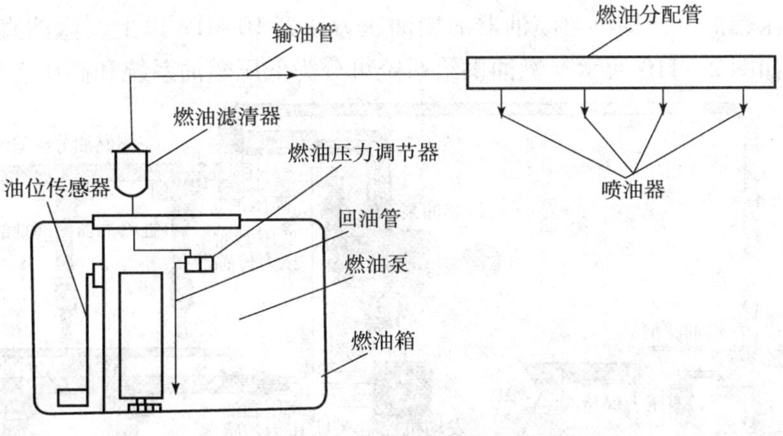

图 2－109　无回油管燃油系统示意

在传统有回油管燃油系统中，燃油压力调节器使输油管内的油压相对进气管内的气压保持恒定；发动机工作时，由于进气管内的气压是变化的，因此输油管内的油压也随之变化。

而在无回油管燃油系统中，燃油压力调节器上没有感应进气管压力变化的真空管接头，其功用相当于一个限压阀，可使输油管内的油压相对大气压力保持恒定，由于大气压力不变，发动机工作时输油管内的油压也是不变的，因此该系统又称恒压燃油系统。

采用无回油管燃油系统的发动机，由于进气管内气体压力随发动机工况变化，致使喷油器的喷油压差和在固定时间内的喷油量也随之变化，为保证喷油量的精确控制，在电控燃油喷射系统中，均必须设有进气管绝对压力传感器，并对 ECU 的控制程序做相应改进，由 ECU 根据进气绝对压力传感器信号对喷油量进行修正和补偿。

无回油管燃油系统减少了油箱外的连接件，不仅使燃油供给系统的结构简化、拆装方便、故障减少、成本降低，而且有利于降低燃油的蒸发损失和排放污染，所以其应用也越来越普遍。

2. 汽油直接喷射系统

众所周知，传统汽油机电控燃油喷射系统是将汽油喷入进气管，并在进气管内与空气开始混合，然后再进入气缸参加燃烧。由于喷油位置距离燃烧室较远，混合气的形成受进气气流和气门开关的影响较大，而且部分微小油粒吸附在进气管壁上的现象也在所难免，这使参与燃烧的混合气浓度很难实现更精确的控制，为解决这一难题，世界各大汽车生产公司纷纷研制了汽油直接喷射（Gasoline Direct Injection，GDI）系统，如大众公司的燃油分层喷射（Fuel Stratified Injection，FSI）系统、奔驰公司的分层进气汽油喷射（Stratified Charged Gasoline Injection，CGI）系统等，并已在部分高级轿车上应用。不同公司研制的汽油直接喷射系统虽然名称不同，但其结构原理基本相同。

与普通电控汽油喷射发动机相比，采用汽油直接喷射系统的发动机，其动力性、经济性和排放性均有明显改善，但由于汽油喷射位置不同，且普遍采用稀薄燃烧技术，导致其结构组成等与普通电控汽油喷射发动机有所不同。

汽油直接喷射系统与普通电控汽油喷射系统相比，其主要的区别在于燃油供给系统。由于向气缸内直接喷射燃油，且喷射过程延续到发动机的压缩行程，因此汽油直接喷射系统必须通过一个高压燃油泵使提供给喷油器的燃油压力达到 10 MPa 以上，汽油直接喷射燃油供给系统的组成如图 2－110 所示，燃油供给系统可分为低压燃油系统和高压燃油系统两部分。

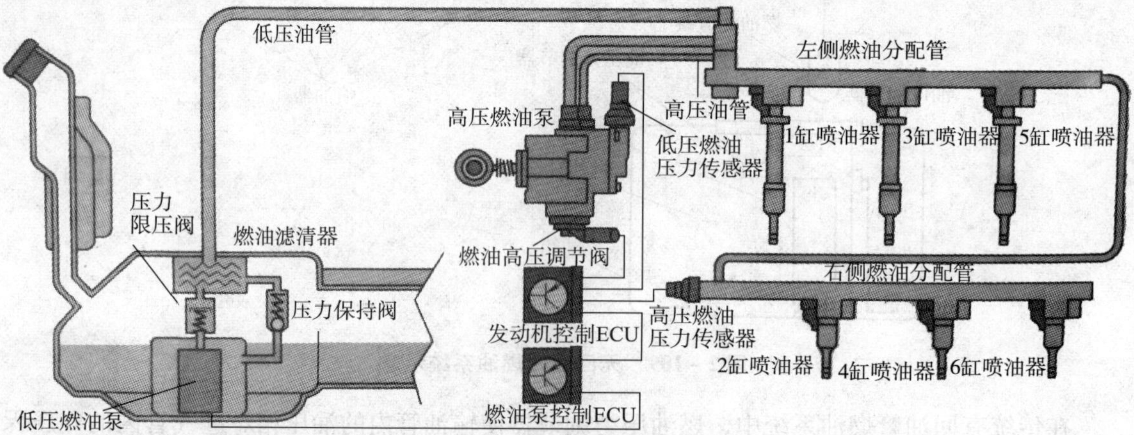

图 2－110　汽油直接喷射燃油供给系统

低压燃油系统主要由燃油箱、低压燃油泵、压力限制阀、压力保持阀、滤清器、低压油管、低压燃油压力传感器等组成，其主要功用是将燃油从油箱中抽出，并经过滤清器滤清后输送给高压燃油泵。发动机控制 ECU 根据低压燃油压力传感器信号通过燃油泵控制 ECU 以控制低压燃油泵工作，来实现低压燃油压力的闭环控制，低压燃油泵工作压力为 0.2 ~ 0.5 MPa。发动机熄火后，压力保持阀可使低压系统保持一定的残余压力，由于交通事故等原因导致燃油管破裂时，压力保持阀还可防止燃油溢出。压力限制阀可将低压燃油系统的压力限制在 0.64 MPa 以下，以防止低压管路内的燃油压力过高。

高压燃油系统主要由高压燃油泵、燃油高压调节阀、高压燃油压力传感器、高压油管和燃油分配管等组成。高压燃油泵将低压燃油泵输送来的燃油进一步提高压力（可达 11 MPa 以上）后，通过高压油管和燃油分配管输送给喷油器；高压燃油压力传感器安装在右侧燃油分配管上，用来检测燃油分配管内的燃油压力（即喷油器的喷油压力），并将信号输送给发动机控制 ECU；燃油高压调节阀安装在高压燃油泵上，根据发动机控制 ECU 的指令调节高压燃油系统的压力。此外，通常在燃油分配管上也安装有一个压力限制阀，当高压燃油系统压力超过 12 MPa，该阀开启通向低压燃油系统的回油通道，以防止高压燃油系统压力过高。

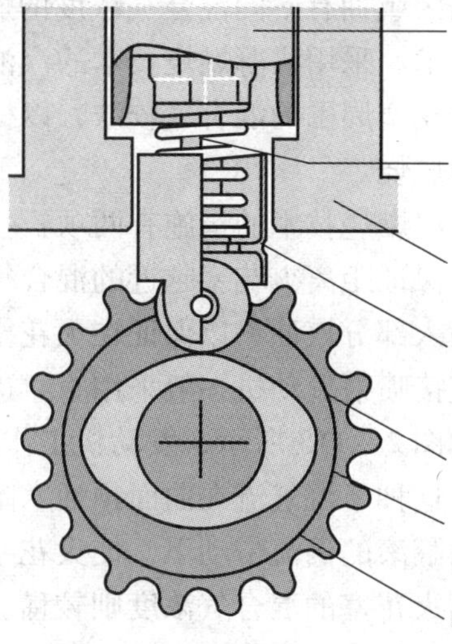

图 2－111　双凸轮活塞式高压燃油泵

在汽油直接喷射系统中，采用的低压燃油泵与普通电控汽油喷射系统相同，高压燃油泵一般采用双凸轮活塞式，其结构如图 2－111 所示。高压燃油泵通常安装在气缸盖上，由凸轮轴驱动，凸轮轴每转一圈可完成两次泵油，输出油压力可达 11 MPa 以上。

3. 稀薄燃烧技术

为进一步降低发动机的燃料消耗和排放污染，汽油直接喷射发动机普遍采用了稀薄燃烧技术，即使混合气在远大于理论空燃比的状态下燃烧。一般汽油机在工作中所用混合气的空燃比在理论空燃比（14.7∶1）附近，而采用稀薄燃烧技术的汽油机所用混合气的空燃比在 25∶1 以上，甚至高达 40∶1。

随混合气浓度变稀，点燃混合气会更加困难，为保证能够可靠地点燃稀混合气，目前应用的汽油直接喷射发动机，普遍采取了提高压缩比、提高点火能量和分层燃烧技术三项措施。

1）提高压缩比

爆燃是提高汽油机压缩比的重大障碍，但采用稀薄燃烧技术的汽油机，不易产生爆燃，通过提高压缩比，来提高气缸内混合气的温度和压力，不仅使点燃混合气更容易，而且对提高汽油机的热效率也非常有利。一般汽油机的压缩比为 9 ~ 10，采用稀薄燃烧技术的汽油机压缩比可高达 13 左右。

2）提高点火能量

目前在采用稀薄燃烧技术的汽油机上，提高点火能量的措施主要包括采用多个火花塞同时点火和采用多电极火花塞。由于采用多个火花塞的布置安装受限制，因此采用多电极火花塞提高点火能量的措施应用更广泛。

多电极火花塞如图 2－112 所示。其结构原理与普通单电极火花塞基本相同，只是电极数量不同，点火时产生的高能电火花数量也不同。

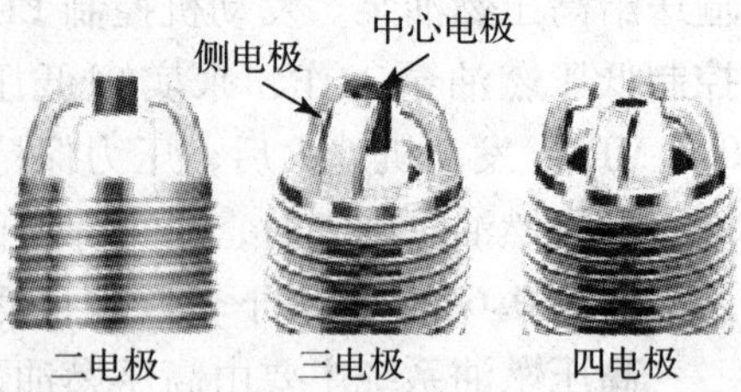

图 2－112　多电极火花塞

3）分层燃烧技术

在不同区域拥有不同混合气浓度的燃烧技术称为分层燃烧技术。采用稀薄燃烧技术的汽油机，就是采用了这种分层燃烧技术，在火花塞点火时，保证火花塞周围的混合气较浓，以提高点火的可靠性，而其他周边区域的混合气较稀，以实现稀薄燃烧。

实现分层燃烧技术的措施有两项：一是利用缸内涡流运动，使喷入气缸内的燃油产生不均匀分布，保证距离火花塞越近的混合气越浓；二是改变喷油规律，在临近点火时向火花塞附近区域喷入部分汽油，以保证在火花塞附近形成较浓的混合气。

汽油直接喷射发动机一般采用直立进气道与曲面顶活塞配合的方式，组织必要的缸内涡流运动。如图 2－113 所示，发动机工作时，从直立进气道被吸入气缸的空气可产生强大的下沉气流，这种下沉气流在曲面顶活塞附近得到加强并形成纵向翻滚式涡流，燃油喷入气缸后，在纵向翻滚的涡流带动下，使火花塞附近聚集相对较多的燃油，从而形成较浓的混合气区域，远离火花塞的混合气浓度则较稀。

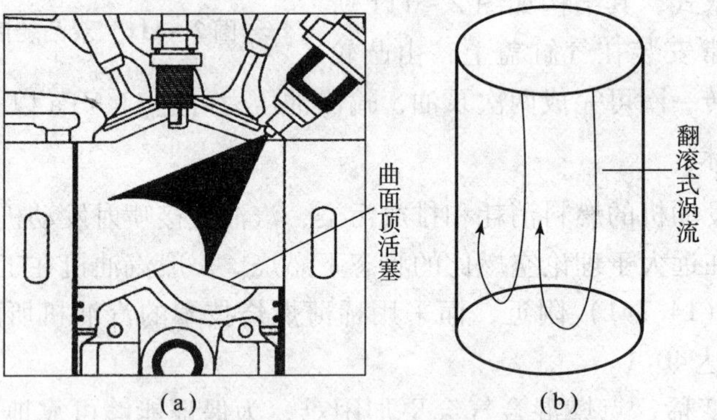

图 2－113　曲面顶活塞及翻滚式涡流

(a) 曲面顶活塞；(b) 翻滚式涡流

汽油直接喷射发动机喷油规律的改变，主要采用了燃油喷射定时与分段喷射技术，即将喷油分成两个阶段，如图 2－114 所示。第一次喷射：在吸气行程喷入部分汽油，让汽油跟空气能有充分的时间混合，并在缸内均匀分布；第二次喷射：在活塞接近压缩行程上止点时喷入部分汽油，使火花塞周围形成较浓的混合气（空燃比约为 12∶1），但从燃烧室整体来看混合气仍十分稀薄。由于分段喷油和纵向翻滚式涡流的作用，整个燃烧室内的混合气，形成以火花塞为中心向外逐渐变稀的层状分布状态。

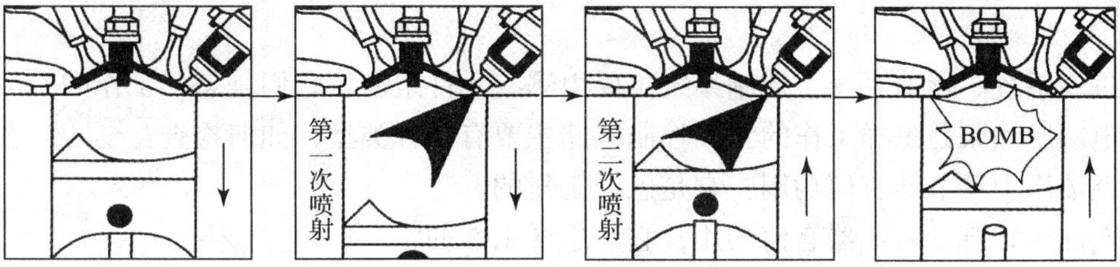

图2-114　汽油直接喷射过程

(a) 进气行程；(b) 压缩行程

4. 汽油直接喷射带来的其他问题

(1) 汽油直接喷射发动机的压缩比高，对汽油的品质要求也很高，目前只能使用国产97号汽油。

(2) 由于高压燃油系统的压力高，对输油管路及其接头密封处的强度、加工精度要求也随之提高。

(3) 由于汽油直接喷射发动机的喷油压力高，且采用分段喷射技术，传统的电磁式喷油器无法满足要求。

汽油直接喷射发动机装用的喷油器主要有高压旋涡式喷油器和压电式喷油器两种。

高压旋涡式喷油器的结构原理与传统电磁式喷油器基本相同，如图2-115所示。为改善混合气形成条件，高压旋涡式喷油器内部装有涡流片/涡流板，以便使高压燃油从圆周分布的切线口（轴针式喷油器）高速喷出，在气缸内气流作用下，雾化程度被进一步加强，燃油呈极细微状，其颗粒直径只有0.16~0.20 μm。此外，为克服较高的喷油压力，喷油器驱动电压高达100~110 V，比传统喷油器的12 V驱动电压要高出8倍以上，瞬间驱动电流可达17~20 A，这也使喷油器的喷油滞后时间大大缩短，比传统电流驱动型喷油器的控制精度和响应性还更优越。

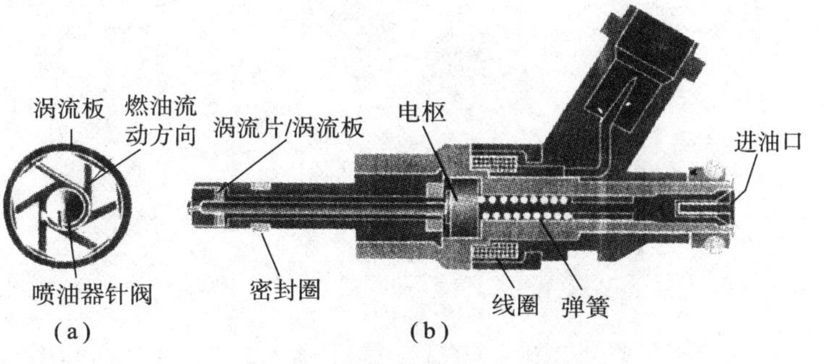

图2-115　高压旋涡式喷油器

(a) 燃油喷射方向；(b) 喷油器结构

汽油直接喷射发动机上装用的压电式喷油器，都是利用压电元件直接控制针阀升程的喷油器，由于压电元件响应速度快，通过压电元件能通、断电多次切换，更容易实现分段喷射（或称多次喷射），以满足最佳喷油规律的要求。此类喷油器在柴油机压电共轨系统中也有使用。

习题与思考

1. 进气系统、燃油系统、控制系统主要由哪些元件组成？它们是怎样工作的？
2. 电动燃油泵是怎样工作的？其控制电路主要有几种类型？如何检查？
3. 燃油压力调节器有何功用？它是怎样工作的？
4. 燃油压力脉动阻尼器有何功用？它是怎样工作的？
5. 空气流量计有何功用？有几种类型？它们是怎样工作的？如何检查？
6. 进气管绝对压力传感器有何功用？它是怎样工作的？如何检查？
7. 节气门位置传感器有何功用？有几种类型？它们是怎样工作的？如何检查？
8. 冷却液温度传感器有何功用？它是怎样工作的？如何检查？
9. 凸轮轴/曲轴位置传感器有何功用？有几种类型？它们是怎样工作的？如何检查？
10. 常用的开关信号传感器有哪些？其功用是什么？
11. 电控燃油喷射系统有哪些控制内容？如何控制？
12. 电控燃油喷射系统喷油器有何功用？它是怎样工作的？如何检查？
13. 电磁式凸轮轴/曲轴位置传感器是如何工作的？什么叫 G 转子？什么叫 Ne 转子？它们起什么作用？
14. 画出常见电动燃油泵控制电路，并说明其原理和检查方法。
15. 画出各传感器电路，并说明其原理和检查方法。
16. 画出常见发动机喷油器控制电路，并说明其原理和检查方法。
17. 什么叫同步喷射？什么叫异步喷射？
18. ECU 由哪些部分组成，各起什么作用？
19. 汽油的喷射控制包括哪些方面的内容？
20. 发动机加减速时，ECU 是怎样对喷油持续时间进行修正的？
21. 什么情况下 ECU 除了有同步喷射控制外还进行异步喷射控制？
22. 什么情况下 ECU 执行断油控制？

项目三

汽油机电控点火系统的检修

一般来讲，点火系统的功能有：在实际操作中，产生高压电使火花塞跳火，点燃混合气；控制点火提前角；按点火顺序将火花分配到各气缸。电控点火系统可以控制发动机各工况时的点火提前角，使发动机在功率、经济性、加速性和排放等方面达到最优。

通常，电控点火系统可分为有分电器电控点火系统和无分电器电控点火（直接电控点火）系统两种类型。在有分电器电控点火系统中，高压分电功能由分电器完成，用一个点火线圈向不同气缸提供点火能量；无分电器电控点火（直接电控点火）系统采用多个点火线圈点火的方式。

任务1　有分电器电控点火系统检修

任务目标

（1）了解汽油发动机对点火系统的要求。

（2）能够说明汽油机电控点火系统的功能。

（3）掌握有分电器电控点火系统的点火方式和原理。

（4）掌握电控点火系统对点火提前角的控制原理。

（5）掌握电控点火系统对通电时间的控制原理。

（6）掌握电控点火系统对爆燃的控制原理。

（7）能够正确检测汽油机电控点火系统的主要元件，并确定维修措施。

任务引入

电控发动机两大核心控制功能是电控燃油喷射控制和电控点火控制。采用电控点火控制技术可以满足现代高速发动机对点火系统较高的点火能量和较高的击穿电压的要求，可以实现点火时刻与发动机运行工况的更好匹配，能够实现对点火系统更加优化的集中控制功能，更好地满足对发动机动力性和经济性的要求。电控点火系统按照是否安装分电器可分为有分电器电控点火系统和无分电器电控点火系统。本任务主要介绍有分电器电控点火系统维修的相关知识。

相关知识

一、有分电器电控点火系统的组成及结构

电控点火系统是现代轿车广泛应用的一种新型点火系统。电控点火系统主要由监测发动机运行状况的输入信号（各种传感器和开关），处理信号和发出点火指令的电子控制单元（ECU），对点火指令做出响应的分电器、点火器、点火线圈和火花塞等组成，如图 3 – 1 所示。

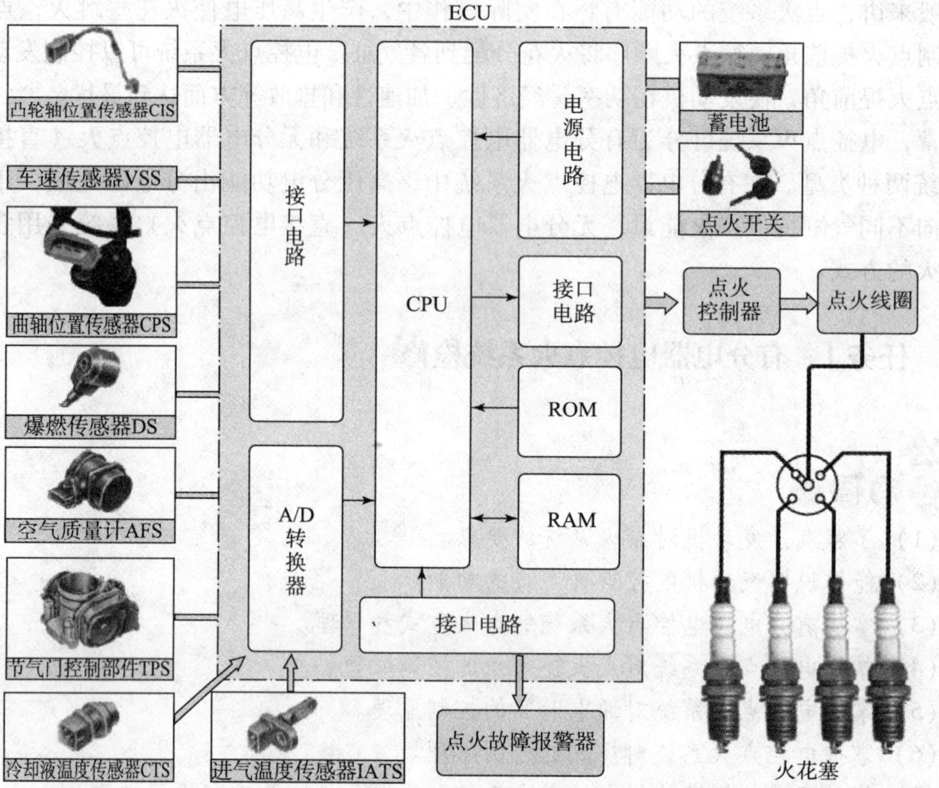

图 3 – 1　有分电器电控点火系统的组成

一般来讲，有分电器电控点火系统只有 1 个点火线圈，电子控制单元（ECU）根据曲轴位置传感器输入信号确定发动机上止点的曲轴转角，作为基准信号确定点火时间，向点火器发出点火指令（IGT 信号）；点火器则根据 ECU 的指令控制点火线圈内初级电路通电或断电，在次级线圈产生高压电，经分电器输送给需要点火缸的火花塞，以实现点火。

1. 有分电器电控点火系统的基本组成

1）输入信号

输入信号的作用是检测发动机各种运行参数，为 ECU 提供点火控制所需的各种信号。主要包括各种传感器（曲轴位置传感器、凸轮轴位置传感器、爆燃传感器、进气管绝对压力传感器、节气门位置传感器、冷却液温度传感器等）和开关（A/C 开关、空挡开关等）。这些传感器大多与电控燃油喷射系统、怠速控制系统共用输入信号。

2）电子控制单元（ECU）

电子控制单元既是燃油控制系统的控制核心，也是点火控制系统的控制核心。在发动机工作时，ECU 不断接收各种输入的信息，并进行运算、分析、比较，按内部存储的程序计算出最佳的控制参数，并向执行器发出控制指令。在 ECU 的只读存储器（ROM）中，除存储有监控和自检等程序之外，还存储有由台架试验测定的该型发动机在各种工况下的最佳点火提前角。随机存储器（RAM）用来存储 ECU 工作时暂时需要存储的数据，如输入/输出数据、单片机运算得出的结果、故障代码、点火提前角修正数据等，这些数据根据需要可随时调用或被新的数据改写。CPU 不断接收上述各种传感器发送的信号，并按预先编制的程序进行计算和判断后，向点火控制器发出最佳点火提前角和点火线圈初级电路导通时间的控制信号。同时，电子控制单元还具有自诊断功能，当各种传感器的输入信号和执行器的工作情况出现异常时，会记录相应的故障信息，以便于诊断时读取。

3）点火执行器

（1）点火器。点火器是电控点火系统的执行元件，它可将电子控制系统输出的点火信号进行功率放大，驱动点火线圈工作。

（2）点火线圈。点火线圈可将火花塞跳火所需的能量存储在线圈的磁场中，并将电源提供的低压电转变为足以在电极间产生击穿点火的 15 ~ 20 kV 高压电。在有分电器电控点火系统中，只有一个点火线圈，而在无分电器点火系统中则有多个点火线圈。

（3）分电器。在有分电器电控点火系统中，分电器根据发动机的点火顺序，将点火线圈产生的高压电依次输送给各缸火花塞。

（4）火花塞。火花塞主要是利用点火线圈产生的高电压产生电火花，点燃气缸内的混合气。

有分电器电控点火系统各组成部件的功用见表 3－1。

表 3－1　有分电器电控点火系统各组成部件的功用

组成		功用
输入信号	空气流量计（L 型）	检测进气量信号输入 ECU，点火系统的主控信号
	进气管绝对压力传感器	
	曲轴位置传感器	检测曲轴转速（转角）信号输入 ECU，点火系统的主控信号
	凸轮轴位置传感器	检测凸轮轴转角信号输入 ECU，点火系统的主控信号
	节气门位置传感器	检测节气门开度信号输入 ECU，点火系统的修正信号
	冷却液温度传感器	检测发动机冷却液信号输入 ECU，点火系统的修正信号
	进气温度传感器	检测进气温度信号输入 ECU，点火系统的修正信号
	爆燃传感器	检测发动机爆燃信号输入 ECU，点火系统的修正信号
	起动开关	向 ECU 输入起动信号，点火系统的修正信号
	A/C 开关	向 ECU 输入空调工作信号，点火系统的修正信号
	空挡开关	向 ECU 输入 P 挡和 N 挡信号，点火系统的修正信号
电子控制单元（ECU）		根据各输入信号的输入的信息，计算出最佳的控制参数，并向执行器发出控制指令

续表

组成		功用
点火执行器	点火器	根据 ECU 输出的控制指令，控制点火线圈初级电路的通断，以产生次级高压，并向 ECU 反馈点火确认信号
	点火线圈	点火线圈利用变压器的原理可将汽车电源提供的 12 V 低压电转变成能击穿火花塞电极间隙的 15 ~ 20 kV 的高压直流电
	分电器	按照发动机的工作顺序将产生的高压电送至各缸火花塞
	火花塞	火花塞的作用是将高压电引入气缸燃烧室，产生电火花点燃可燃混合气
	高压线	高压导线用以连接点火线圈与分电器中心插孔以及分电器旁电极和各缸火花塞

2. 有分电器电控点火系统主要元件的构造

1）点火线圈

点火线圈利用变压器的原理可将汽车电源提供的 12 V 低压电转变成能击穿火花塞电极间隙的 15 ~ 20 kV 的高压直流电。点火线圈由匝数较少的初级绕组和匝数较多的次级绕组构成，线圈缠绕在磁性铁芯上。按其磁路结构形式的不同，点火线圈一般分为开磁路式和闭磁路式两种。

（1）开磁路式点火线圈。开磁路式点火线圈的结构如图 3 - 2 所示，点火线圈中心是用硅钢片叠成的条形铁芯，由于铁芯没有构成闭合回路，因此称为开磁路式点火线圈，其磁路如图 3 - 3 所示。铁芯外部套有绝缘的纸板套管，套管上绕有次级绕组，次级绕组是直径为 0.06 ~ 0.10 mm 的漆包线，次级绕组一般约为 2 万匝。初级绕组是直径为 0.5 ~ 1.0 mm 的高强漆包线，绕在次级绕组的外面，初级绕组一般约为 200 匝，绕组和外壳之间装有导磁钢套。为加强绝缘与防潮，条形铁芯底部装有瓷绝缘支座，外壳内充满沥青或变压器油等绝缘物。点火线圈的顶部是胶木盖，并加以密封。

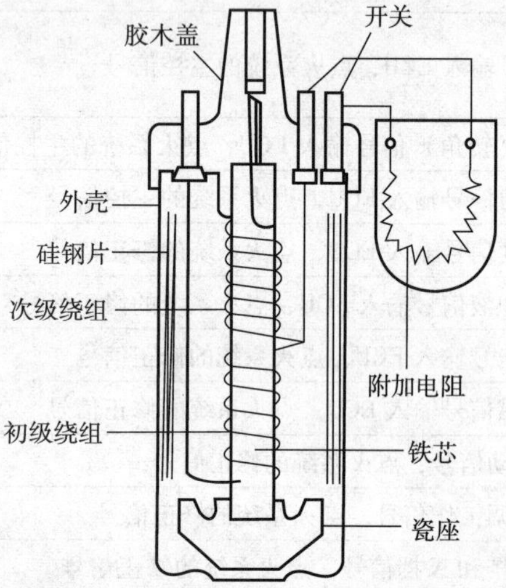

图 3 - 2　开磁路式点火线圈的结构

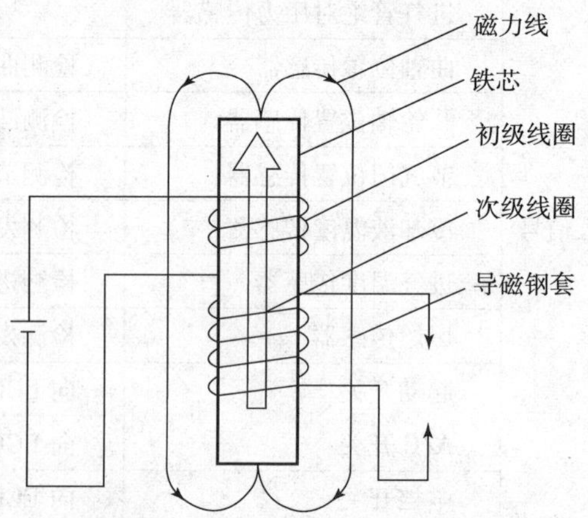

图 3 - 3　开磁路式点火线圈的磁路

为改善点火性能，在应用开磁路式点火线圈的点火系初级电路中，一般设有附加电阻

（热敏电阻）。这样，当点火线圈温度高时，附加电阻阻值增大可减小初级电流，防止点火线圈过热。同时，在起动机起动发动机时，利用起动电路将附加电阻短路，增大初级电流，提高次级电压，有利于发动机起动。附加电阻有两种结构形式，一种是设在点火线圈外部，这种形式的点火线圈有三个接线柱；另一种为导线形式，用来连接点火开关与点火线圈，这种形式的点火线圈有两个接柱。在早期的点火系统中，开磁路式点火线圈应用较多。但由于开磁路式点火线圈磁路磁阻大，磁通量泄漏多，因此，能量转换效率低，现已很少应用。

（2）闭磁路式点火线圈。闭磁路式点火线圈也称为高能点火线圈，其结构如图 3－4 所示。闭磁路点火线圈的铁芯为“日”字形，本身构成闭合磁路。为减少铁芯的磁滞现象，在磁路中留有一个微小空气隙。闭磁路式点火线圈的壳体内，采用热固性树脂作为填充物，所以又称为干式点火线圈。

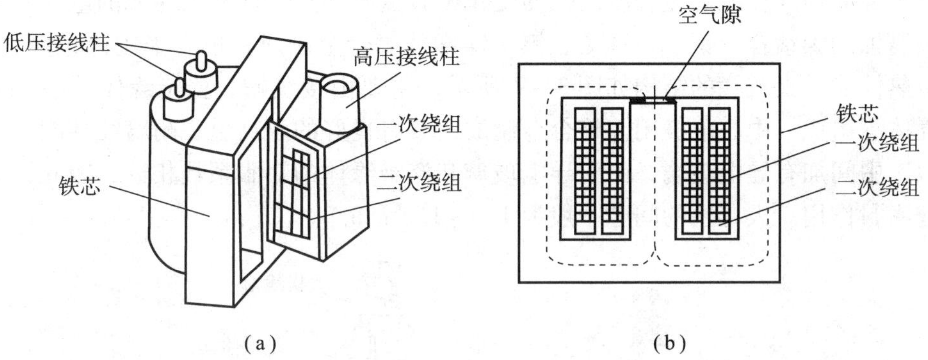

图 3－4　闭磁路式点火线圈的结构和磁路

（a）结构图；（b）磁路图

与开磁路式点火线圈相比，闭磁路式点火线圈的磁阻小，漏磁损失小，能量转换效率高。此外，闭磁路式点火线圈的壳体通常以热熔性塑料注塑成型，填充物采用热固性树脂，使其绝缘性和密封性均优于开磁路式点火线圈。闭磁路式点火线圈体积的日益小型化，使其能直接安装在分电器盖上，不仅可省去点火线圈与分电器之间的高压线，而且使点火系统结构更紧凑，所以在电子点火系统中得到广泛应用。

2）分电器

电控点火系统中，分电器的主要功能是将高压电按点火顺序分配至火花塞。主要由配电器、信号发生器组成。配电器（分火头、分电器盖等）的作用是将点火线圈产生的高压电，按照发动机的工作顺序送至各缸火花塞；信号发生器的作用是产生脉冲信号，送给点火控制器，由点火控制器控制初级电路的通断。有些车辆的凸轮轴/曲轴位置传感器也安装在分电器内。丰田轿车分电器的结构如图 3－5 所示。

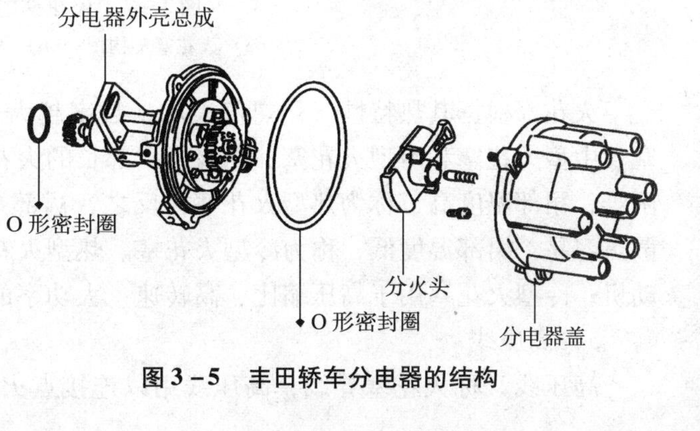

图 3－5　丰田轿车分电器的结构

3）点火控制器

点火控制器（ICM）又称点火器、点火控制单元、点火模块。其主要功用是接收传感器的信号，根据电子控制单元（ECU）的指令在适当的时刻控制点火线圈初级电路的导通与截止，使点火线圈产生高压电。其内部为集成电路，全密封结构。桑塔纳轿车的点火控制器如图 3－6 所示。

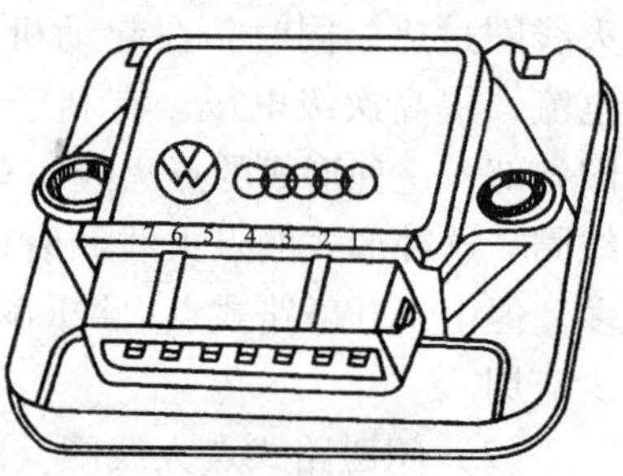

图 3－6　桑塔纳轿车的点火控制器

4）火花塞

火花塞的作用是将高压电引入气缸燃烧室，产生电火花点燃可燃混合气。由于火花塞的工作条件十分恶劣，它要承受高压、高温及燃烧产物的强烈腐蚀，因此，火花塞必须具有足够的强度，能承受温度的强烈变化，有良好的热特性，火花塞的电极一般采用耐高温、耐腐蚀的镍锰合金钢或铬锰氮、钨、镍锰硅等合金制成，也有采用镍包铜材料制成，以提高散热性能。火花塞的结构如图 3－7 所示，主要由接线帽、瓷绝缘体、中心电极、侧电极和壳体等组成。中心电极用镍铬合金制成，具有良好的耐高温、耐腐蚀性能；中心电极做成两段，中间加有导电玻璃，由于导电玻璃和瓷绝缘体的膨胀系数相近，因此，导电玻璃主要是起密封作用。火花塞的间隙一般为 1.0～1.2 mm。

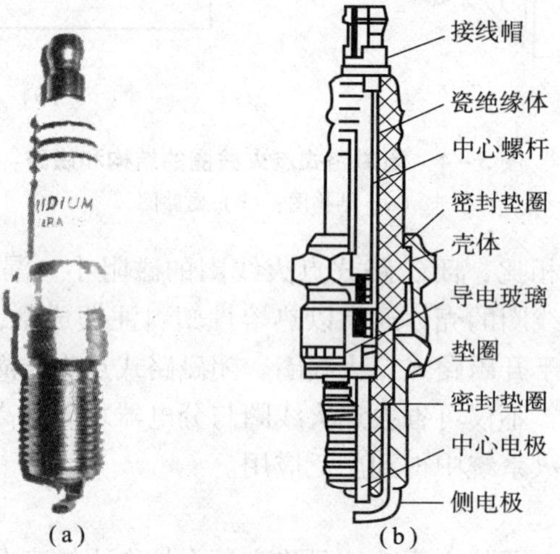

图 3－7　火花塞的结构

（a）火花塞实物图；（b）火花塞结构图

火花塞根据其热特性（用热值表示，数字越大，热值越小）的不同，可分为热型火花塞、中型火花塞和冷型火花塞。绝缘体裙部长的火花塞，其受热面积大，传热距离长，散热困难，裙部温度高，称为热型火花塞；反之，裙部短的火花塞，吸热面积小，传热距离短，散热容易，裙部温度低，称为冷型火花塞。热型火花塞用于低压缩比、低转速、小功率的发动机；冷型火花塞用于高压缩比、高转速、大功率的发动机。

5）高压线

高压线又称火花塞导线，高压线用以连接点火线圈与分电器中心插孔以及分电器旁电极和各缸火花塞，它将点火线圈产生的高压电传输到分电器盖，再由分电器盖传到各缸火花塞。由于点火系统能达到数万伏的高压电，工作电压很高（一般在 15 kV 以上)，电流强度较小，所以导线的绝缘性和抗干扰性很重要，因此高压线的绝缘包层很厚，耐压性能好，但线芯截面积很小。汽车用高压线有铜芯线和阻尼线两种，其电阻值因车型的不同而不同。通常采用电阻型的高压线，如图 3－8 所示。

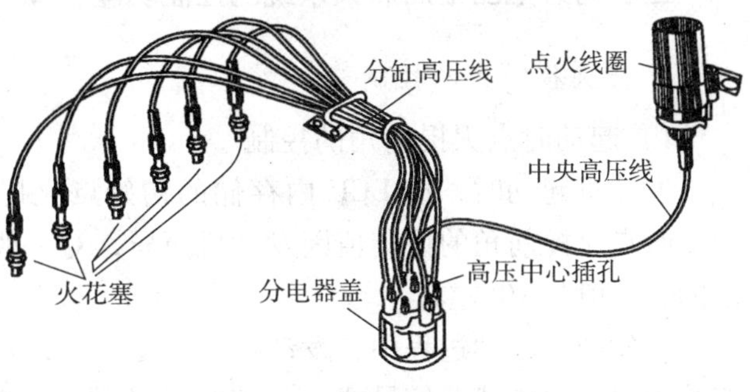

图 3－8　点火系统中的高压线

二、有分电器电控点火系统的工作原理

工作原理：只有 1 个点火线圈，ECU 根据各传感器信号确定某缸点火时，向点火器发出指令信号（IGT 信号)。点火器则根据 ECU 的指令控制点火线圈内初级电路通电或断电。当点火线圈中的初级电路断电时，次级线圈产生的高压电经分电器输送给点火缸的火花塞，以实现点火。分电器就是按照发动机的点火顺序，将点火线圈产生的高压电依次输送给各缸火花塞。

如图 3－9 所示 2TZ－FE 发动机电控点火系统电路，点火开关接通 IG_2，点火器、点火线圈和 ECU 通电，ECU 根据各种传感器输入的信号，确定出发动机最佳点火时刻，向点火器发出触发点火信号“IGT”，切断初级电路，使次级绕组感应出高压电并经分电器送到各缸火花塞。发动机每点一次火，点火器向 ECU 反馈一个点火确认信号“IGF”，作为自诊断系统监控信号。若 ECU 连续 4 次未收到“IGF”信号，即判定点火系出现故障，停止燃油喷射。

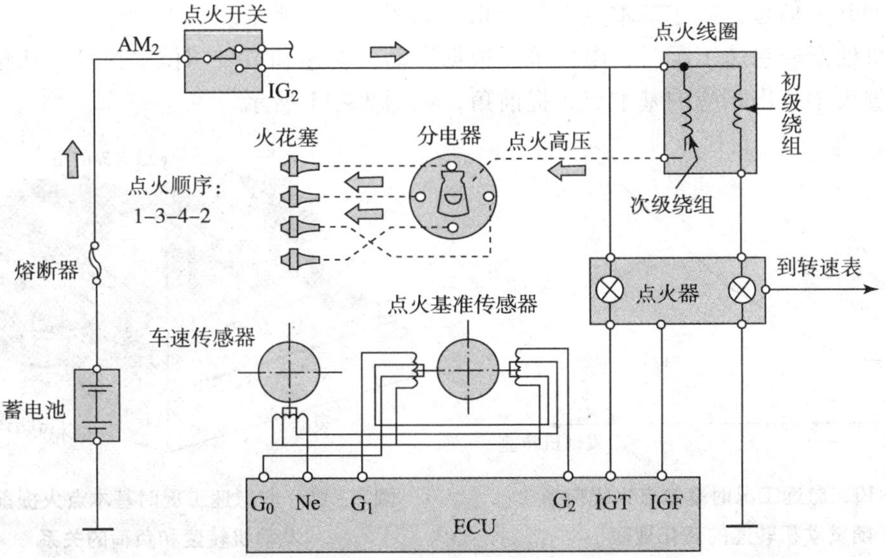

图 3－9　2TZ－FE 发动机电控点火系统电路

三、有分电器电控点火系统的控制功能

1. 点火提前角的控制

1）起动时点火提前角的控制

发动机起动时，按ECU内存储的初始点火提前角（设定值）对点火提前角进行控制。起动时点火提前角的设定值因发动机而异，对一般的发动机而言，起动时的点火提前角是固定的，一般为10°左右。

在发动机起动过程中，发动机转速变化大，且由于转速较低（一般低于500 r/min），进气管绝对压力传感器信号或空气流量计信号不稳定，ECU无法正确计算点火提前角，一般将点火时刻固定在设定的初始点火提前角。此时的控制信号主要是发动机转速信号（Ne信号）和起动开关信号（STA信号）。

2）起动后点火提前角的控制

发动机正常运转时（起动后），发动机ECU根据发动机的转速和负荷信号，确定基本点火提前角，并根据其他有关信号进行修正，最后确定实际的点火提前角，并向电子点火控制器输出点火指令信号，以控制点火系统的工作。

最佳点火提前角=初始点火提前角+基本点火提前角+修正点火提前角。

（1）初始点火提前角。为了控制点火正时，电控单元根据上止点位置来确定点火提前角。在一些电控点火系统中，有些发动机电控单元把G_1或G_2信号出现后第一个Ne信号过零点定为压缩行程上止点前10°，并以这个角度作为点火正时计算的基准点，称之为初始点火提前角，其大小因发动机而异。

（2）基本点火提前角。发动机正常运转时，电控单元按怠速工况和非怠速工况两种情况来确定基本点火提前角。

发动机处于怠速工况时，电控单元根据节气门位置信号（怠速触点闭合）、发动机转速信号及空调开关信号，确定基本点火提前角，如图3-10所示。

发动机处于非怠速工况时，电控单元根据发动机转速和节气门位置信号，从预置在储存器中的数据表中查出相应的基本点火提前角，如图3-11所示。

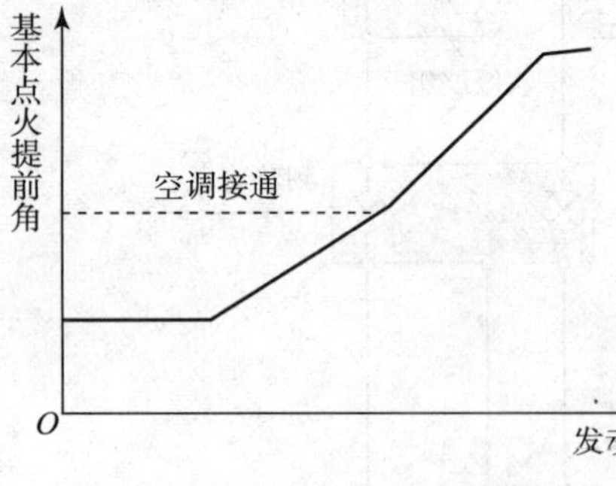

图3-10 怠速工况时基本点火提前角随发动机转速的变化规律

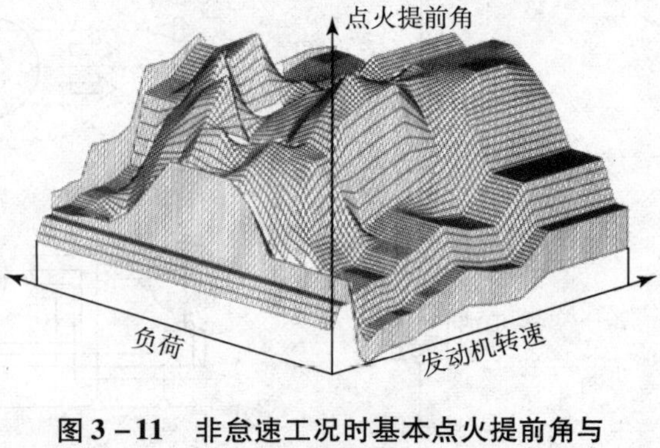

图3-11 非怠速工况时基本点火提前角与发动机转速和负荷的关系

（3）修正点火提前角。

①暖机修正。发动机冷车起动后，冷却液温度较低时，应增大点火提前角。在暖机过程

中，随冷却液温度的升高，点火提前角修正值逐渐减小，如图 3－12 所示。修正值的变化规律及大小随发动机暖机修正的主要控制信号包括冷却液温度信号（THW）、空气流量信号、节气门位置信号（IDL）等。

②过热修正。发动机处于正常运行工况时（怠速触点断开），若冷却液温度过高，为了避免产生爆燃，应将点火提前角推迟。发动机处于怠速工况时（怠速触点闭合），若冷却液温度过高，为了避免发动机长时间过热，应将点火提前角增大。过热修正值的变化规律如图 3－13 所示。过热修正的主要控制信号包括冷却液温度信号（THW）、节气门位置信号（IDL）等。

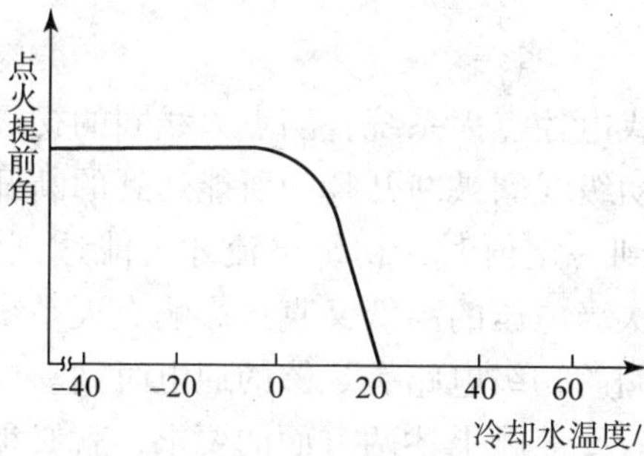

图 3－12　暖机修正曲线

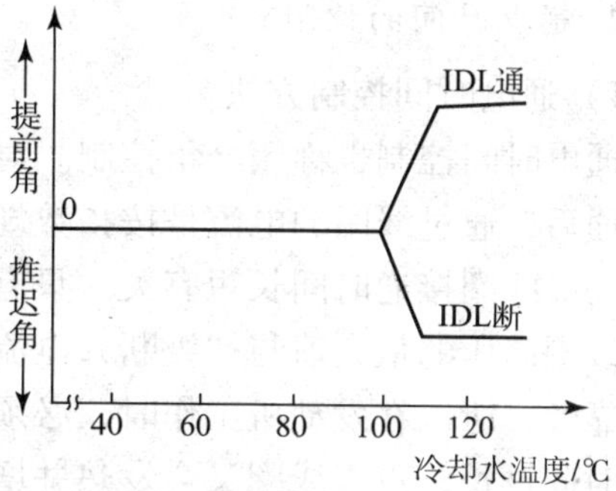

图 3－13　过热修正曲线

③空燃比反馈修正。装有氧传感器的电控汽油喷射系统，其电控单元根据氧传感器的反馈信号空燃比进行修正。随着修正喷油的增加或减少，发动机转速在一定范围内波动。为了高怠速的稳定性，在反馈修正油量减少时，点火提前角相应地增大，如图 3－14 所示。空燃比反馈修正的控制信号主要有氧传感器信号（OX）、节气门位置信号（IDL）、冷却液温度信号（THW）、车速信号等。

④怠速稳定性修正。发动机在怠速工况运行时，由于负荷变化使发动机转速发生变化，电控单元要调整点火提前角，使发动机在规定的怠速转速下稳定运转。

发动机处于怠速工况时，电控单元不断地计算发动机的平均转速，当发动机的转速低于规定的怠速转速时，电控单元根据实际转速与目标转速差值的大小相应地增大点火提前角；当发动机转速高于目标转速时，则减小点火提前角，如图 3－15 所示。怠速稳定性修正的控制信号主要有发动机转速信号（Ne）、节气门位置信号（IDL）、车速信号和空调信号（A/C）等。

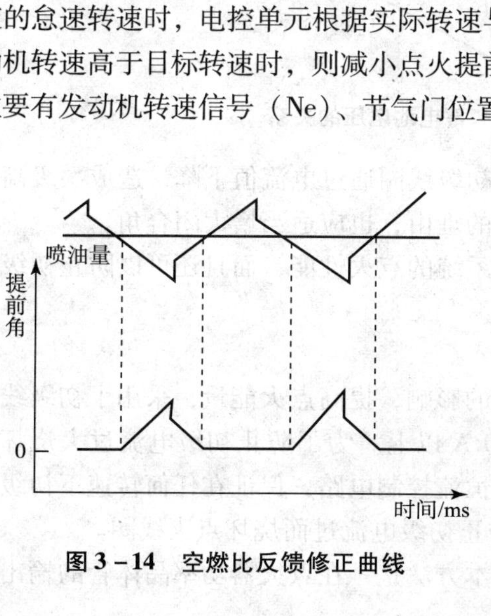

图 3－14　空燃比反馈修正曲线

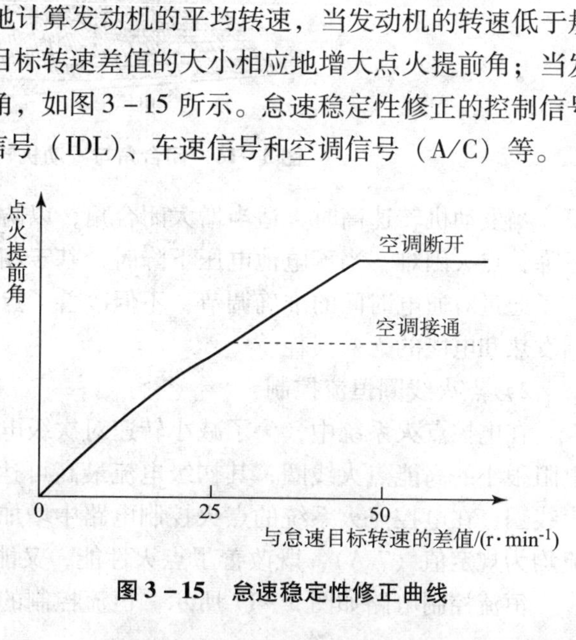

图 3－15　怠速稳定性修正曲线

⑤爆燃修正。当发动机产生爆燃时，ECU 根据信号的程度，分成强、中、弱三种，爆燃较强时，点火迟滞较多；爆燃较弱时，点火迟滞较少。当爆燃停止时，ECU 停止点火延迟，并开始提前点火，一次一个固定角度。爆燃修正时的最大点火提前角度为10°。

⑥转矩控制修正。配备电子控制自动变速器的车辆，在换挡时，行星齿轮组的离合器或制动器接合时会产生某种程度的振动。因此根据曲轴位置传感器、节气门位置传感器、冷却液温度传感器等信号，在挡位开始变化时，ECU 使点火迟滞，减低发动机转矩，以降低向上或向下换挡产生的振动。当冷却液温度或蓄电池电压低于预设值时，转矩控制修正不起作用。

2. 通电时间的控制

1）通电时间控制方法

通电时间控制也称闭合角控制。对于电感储能式电控点火系统，当点火线圈的初级线圈被接通后，通过线圈的电流是按指数规律增大的。初级线圈被断开瞬间所能达到的断开电流值与初级线圈接通时间长短有关。只有通电时间达到一定值时，初级电流才可能达到饱和。次级线圈高压的最大值与初级断开电流成正比，而次级电压的高低又直接影响点火系统工作的可靠性，所以在发动机工作时，必须保证点火线圈的初级电路有足够的通电时间。但如果通电时间过长，点火线圈又会发热并增大电能消耗。要兼顾上述两方面的要求，就必须对点火线圈初级电路的通电时间进行精确控制。

影响初级线圈通过电流的主要因素有发动机转速和蓄电池电压。为了保证在不同的蓄电池供电电压和不同的转速下都具有相同的初级断开电流，电控单元根据蓄电池电压和发动机转速信号，从预置的通电时间数据表中查出相应的数值，对通电时间进行控制，如图 3－16 所示。

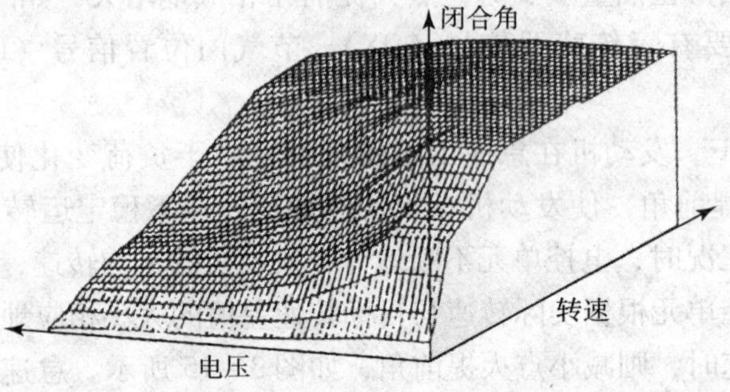

图 3－16　闭合角与发动机转速和蓄电池电压的关系

当发动机转速高时，适当增大闭合角，以防止初级线圈通过电流值下降，造成次级高压下降，点火困难；当蓄电池电压下降时，基于相同的理由，也应适当增大闭合角。

通过对通电时间的准确调节，不但改善了点火系统的点火性能，而且还可以防止初级线圈发热和电能的无效损耗。

2）点火线圈恒流控制

在电控点火系统中，为了减小转速对次级电压的影响，提高点火能量，采用了初级线圈电阻很小的高能点火线圈，其初级电流最高可达 30 A 以上。为了防止初级电流过大烧坏点火线圈，在电控点火系统的点火控制电路中增加了恒流控制电路，保证在任何转速下初级电流均为规定值（7 A），既改善了点火性能，又能防止初级电流过而烧坏点火线圈。

恒流控制电路如图 3－17 所示。恒流控制的基本方法是：在点火器功率晶体管的输出回路中增设一个电流检测电阻，用电流在该电阻上形成的电压降反馈控制晶体管的基级电流，只要这种反馈为负反馈，就可使晶体管的集电极电流稳定，从而实现恒流控。

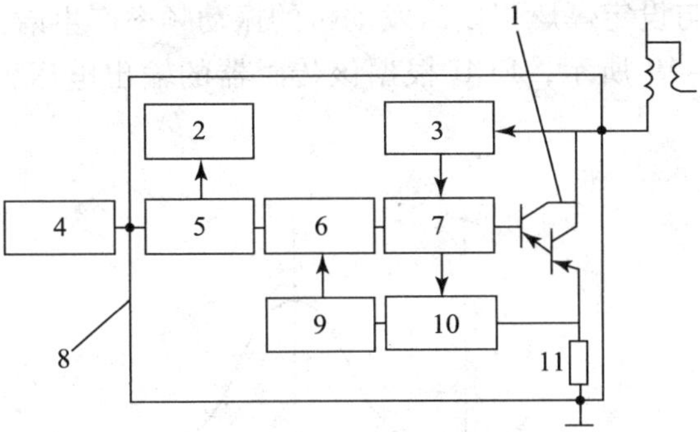

图 3－17　恒流控制电路

1—功率晶体管；2—偏流电路；3—过压保护回路；4—传感器；5—波形整形回路；6—通电发生回路；7—放大回路；8—点火器；9—通电率控制回路；10—恒流控制回路；11—电流检测电阻

3. 爆燃控制

爆燃是汽油机工作时的一种不正常燃烧现象，是汽油机运行中最有害的一种故障现象。轻微的爆燃，可使发动机功率上升，油耗下降，但爆燃严重时，气缸内会发出特别尖锐的金属敲击声，且会导致冷却液过热，火花塞或活塞产生过热、熔损等，造成发动机的严重损坏，因此必须防止爆燃的发生。

从最佳点火提前角的分析中可知，为了最大限度地发挥汽油机的潜能，应把点火提前角控制在接近临界爆燃点，同时又不能使发动机发生爆燃。要使点火系统达到这样的性能要求，除了必须采用电子控制的点火系统外，还应对点火提前角采用爆燃反馈控制。为此，需要对发动机的气缸压力或其他能对发动机爆燃做出判断的相关参数进行检测，ECU 根据检测传感器信号，对发动机是否发生爆燃做出判断，然后发出相应的执行指令。

1）爆燃传感器

对发动机爆燃的检测可以采用气缸压力检测、燃烧噪声检测和发动机机体振动检测等方法。气缸压力检测方法精度最高，但传感器的耐久性差，安装困难。燃烧噪声检测是一种非接触式检测方法，其耐久性好，但精度和灵敏度偏低。发动机机体振动检测方法，也称缸壁振动型检测方法，这种检测方法具有较高的检测精度，传感器安装方便灵活，耐久性也较好，是目前最常用的爆燃检测方法。

发动机机体振动检测方法所使用的传感器安装在发动机机体上，将发动机的振动转换成电压信号输送到 ECU，ECU 根据输入电压信号对是否爆燃进行判断。检测机体振动所用的传感器有磁致伸缩式和压电式两种类型。

（1）磁致伸缩式爆燃传感器。磁致伸缩式爆燃传感器的外形和结构如图 3－18 所示。它由高镍合金的磁芯、永久磁铁、感应线圈、壳体等构成。

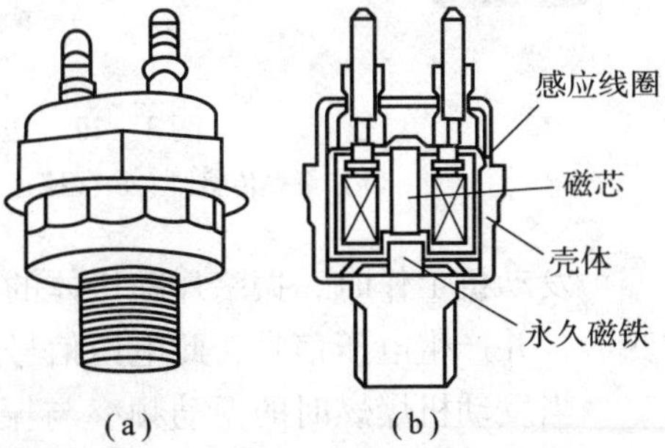

图 3－18　磁致伸缩式爆燃传感器

(a) 外形图；(b) 结构图

当机体振动时，磁芯受到机体振动的影响，在传感器内产生轴向振动，使通过感应线圈的磁通发生变化，在感应线圈产生感应电动势，此电动势即是爆燃传感器输出电压信号。传感器输出的电压信号的大小与发动机振动的频率有关，当传感器自振频率与设定爆燃强度时发动机的振动频率产生谐振时，传感器的输出电压将达到最大值，如图 3－19 所示，ECU 根据该传感器的输出电压，就可以对发动机是否爆燃做出判断。

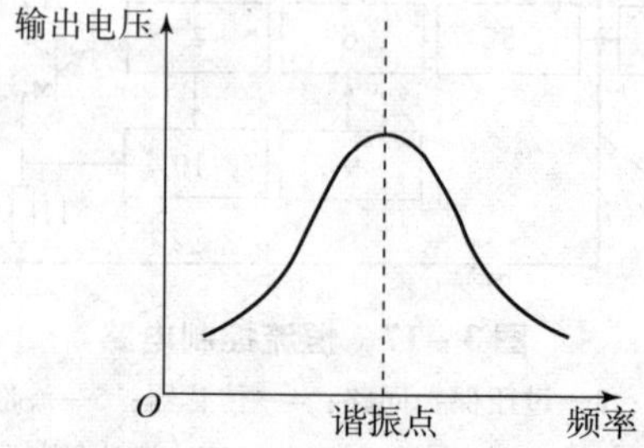

图 3－19　磁致伸缩式爆燃传感器输出特性

（2）压电式爆燃传感器。压电式爆燃传感器是一种利用压电原理检测机体振动的传感器。根据它们的结构特点又分为共振型、非共振型等形式。

①共振型压电式爆燃传感器。共振型压电式爆燃传感器，是利用产生爆燃时发动机振动频率与传感器本身的固定频率“合拍”时产生共振现象，来检测爆燃是否发生的，其结构如图 3－20 所示。该传感器由压电元件、振荡片、基座等构成。压电元件紧密贴合在振荡片上，振荡片则固定在传感器的基座上。

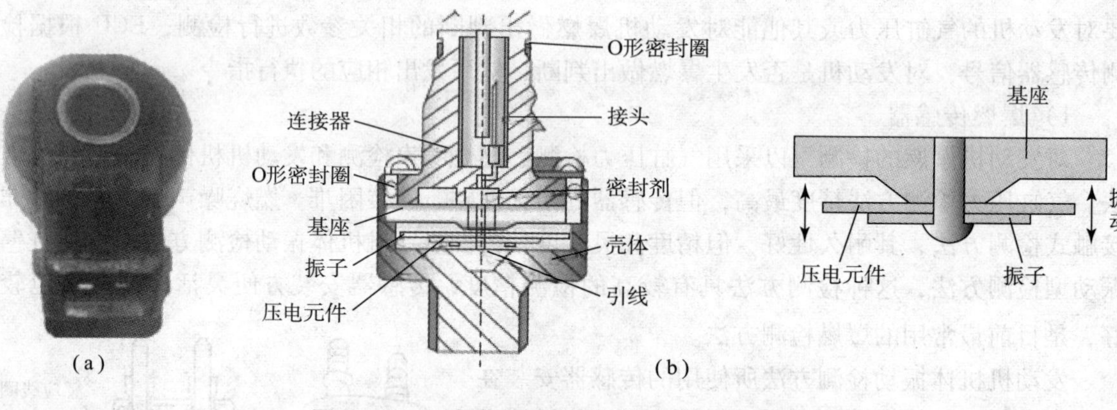

图 3－20　压电式共振型爆燃传感器实物与结构

（a）爆燃传感器实物（捷达 ATK 发动机）；（b）压电式共振型爆燃传感器结构图

发动机工作时，振荡片随机体的振动而振荡，振荡片的振荡使与它紧密贴合的压电元件变形，并产生电压信号，此电压信号即是传感器的输出信号。

当发动机爆燃时的振动频率与振荡片的固有频率“合拍”时，振动荡片产生共振，此时压电元件将产生最大的电压信号，如图 3－21 所示，这种传感器在爆燃发生时的输出电压比无爆燃时的输出电压高得多，因此不需要滤波器，ECU 即可判别是否发生爆燃。

②非共振型压电式爆燃传感器。非共振型压电式爆燃传感器是以接收加速度信号的形式来判断是否产生爆燃，其结构如图 3－22 所示。它由两个同极性相向对接的压电元件和配重构成，结构简单，制造时不需调整。

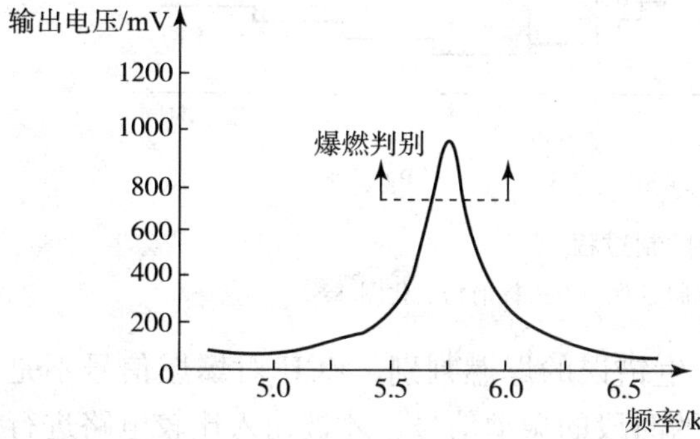

图 3－21 共振型压电爆燃传感器输出特性

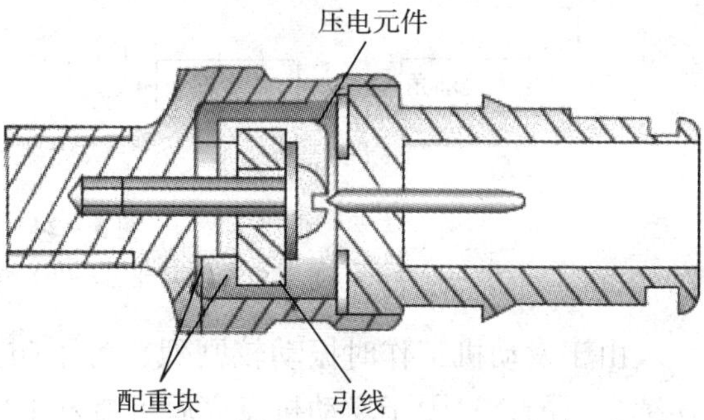

图 3－22 非共振型压电式爆燃传感器

发动机机体振动时，传感器内部的配重受机体振动的影响而产生加速度，压电元件就会受到配重加速时惯性力的作用，而产生电压信号。在爆燃发生时的频率及该频率附近，这种频率（kHz）传感器输出的信号不会很大，而是具有平的输出特性，如图 3－23 所示。因此，为了能够根据该传感器输出的电压识别发动机是否发生爆燃，必须将反映发动机振动频率的输出电压信号送到识别爆燃的滤波器中，以判别是否有爆燃信号产生。

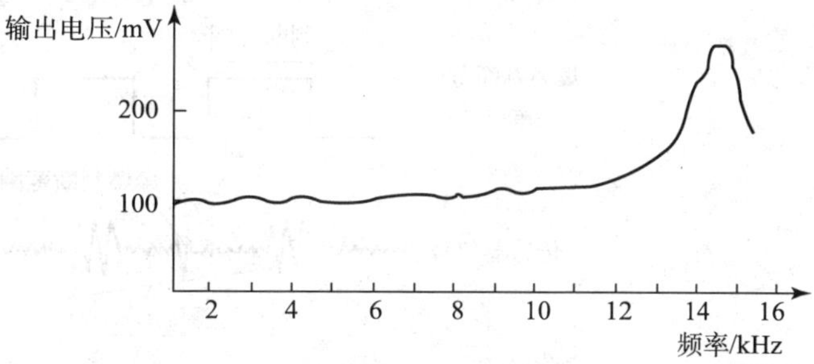

图 3－23 非共振型压电式爆燃传感器输出特性

非共振型压电式爆燃传感器感测频率范围设计成零至数千赫兹，可检测具有较宽频率带的发动机振动频率。用于不同发动机上时，只需调整滤波器的过滤频率就可使用，而不需更换传感器，这是非共振型压电式爆燃传感器最突出的优点。

2）爆燃控制方法

点火时刻是影响爆燃的主要因素之一，推迟点火时刻（即减小点火提前角）对消除爆燃有明显的作用。ECU 对爆燃的控制过程如图 3－24 所示，ECU 首先把来自爆燃传感器的输入信号进行滤波处理，滤波电路只允许特定范围频率的爆燃信号通过滤波电路，由此达到将爆燃信号与其他振动信号分离的作用。然后，ECU 将此信号的最大值与爆燃强度基准值进行比较，对是否发生爆燃及爆燃的强弱程度作出判断，如信号最大值大于基准值，则表示发生爆燃，ECU 逐渐推迟点火时刻（减小点火提前角），直到爆燃消失为止。无爆燃时则逐渐提前点火时刻（增大点火提前角），当再次出现爆燃时，ECU 又开始逐渐减小点火提前角。可见，爆燃控制过程就是对点火时刻进行反复调整的过程，爆燃控制可以使实际的点火提前角始终保持最佳，使发动机的动力性、经济性和控制有害物的排放都达到较佳的水平。

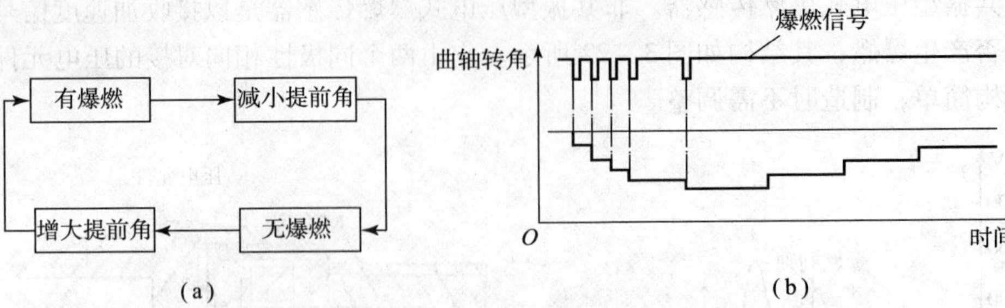

图 3-24　爆燃控制过程

(a) 爆燃控制原理图；(b) 爆燃控制过程中点火提前角变化图

由于发动机工作时振动较剧烈，为了防止产生错误的爆燃判别，ECU 对爆燃信号不是连续进行的，只限于发动机点火后可能发生爆燃的时段的振动信号，才被输入比较电路进行比较和判别，如图 3-25 所示。

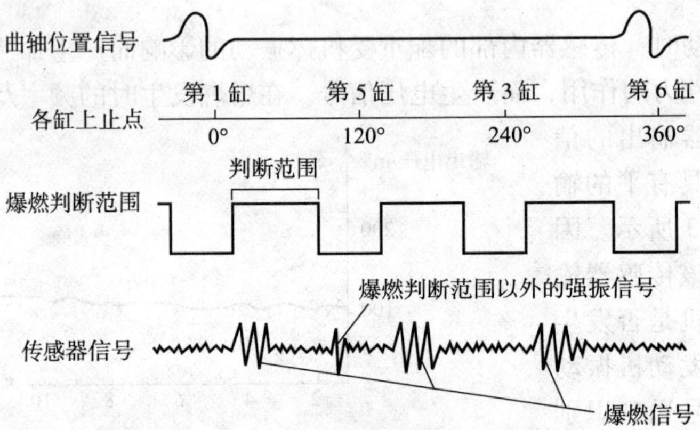

图 3-25　爆燃判断的范围

当发动机的负荷低于一定值时，一般不会发生爆燃，此时 ECU 对点火提前角实行开环控制。在这种情况下，ECU 对爆燃传感器的输入信号不再进行判别分析，只按预置数据及相关传感器的输入信号控制点火提前角的大小。对于应采用开环控制还是闭环控制，ECU 通过对反映发动机负荷状况的传感器的输入信号的分析，做出相应处理。

任务实施

一、有分电器电控点火系统的检修

以丰田 8A 发动机有分电器电控点火系统为例介绍有分电器电控点火系统的检修方法。

1. 维护点火系统时的注意事项

(1) 注意发动机工作时的旋转部件。

(2) 如果不起动发动机，不能长时间将点火开关打开。

(3) 防止高压电火花电击。尤其要注意由于高压电击所做出的意外反应。

2. 丰田 8A 发动机有分电器电控点火系统部件及电路

丰田 8A 发动机有分电器电控点火系统部件主要有火花塞、高压导线、分电器、点火线圈、曲轴位置传感器、凸轮轴位置传感器、点火控制器等。其中点火线圈和凸轮轴位置传感器安装在分电器内。点火系统各部件在车上的布置如图 3－26 所示、电路如图 3－27 所示。

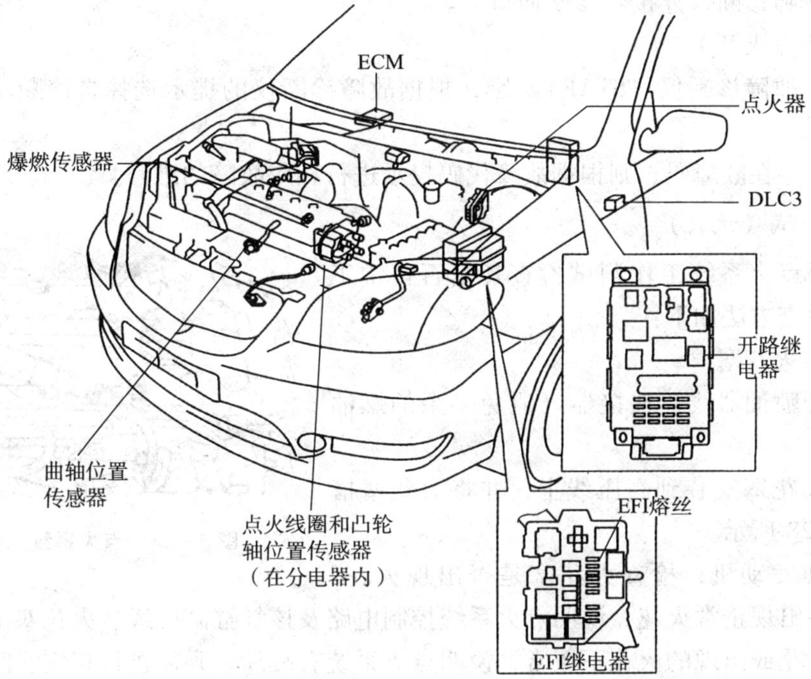

图 3－26　丰田 8A 发动机点火系统部件

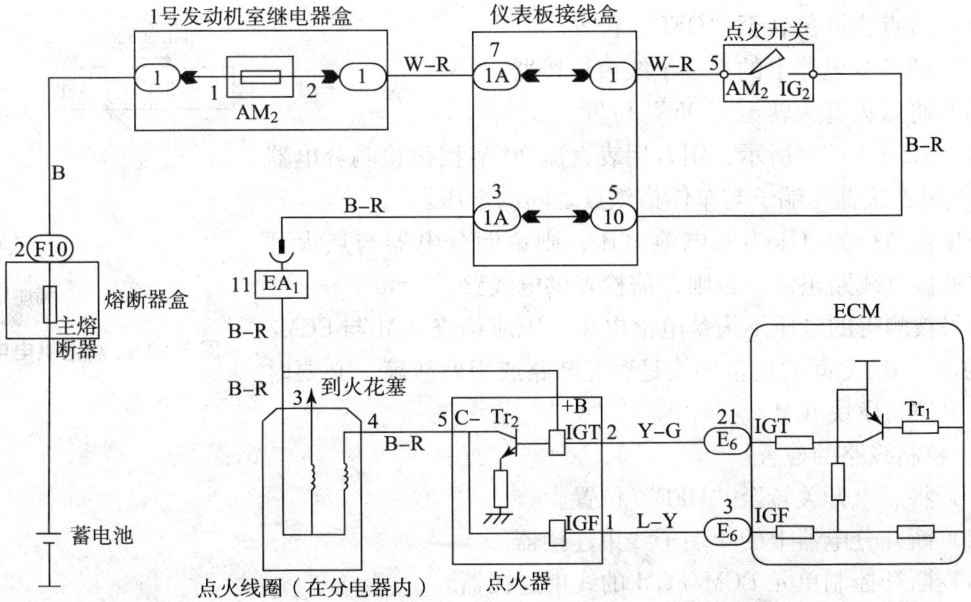

图 3－27　丰田 8A－FE 发动机点火系统电路

3. 故障自诊断

该发动机电控点火系统控制单元具有自诊断功能，通过专用故障诊断仪可对其进行自诊断，具体步骤如下：

（1）关闭点火开关。

（2）将故障诊断仪连接到诊断插口上。

（3）打开点火开关。

（4）按下故障诊断仪“START”键，根据故障诊断仪的提示选择自诊断功能，读取故障代码。

如果显示存在故障码，则根据故障代码提示进行相应故障的维修。

4. 工作测试（试火）

可通过对点火系统工作测试检查其是否正常工作，具体的检查方法如下：

（1）拆下火花塞。

（2）断开喷油器线速连接器（避免多余的燃油进入气缸）。

（3）将火花塞安装到高压线上，并将火花塞搭铁，如图3－28所示。

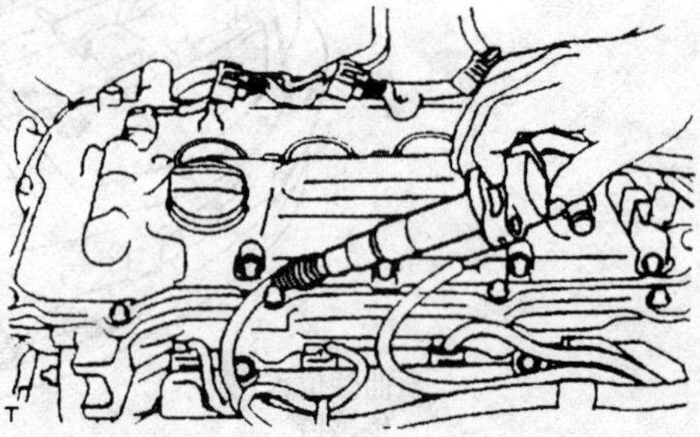

图3－28 点火系统工作测试

（4）起动发动机，检查火花塞是否出现火花。测试结果如果出现正常火花，说明点火系统控制电路及该气缸高压线、火花塞工作正常；如果没有出现火花或出现的火花不正常，说明点火系统有故障，则需进行相应线路检查。

5. 线路的检查

1）供电线路检查

（1）将点火开关转至“OFF”位置。

（2）断开分电器上的4端子线束连接器。

（3）将点火开关转至“ON”位置。

（4）如图3－29所示，用万用表直流20 V挡位检测分电器4端子线束连接器4端子与车体搭铁点之间的电压。

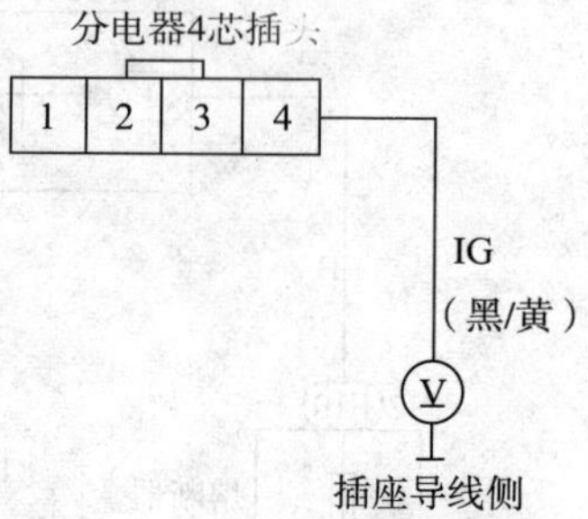

图3－29 测量供电电压

如果被测得的电压为蓄电池电压，则说明分电器与点火开关之间的供电线路正常，否则，需检查供电线路。

如果被测得的电压不为蓄电池电压，则应检查ICM与ECM/PCM的端子B_{13}之间的连接导线是否有断路或短路故障，必要时更换点火控制模块ICM。

2）控制线路的检查

（1）将点火开关转至“OFF”位置。

（2）断开分电器上的4端子线束连接器。

（3）断开控制单元ECM/PCM的线束连接器。

（4）用万用表欧姆挡测量分电器线束1端子与控制单元ECM/PCM线束B_{13}端子之间的电阻，正常值应小1Ω。否则说明控制线路有故障，应对其进行维修。

6. 点火输出信号的检查

在点火控制系统中，ECM/PCM 将根据有关传感器输入的信号计算出最佳点火时刻，并输出点火正时信号，以控制点火控制模块 ICM（安装在分电器内）按规定要求进行点火。

点火输出信号电路的维修方法和步骤如下：

（1）发光二极管试灯的一端接分电器线束连接器的信号端子，一端搭铁。

（2）起动发动机，观察试灯是否闪烁。如果试灯不闪烁，则说明 ECM/PCM 没有输出控制信号。如果在控制线路正常的情况下应检查 ECM/PCM 是否损坏。

（3）用无故障的 ECM/PCM 进行替换，并再次进行检查。如果此时试灯闪烁，则更换原来的 ECM/PCM。

7. 元件检查

1）火花塞的检查

（1）清洁火花塞，如图 3－30 所示。清洁使用的压缩空气压力应低于 588 kPa，持续时间应不大于 20 s。

（2）火花塞的外观检查。检查火花塞的中心电极、搭铁电极、螺纹、垫片及绝缘体等，如图 3－31 所示。如果不正常，则更换火花塞。

图 3－30 清洁火花塞

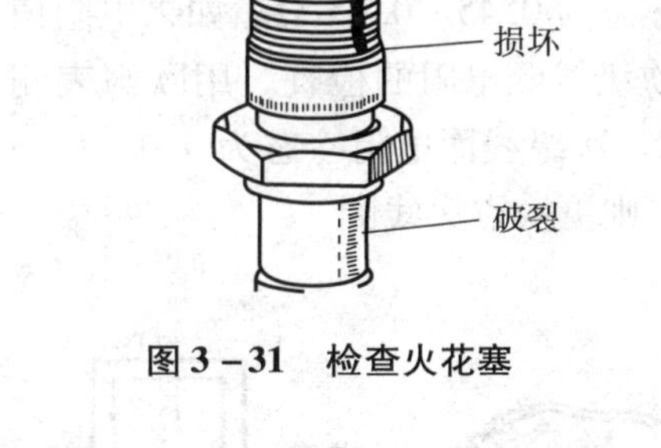

图 3－31 检查火花塞

（3）火花塞间隙的检查。如图 3－32 所示，使用间隙量规检查火花塞间隙。丰田 8A 发动机火花塞的间隙为 0.7～0.8 mm。

2）分电器盖的检查

（1）拆卸分电器的方法。

①拆下点火线圈和高压线，如图 3－33 所示。

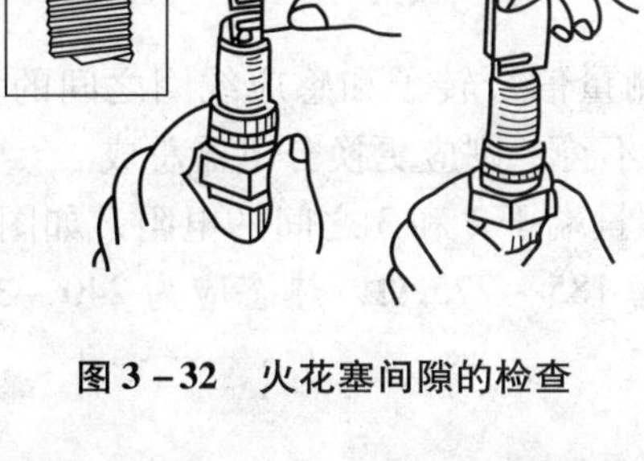
图 3－32 火花塞间隙的检查

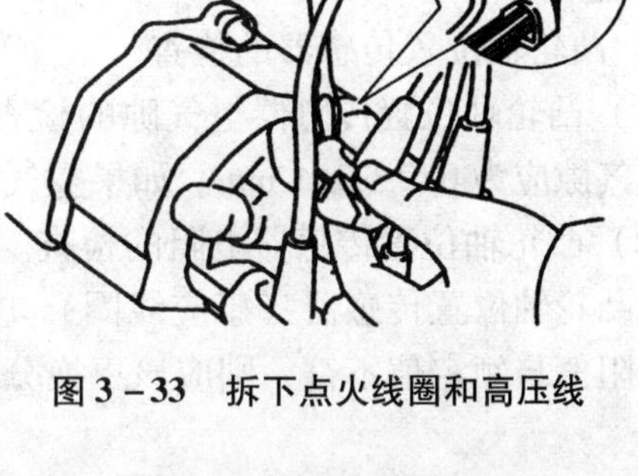
图 3－33 拆下点火线圈和高压线

②拆下装配螺栓，拆下分电器总成，从分电器外壳上拆下O形圈。

(2) 分电器盖的检查。

①检查分电器盖是否有灰尘、积炭和裂纹。

②测量图3－34所示的分电器盖各插孔之间的绝缘电阻，正常值应高于50 MΩ，低于规定值应更换。

3) 分缸高压线的检查

(1) 拉下橡皮套，拆下分缸高压线。

注意：切勿弯曲分缸高压线，否则可能会将导线内部折断。

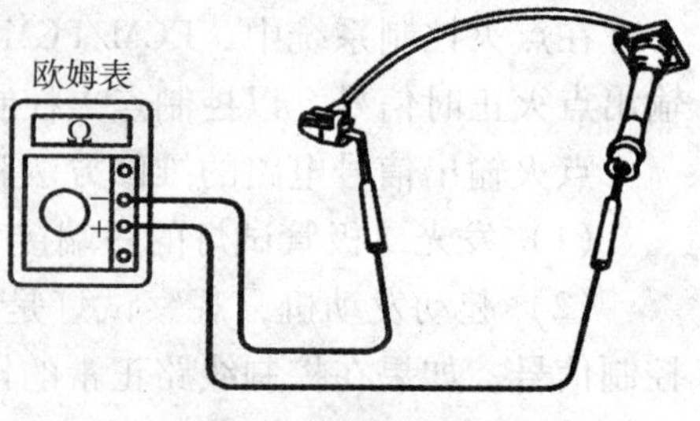

图3－34 测量高压线的电阻

(2) 外观检查分缸高压线有无锈蚀、弯曲（两端头）和破裂现象，并视情予以更换。

(3) 用万用表欧姆挡检测各分缸高压线的电阻值，将万用表两表笔分别与分缸高压线两端头相接，如图3－34所示，测得电阻值。电阻值应不大于25 kΩ（在20 ℃时），如果电阻值比最大值大得多，则应检查接线柱，必要时更换高压线。

4) 点火线圈的检查

(1) 点火线圈电源的检查。把点火开关旋至“ON”挡，测量正极（+）与车身搭铁之间的电压，正常值应为10～14 V。

(2) 初级线圈电阻的检查。拆下分电器盖、转子和点火线圈防尘罩，用欧姆表测量正极（+）和负级（－）端子之间的电阻，如图3－35所示。初级线圈电阻冷态为0.36～0.55 Ω，热态为0.45～0.65 Ω。如果电阻值与额定值不符，则应更换点火线圈。

(3) 次级线圈电阻的检查。用欧姆表测量正极（+）和高压接线柱之间的电阻，如图3－36所示。次级线圈电阻冷态为9.0～15.4 kΩ，热态为11.4～18.1 kΩ。如果电阻值与额定值不符，则更换点火线圈。

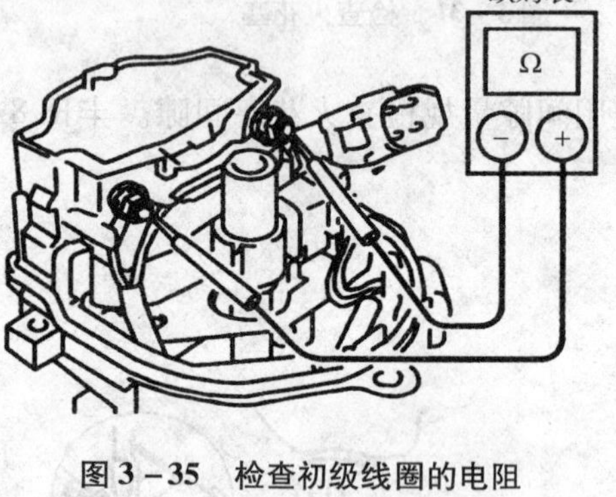

图3－35 检查初级线圈的电阻

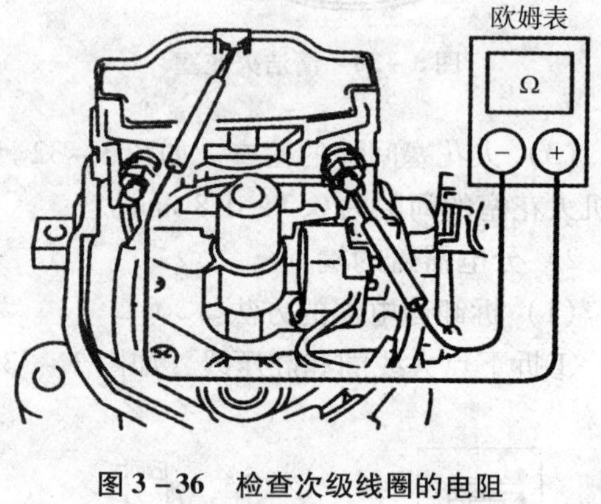

图3－36 检查次级线圈的电阻

5) 凸轮轴位置传感器的检查

(1) 凸轮轴位置传感器空气隙的检查。用塞尺测量信号转子和感应线圈之间的垂直间隙，空气隙应为0.2～0.4 mm。如果空气隙与额定值不符，则应更换分电器总成。

(2) 凸轮轴位置传感器电阻的检查。用欧姆表测量端子2和3之间的电阻，如图3－37所示。凸轮轴位置传感器（感应线圈）电阻冷态应为185～275 Ω，热态应为240～325 Ω。如果电阻值与额定值不符，则应该更换分电器总成。

6）曲轴位置传感器的检查

用欧姆表检查曲轴位置传感器电阻，标准电阻在冷态为 1 630 ~ 2 740 Ω，在热态为 2 065 ~ 3 225 Ω。如果电阻值与额定值不符，则应更换曲轴位置传感器。

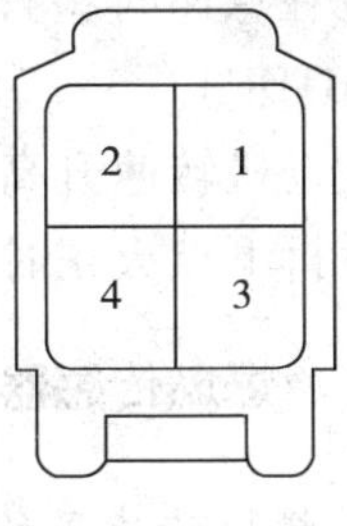

图 3－37　检查凸轮轴位置传感器的电阻

7）安装分电器总成的方法

（1）确定 1 缸压缩上止点的位置。顺时针转动曲轴，把进气凸轮轴缺口的位置对准如图 3－38 所示的位置。

（2）在分电器外壳上安装新的 O 形圈，并在 O 形圈上涂一层薄薄的发动机机油。

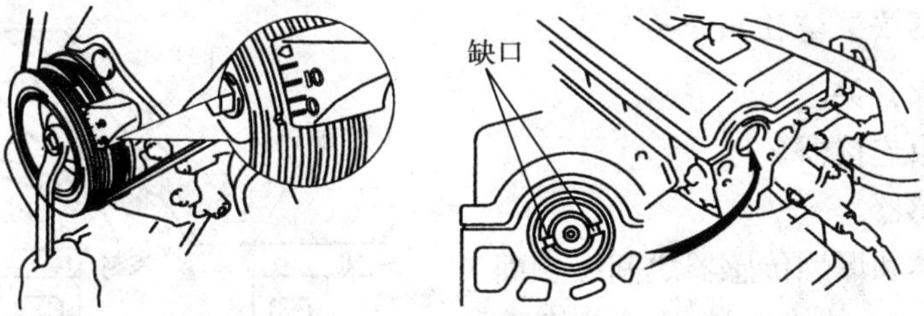

图 3－38　确定 1 缸压缩上止点的位置

（3）调整使联轴节上缺口的位置与外壳上突起的位置对准，安装分电器总成，如图 3－39 所示。

（4）用螺栓把分电器固定，力矩为 20 N · m。

（5）安装线圈和高压导线。

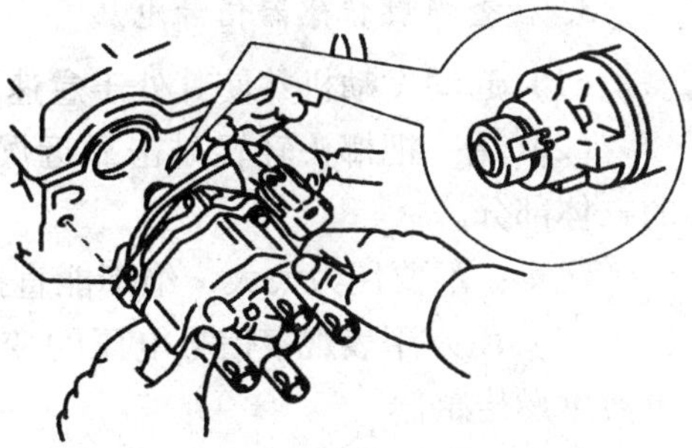
图 3－39　安装分电器总成

8）点火正时的检查方法

（1）使用检测仪检查点火正时。

①预热并停止发动机。

②将检测仪连接到诊断接口，将点火开关旋至 “ON” 挡。

③怠速时检查点火正时。此时应关闭所有电器系统和空调、冷却风扇，变速器变速杆应位于空挡。点火正时应为 5° ~ 15°（BTDC）。

④将点火开关旋至 “OFF” 挡，断开检测仪。

（2）不使用检测仪检查点火正时。

①将发动机暖机。

②使用跨接线短接故障诊断接口的 13 端子和 4 端子，如图 3－40 所示。

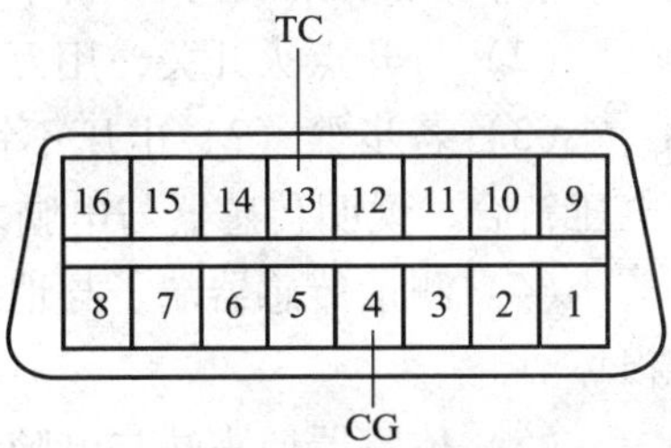

图 3－40　短接故障诊断接口的 13 端子和 4 端子

③连接点火正时检查灯，让发动机转速保持在 1 000 ~ 1 300 r/min 转速旋转 5s 后，在怠速时检查点火正时，如图 3－41 所示。点火正时应为 8° ~ 12°（BTDC）。如果点火正时不符合标准，松动分电器固定螺栓，轻轻旋转分电器的位置进行调整，直至符合要求。

④取下故障诊断接口上的跨接线。

⑤在怠速时检查点火正时，点火正时应为 5°～15°（BTDC）。

发动机转速升高时，点火正时提前角增大。

⑥拆下点火正时检查灯。

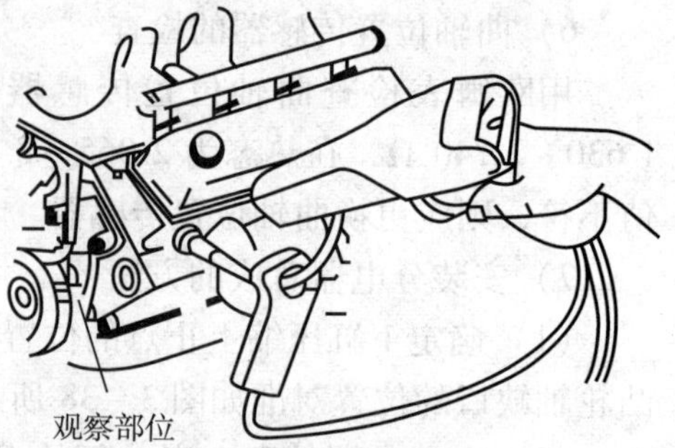

图 3－41　使用点火正时检查灯检查点火正时

二、爆燃传感器的检修

1. 爆燃传感器的就车检查

检查爆燃传感器的安装情况，爆燃传感器应牢固安装在气缸体上，安装位置如图 3－42 所示。

2. 爆燃传感器安装螺栓预紧力检查

（1）关闭点火开关。

（2）拔下线束连接器。

（3）卸下传感器。

（4）清洁缸体和爆燃传感器之间接触面。

（5）用 20 N·m 的力矩装回爆燃传感器，并重新安上插头。

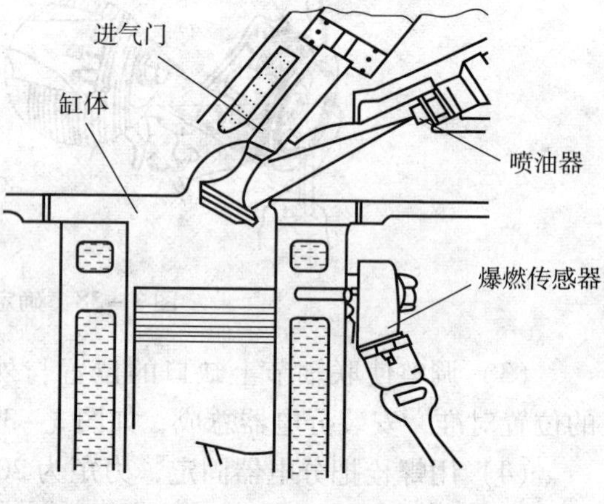

图 3－42　爆燃传感器的安装位置

3. 检查爆燃传感器信号电压

（1）起动发动机并使其处于怠速状态。

（2）用一把榔头轻轻敲击靠近爆燃传感器的缸体部分。

注意：不要用力太大，绝不能直接敲击传感器本身。

（3）用万用表观察信号电压的变化。信号电压应随着敲击强度的加大而加大，否则应更换爆燃传感器。

注意：爆燃传感器是不可分解的整体，一旦有问题就要更换。

4. 传感器及连接线路检查

爆燃传感器连接线路的检查方法如下：

（1）关闭点火开关，拆下爆燃传感器线束连接器。

（2）打开点火开关，用万用表测量线束侧导线与地线之间的电压，应为 4～6 V。

（3）若步骤（2）电压不符合，则测量电脑侧导线与地线之间的电压，应为 4～6 V，若电压符合，说明传感器与电脑之间的导线损坏；如电压不符合，说明电脑损坏。

（4）测量传感器端子与地线之间的阻值，应为 3 300～4 500 Ω，若不符合，说明传感器损坏。

（5）传感器插头端与电脑端导线电阻不得大于 0.5 Ω，如有屏蔽线的应检查屏蔽线与接地之间的电阻，其电阻值应为 0 Ω，否则应更换线束。

5. 桑塔纳轿车爆燃传感器检测

桑塔纳轿车爆燃传感器安装位置、控制电路及波形如图 3－43 所示。其检测方法如下：

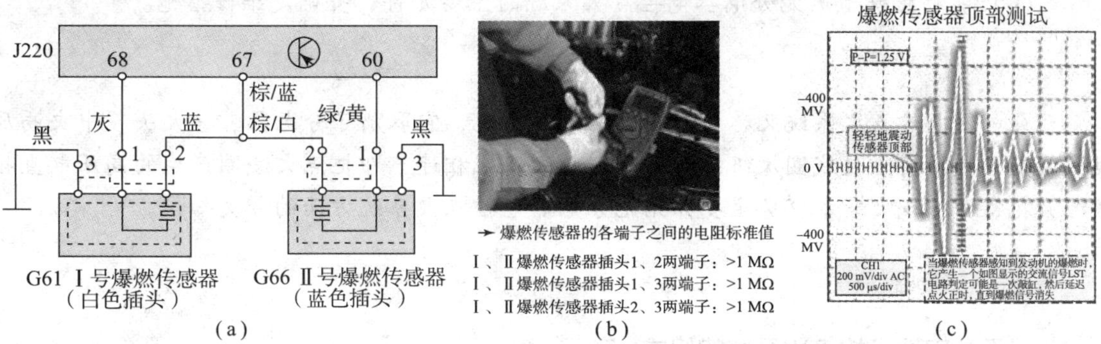

图 3－43　桑塔纳轿车爆燃传感器控制电路、安装位置及波形

（a）电路图；（b）安装位置图；（c）波形图

（1）断开点火开关，拔下传感器线束插头。用万用表电阻挡检测端子 1 与 2 之间阻值应大于 1 MΩ；端子 1 与 3 之间阻值应大于 1 MΩ；端子 2 与 3 之间阻值应大于 1 MΩ；各线路上阻值应小于 0.5Ω，否则更换传感器或检查相关线路。

（2）连接 V. A. G1551/2 故障诊断仪，起动发动机并怠速；

输入地址码 01，输入 08 读取测量数据组。

输入组号 13，读取 4 个缸的爆燃控制点火滞后角数据（发动机大油门，3 挡行驶，水温大于 80 ℃），应在 0°～15°。

输入组号 14 和 15，分别读取 4 个缸的爆燃控制点火滞后角数据（某一转速和负荷下），应在规定范围内。

输入组号 16，读取爆燃传感器信号电压（发动机怠速），应为 0.3～1.4 V。同时要求各缸爆燃传感器信号电压之间的偏差不得大于 50%。

注意：猛踩加速踏板时爆燃传感器信号最大可达 5.1 V。

（3）连接示波器，起动发动机并怠速运转，可对发动机加载，再察看波形显示。由图 3－43 中爆燃传感器的标准波形可以看出，波形的峰值电压和频率将随发动机的负荷和转速的增加而增加。若发动机点火过早、燃烧温度不正常、废气再循环不正常时，其幅度和频率也会增加。

（4）打开点火开关，不起动发动机，用金属物敲击爆燃传感器附近的缸体。在敲击发动机缸体后，示波器上应有一突变波形，敲击越大，幅值也越大，如果波形显示只是一条直线，则说明爆燃传感器没有信号输出，应检查线路和爆燃传感器。

任务 2　无分电器电控点火系统检修

任务目标

（1）了解无分电器电控点火系统的类型及特点。

（2）掌握无分电器电控点火系统的点火方式和原理。

（3）能够对无分电器电控点火系进行检修。

(4) 能够正确检测无分电器电控点火系统的主要元件，并确定维修措施。

任务引入

无分电器电控点火系统又称为直接电控点火系统，它取消了分电器、分火头、中央高压线等装置，直接将点火线圈次级绕组的两端与火花塞相连，即把点火线圈产生的高压电直接送给火花塞进行点火。本任务主要介绍无分电器电控点火系统方面的相关知识。

相关知识

一、无分电器电控点火系统的组成

无分电器电控点火系统的组成如图 3 - 44 所示，主要由传感器、电控单元（ECU）及执行器组成。传感器用来检测发动机工作状态，并将信号传给 ECU；ECU 负责对传感器传送的信号进行分析、比较、处理，向执行器发出控制命令；执行器（点火控制器）接收 ECU 发出的控制指令，并按指令对点火线圈初级绕组电流进行控制，以产生足够的点火高压电。

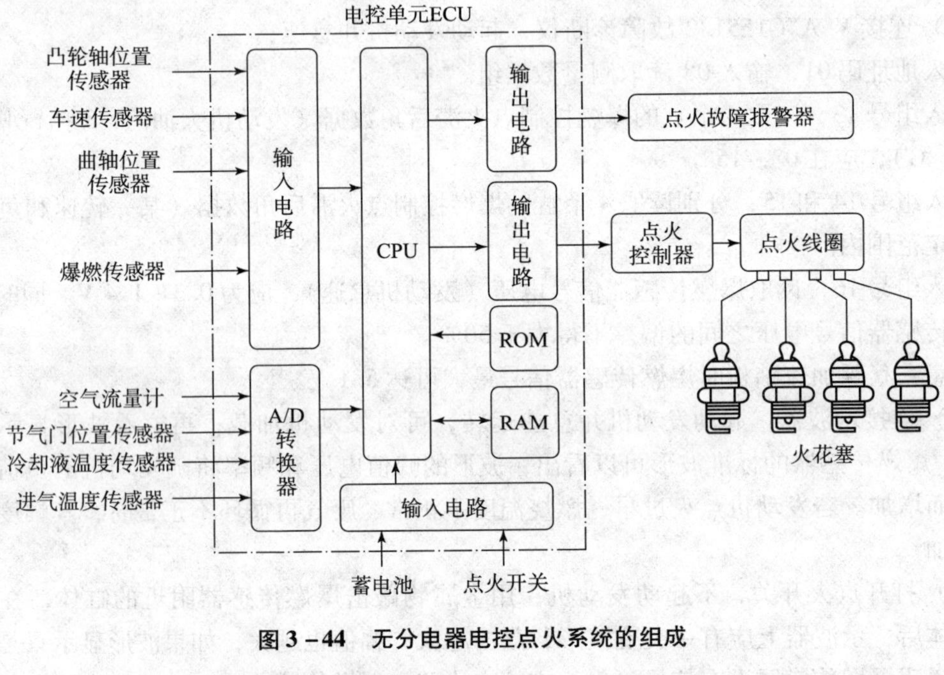

图 3 - 44 无分电器电控点火系统的组成

直接点火系统由于取消了分电器、分火头、中央高压线等装置，使其具有出现故障的概率低、维修方便、所需的保养更少、高压电传送的耗损小、不需做点火正时调整、电波干扰更少、点火时间的控制更加精确等优点。

二、无分电器电控点火系统的分类及工作原理

无分电器电控点火系统按配电方式的不同可分为二极管配电点火方式、双缸同时点火的配电方式和单独点火的配电方式三种类型。

1. 二极管配电点火方式

二极管分配高压电的双缸同时点火电路原理如图 3 - 45 所示。点火线圈由两个初级绕组

和一个次级绕组构成，次级绕组的两端通过 4 只高压二极管与火花塞构成回路。4 只二极管有内装式（安装在点火线圈内部）和外装式两种。对于点火顺序为 1－3－4－2 的发动机，1、4 缸为一组，2、3 缸为另一组。点火控制器中的两只功率三极管分别控制一个初级绕组，两只功率三极管由电控单元（ECU）按点火顺序交替控制其导通与截止。

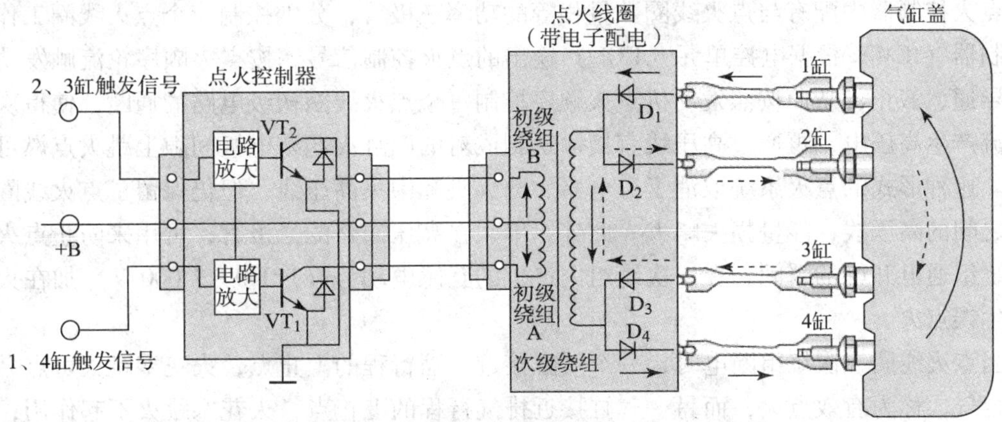

图 3－45　二极管分配高压电的双缸同时点火电路

当电控单元（ECU）将 1、4 缸的点火触发信号输入点火控制器时，功率三极管 VT_1 截止，初级绕组 A 中的电流切断，次级绕组中就会产生高压电动势，方向如图 3－45 中实线箭头方向所示。在该电动势的作用下，二极管 D_1、D_4 正向导通，1、4 缸火花塞电极上的电压迅速升高直至跳火，高压放电电流经图中实线箭头所指方向构成回路；D_2、D_3 反向截止，不能构成放电回路，因此 2、3 缸火花塞电极上无高压火花放电电流而不能跳火。

当 ECU 将 2、3 缸点火触发信号输入点火控制器时，三极管 VT_2 截止，初级绕组 B 中的电流切断，次级绕组产生高压电动势，方向如图中虚线箭头方向所示。此时二极管 D_1、D_4 反向截止，D_2、D_3 正向导通，因此 2、3 缸火花塞电极上的电压迅速升高直至跳火，高压放电电流经图中虚线箭头所指方向构成回路。

2. 双缸同时点火的配电方式

点火线圈直接分配高压的双缸同时点火电路原理如图 3－46 所示。桑塔纳 2000GSi、捷达 AT、捷达 GTX 和奥迪 200 型轿车点火系统采用了这种配电方式。

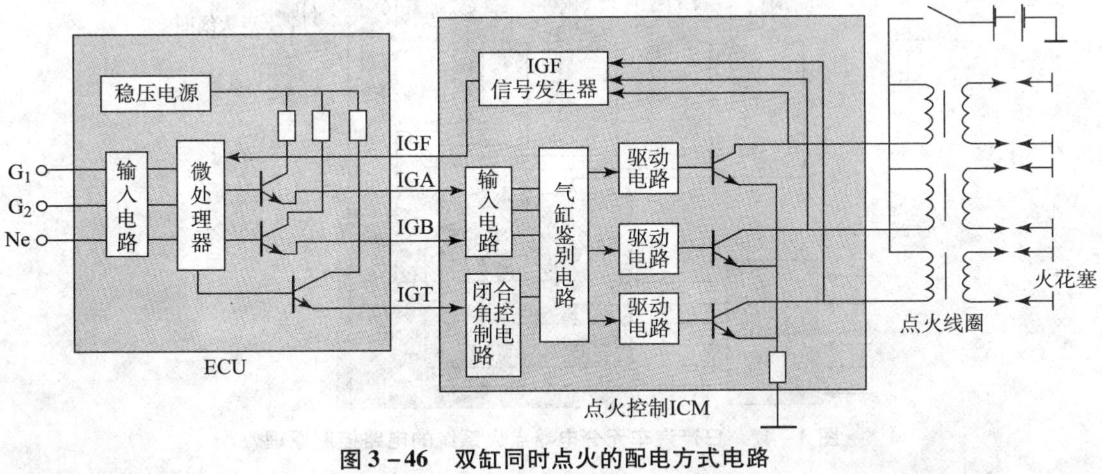

图 3－46　双缸同时点火的配电方式电路

点火线圈组件有两个（4 缸发动机）或三个（6 缸发动机）独立的点火线圈，每个点火线圈供给成对的两个火花塞工作（4 缸发动机的 1、4 缸和 2、3 缸分别共用一个点火线圈；6 缸发动机 1、6 缸、2、5 缸和 3、4 缸分别共用一个点火线圈），双缸同时点火的配电方式是两个火花塞共用一个点火线圈且同时点火，故这种方式只能用在缸数为双数的发动机上。电子点火控制器中配有与点火线圈数量相等的功率三极管，分别控制一个点火线圈工作。点火控制器（ICM）根据电控单元（ECU）输出的点火控制信号，按点火顺序轮流触发功率三极管导通、截止，从而按照发动机点火顺序控制每个点火线圈初级电路的通断，使得次级电路轮流产生高压电，再通过高压线直接输送到成对的两缸火花塞电极间隙上跳火点燃可燃混合气。这种形式的点火系统取消了分电器、分火头和中央高压线，但仍保留了点火线圈与火花塞之间的高压线，能量损失略大。此外，串联在高压回路的二极管，可用来防止点火线圈一次绕组通电开始的瞬间，在二次绕组内产生的互感电动势（1 000 ~ 2 000 V）加在火花塞上发生误点火。

当点火线圈一次绕组断电时，一个气缸接近压缩行程的上止点，火花塞跳火可点燃该缸的混合气，称为有效点火；而另一气缸接近排气行程的上止点，火花塞跳火不起作用，称为无效点火。由于处于排气行程气缸内的压力很低，加之废气中导电离子较多，其火花塞很容易被高压电击穿，消耗的能量就非常少，因此不会对压缩行程气缸点火产生影响。

3. 单独点火的配电方式

无分电器独立点火方式电控点火系统每缸一个点火线圈，即点火线圈的数量与气缸的数量相等。由于每个气缸都有各自独立的点火线圈，因此即使发动机的转速很高，点火线圈也有足够的通电时间，以保证足够高的点火能量。与有分电器电控点火系统相比，在发动机转速和点火能量相同的情况下，单位时间内通过点火线圈一次绕组回路的电流要小得多，点火线圈不易发热，且点火线圈的体积又可以非常小巧，一般直接将点火线圈压装在火花塞上。

无分电器独立点火方式电控点火系统，由于取消了分电器和高压线，分火性能较好，但其结构和控制电路复杂。无分电器单独点火方式的控制电路基本相同，但随车型不同也存在一些差异，如图 3 – 47 所示为日产汽车无分电器点火系统的电路控制原理。它主要

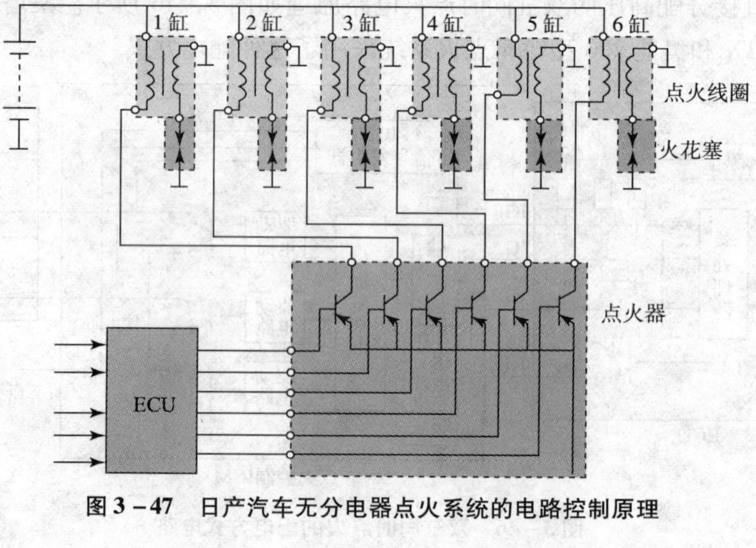

图 3 – 47　日产汽车无分电器点火系统的电路控制原理

由各缸分别独立的点火线圈和电子点火器及发动机 ECU 等组成。各缸点火线圈的初级绕组分别由点火器中的一个功率管控制，整个点火系统的工作由 ECU 控制。发动机工作时，发动机 ECU 根据曲轴位置及发动机与存储器中储存数据相比较分析，并经计算后适时地向点火器输出点火信号，由点火器中的功率管分别接通或切断各缸点火线圈的初级电路。

任务实施

一、无分电器电控点火系统的检修

下面以丰田 3SZ－FE 发动机无分电器电控点火系统为例介绍无分电器电控点火系统的检修方法。

丰田 3SZ－FE 发动机无分电器电控直接点火系统的部件主要有火花塞、点火线圈、凸轮轴位置传感器、曲轴位置传感器、电子控制单元等。其中火花塞直接安装在点火线圈上。各部件在车上的布置如图 3－48 所示，点火系统的电路如图 3－49 所示。

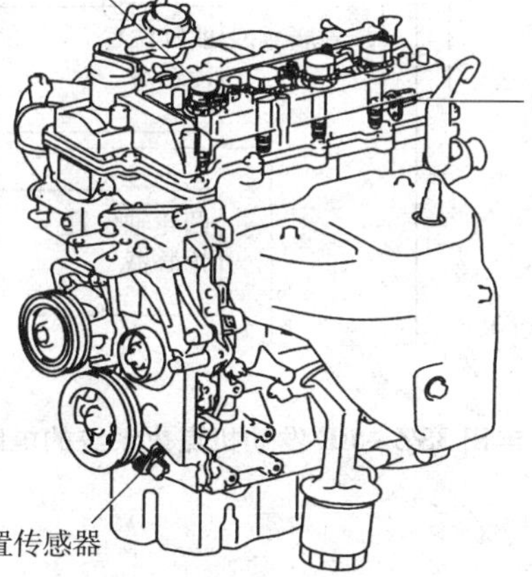

图 3－48　丰田 3SZ－FE 发动机点火系统的部件

1. 故障自诊断

丰田 3SZ－FE 发动机电控点火系统控制单元具有自诊断功能，能够将发动机工作过程中发生的故障以故障代码的形式存储起来，通过专用故障诊断仪可对其进行自诊断，以方便维修，具体步骤如下：

（1）将故障诊断仪连接到诊断插口上。

（2）将点火开关置于“ON”位置。

（3）打开故障诊断仪。

（4）通过故障诊断仪菜单项，根据故障诊断仪的提示选择自诊断功能，读取故障代码。如果显示存在故障码，则根据故障代码提示进行相应故障的维修。

2. 点火线圈的检查和火花测试

检查点火线圈总成和火花测试的方法及步骤：

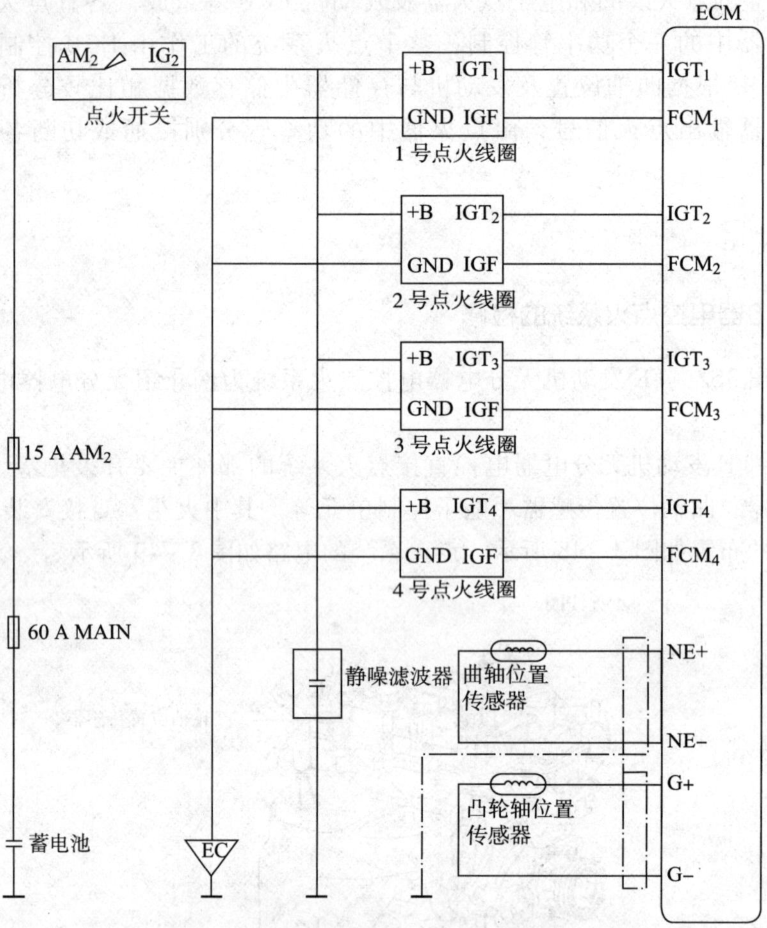

图 3－49　丰田 3SZ－FE 发动机点火系统的电路

（1）拆下发动机盖。

（2）拆下全部点火线圈。

（3）用 16 mm 规格的火花塞扳手拆下全部火花塞。

（4）将火花塞安装到点火线圈上，并连接点火线圈插接器。

（5）断开全部喷油器插接器。

（6）将火花塞负极搭铁。

（7）发动机运转时，检查各火花塞是否出现火花。

测试结果如果出现正常火花，说明点火系统控制电路及该缸高压线、火花塞工作正常；如果没有出现火花或出现的火花不正常，说明点火系统有故障，则应进行相应检查。

3. 没有电火花时需检查的项目

对火花塞试火，如果没有出现火花或出现的火花不正常，应进行如下测试：

（1）用正常的带点火器的点火线圈进行更换，再次进行火花测试。如果火花正常，则更换带点火器的点火线圈。

（2）检查带点火器的点火线圈的线束侧插接器是否连接牢固。

（3）检查电源是否加到带点火器的点火线圈上。将点火开关旋至“ON”挡，检查蓄电池的正极（+）电压是否加到点火线圈的正极（+）端子。

（4）检查凸轮轴位置传感器的电阻。标准电阻为：冷态 835 ~ 1 400 Ω，热态 1 060 ~ 1 645 Ω。如果电阻值与额定值不符，则更换凸轮轴位置传感器。

（5）检查 ECU 的点火信号。可以使用故障检测仪判断点火信号是否正常，也可使用试灯模拟点火线圈来检查点火信号。当发动机起动时，试灯闪烁表示 ECU 产生点火信号。如果点火信号正常，则需要修理点火线圈和 ECU 间的配线；如果点火信号异常，则可能是 ECM 故障。

（6）检查曲轴位置传感器的电阻。标准电阻为：冷态 1 630 ~ 2 740 Ω，热态 2 065 ~ 3 225 Ω。如果电阻值与额定值不符，则更换曲轴位置传感器。

4. 火花塞的检查

图 3 – 50　检查火花塞电极

（1）检查火花塞的电极和工作情况。将发动机迅速加速到 4 000 r/min，重复操作 5 次；拆下火花塞，目视检查火花塞的电极，如图 3 – 50 所示。如果电极干燥，则火花塞工作正常；如果电极潮湿，则进行下一步检查。

（2）检查火花塞的绝缘电阻。用兆欧表测量火花塞的绝缘电阻，应为 10 MΩ 或更大。如果结果不符合规定，则用火花塞清洁器清洁火花塞并再次测量电阻。

（3）检查火花塞螺纹和绝缘件。火花塞螺纹和绝缘件如有任何损坏，则更换火花塞。

（4）检查火花塞电极间隙。旧火花塞的最大电极间隙为 1.1 mm，如果间隙大于最大值，则更换火花塞。新火花塞的电极间隙为 0.8 ~ 0.9 mm。

（5）清洁火花塞。如果电极湿润或有积炭，则用火花塞清洁器清洁电极并使其干燥。清洁火花塞使用的压缩空气的气压不能超过 588 kPa，持续时间为 20 s 或更短时间。

5. 检查点火正时的方法

1）使用检测仪检查点火正时

（1）预热并停止发动机。

（2）将检测仪连接到诊断接口，将点火开关旋至“ON”挡。

（3）怠速时检查点火正时。此时应关闭所有电器系统和空调、冷却风扇，变速器变速杆应位于空挡。点火正时应为 4° ~ 8°（BTDC）。

（4）将点火开关旋至“OFF”挡，从诊断接口断开检测仪。

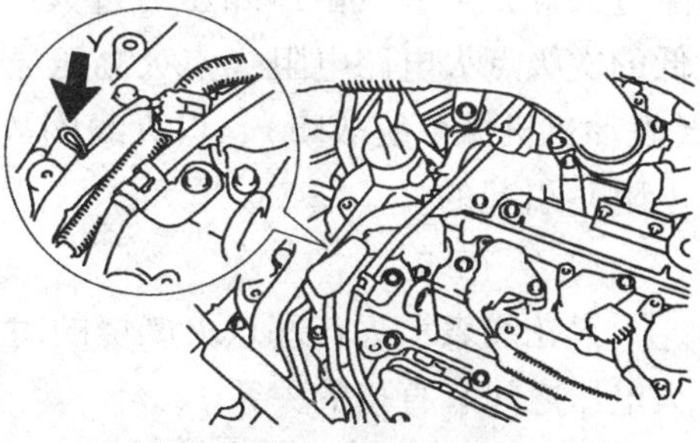
图 3 – 51　拉出测试线束

2）不使用检测仪检查点火正时

（1）拆下发动机盖。

（2）拉出测试线束，如图 3 – 51 所示。

（3）预热并停止发动机。

（4）使用检测初级信号的正时灯，将正时灯的卡子连接到线束上。

（5）将点火开关旋至“ON”挡，用跨接线连接诊断接口的端子 12 和端子 4。

(6) 怠速时检查点火正时。此时应关闭所有电器系统和空调、冷却风扇，变速器变速杆应位于空挡。点火正时应为4°~8°(BTDC)。

(7) 断开诊断接口的端子12和端子4。

(8) 将点火开关旋至“OFF”挡，拆下正时灯。

(9) 安装发动机盖。

知识扩展

一、利用示波器检查点火系统工作状况的方法

1. 单缸标准波形

当点火系统工作时，使用示波器显示某一缸次级电路中电压随时间的变化，就得到单缸次级电压标准波形，如图3-52所示。

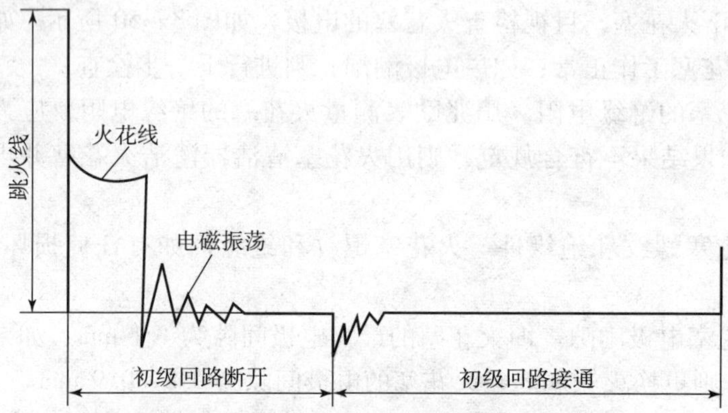

图3-52 单缸次级电压标准波形

1) 跳火线

跳火线的高度表示跳过火花塞间隙需要的电压的高低，又称为击穿电压。典型的击穿电压是7~12 kV。如果发动机所有气缸的点火都正常，各缸之间的电压相差不应大于2 kV。过高的击穿电压可能是由于过高的次级点火电路电阻(点火高压导线电阻过大或火花塞间隙过大等)或者气缸压缩压力过大(燃烧室积炭)引起的。过低的击穿电压可能是由于过低的次级点火电路电阻(点火高压导线电阻过小或火花塞间隙过小等)、气缸压缩压力过小(发动机机械系统故障)、点火线圈故障，或者较低的初级点火系统电压(较高的初级电路电阻)引起的。

2) 火花线

火花线表示火花塞点火燃烧的时间。典型的火花燃烧时间是2 ms。火花燃烧时间与跳火电压之间有直接的关系。

3) 电磁振荡

点火线圈电磁振荡发生在火花燃烧之后，由剩余的能量引起。通常，在正常情况下有2~3次振荡。如果观察到的次级点火波形的电磁振荡少于2次，则表明点火线圈性能变差。

2. 平列波

在平列波模式中，示波器从左至右显示所有气缸的点火波形，如图 3－53 所示，便于观察每个缸的点火状态。

3. 并列波

在并列波模式中，各缸的电压波形上下对齐为一列放置，这样易于比较各电压波形随时间的变化，如图 3－54 所示。

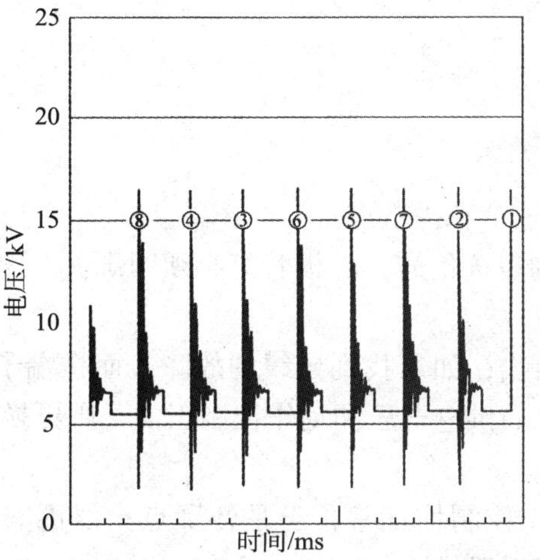

图 3－53　8 缸发动机次级电压平列波

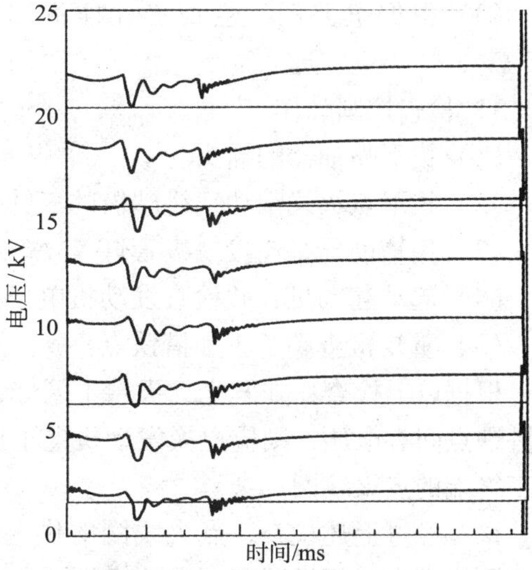

图 3－54　8 缸发动机次级电压并列波

二、案例

案例一：发动机熄火后不能再起动

1. 故障现象

帕萨特 B5 轿车发动机熄火后，不能再起动。

2. 故障原因

点火线圈有故障。

3. 故障诊断与排除

上海帕萨特 B5 型轿车采用德国 BOSCH 公司的 Mortronic3. 8. 3 电子控制顺序多点燃油喷射系统，燃油喷射系统和点火系统由同一个发动机控制单元 J220 控制。M3. 8. 3 电子控制系统主要包括发动机电控燃油喷射系统、发动机电子控制单元和发动机点火系统三部分。发动机电子控制单元具有自诊断功能，使用专门的仪器可以读出其中所存储的故障码。

检查发动机的点火系统，检查结果为发动机没有高压火花。于是按下述方法对点火线圈进行检查：

1）检查供电电压

(1) 将点火线圈的插接器拔下（三针插头）。

（2）用辅助导线将万用表连到中间的端子和搭铁点。

（3）打开点火开关，测量中间的端子和搭铁点的电压，允许值至少为 11.5 V。如无电压，关闭点火开关，检查导线。

2）检查导线

（1）将测试盒 V. A. G1598/22 连接到控制单元线束上。

（2）根据电路图，检查测试盒 V. A. G1598/22 和三针插头之间的导线是否导通，即端子 1 和插孔 78、端子 3 和插孔 71 应导通，导线电阻最大值为 1.5 Ω。

（3）根据电路图，检查三针插头端子 2 和继电器板是否导通，其电阻最大值应为 1.5 Ω。

3）检查控制动作

（1）拔下喷油器的插头。

（2）拔下点火线圈功率终端极的三针插头。

（3）用辅助导线连接二极管灯 V. A. G1527 于端子 1 和搭铁点。

（4）起动起动机，并检查发动机电子控制单元的点火信号，二极管灯必须闪烁。

（5）重复检查端子 3 和搭铁点。

根据以上检查，如发光二极管不闪烁，应检查导线；如未找到导线的故障，而在端子 2 和搭铁点间有电压，则应更换发动机电子控制单元；如供电电压和动作控制正常，则更换带功率终端的点火线圈。

该车经过上述检查，点火线圈的供电电压和动作控制均正常，于是怀疑点火线圈有故障。更换点火线圈后试车，发动机便顺利起动，故障得以排除。

案例二：低速行驶时车身不稳，加速时排气管放炮

1. 故障现象

一辆本田雅阁轿车怠速抖动，驾驶员介绍该车低速行驶时感觉车身不稳，有一顿一顿的感觉。加速时发动机有“突突”声，排气管伴有放炮现象，当车速提高后又有好转。

2. 故障原因

火花塞工作不良或个别缸火花塞不工作。

3. 故障诊断与排除

经维修人员上路试车后，确实存在驾驶员所描述的故障现象。

分析该车的故障现象，引起此类故障最有可能的原因是发动机电控燃油喷射系统或电控点火系统两方面有故障，于是进行如下检查：

（1）首先用故障诊断仪对该车电控系统进行故障自诊断，检查是否有故障代码，结果没有任何故障提示。

（2）根据以往的维修经验，用试火法检查高压是否有火，结果跳火间隙和火花均正常。

（3）接着拆下并检查各缸火花塞。当拆下各缸火花塞时，发现火花塞电极均有污物和积炭。

原来是火花塞工作不良或个别缸火花塞不工作，造成部分燃油没有充分燃烧而排出，从而在排气管内燃烧，出现放炮现象。轻度时出现发动机怠速不稳、抖动现象，怠速加速时发出“突突”声。

更换全部火花塞后，再试车，故障现象消失，故障得以排除。

习题与思考

1. 汽油机电控点火系统有几种类型？对汽油机电控点火系统有哪些基本要求？
2. 电源和点火开关在点火系统中各有何功用？
3. 点火线圈有何功用？如何检查其好坏？
4. 电子点火器有何功用？如何检查其好坏？
5. 火花塞间隙对发动机工作有何影响？如何调整其间隙？
6. 如何检查与调整点火正时？
7. 电控点火系统有哪些功能？
8. 电控点火系统由哪些基本元件组成？是如何工作的？
9. 电控点火系统有几种类型？各有何特点？
10. 什么叫通电时间控制？为什么要进行通电时间控制？
11. 常用的爆燃传感器有哪几种形式，各有什么特点？
12. ECU 是怎样对爆燃进行反馈控制的？
13. 在电控点火系统中最佳点火提前角是如何确定的？
14. 影响发动机点火提前角的因素主要有哪些？
15. 电控点火系统有哪些优点？

项目四

汽油机辅助控制系统的检修

任务1　怠速控制系统的检修

任务目标

(1) 了解怠速控制系统的组成。

(2) 了解怠速控制系统各部件的工作原理。

(3) 掌握怠速控制系统各部件的检测。

(4) 熟悉各种怠速控制装置的安装位置、结构特点。

(5) 掌握发动机控制单元通过控制怠速执行机构控制怠速转速的工作原理。

(6) 掌握各旁通空气式怠速控制阀的控制原理。

(7) 掌握节气门直动式怠速控制阀的控制原理与节气门控制机构的匹配方法。

任务引入

本任务主要介绍电控发动机怠速控制系统的结构及维修的相关知识。在熟悉电控发动机怠速控制系统的功用、组成、结构等知识的基础上，掌握电控发动机怠速控制系统的维修方法。

相关知识

在汽车使用中，发动机怠速运转的时间约占30%，怠速转速的高低直接影响燃油消耗和排放污染。怠速转速过高，燃油消耗增加，但怠速转速过低，又会增加排放污染。此外，怠速转速过低时，若发动机冷车运转、空调打开、电器负荷增大、自动变速器挂入挡位、动力转向，则由于运行条件较差或负载增加，容易导致发动机运转不稳甚至熄火。因此，电控发动机需要根据发动机怠速时工作条件及负荷的变化来控制怠速运转时的最低稳定转速。

随着电控技术在汽车上的广泛应用，怠速控制（ISC）已成为发动机集中控制系统的基本控制内容之一。怠速控制的目的是在保证发动机排放要求且运转稳定的前提下，尽量使发动机的怠速转速保持最低，以降低怠速时的燃油消耗量。

一、怠速控制系统的功用及组成

1. 怠速控制系统的功用

怠速是指节气门关闭，油门踏板完全松开，且发动机对外无功率输出并保持最低转速稳定运转的工况。

在除怠速以外的其他工况下，驾驶员可通过油门踏板控制节气门的开度，从而改变发动机的进气量，以调节发动机的转速和输出功率。而在油门踏板完全松开的怠速工况下，驾驶员则无法控制发动机进气量。电控汽油喷射式发动机在怠速工况时，空气通过节气门缝隙或旁通节气门的怠速空气道进入发动机，并由空气流量计（或进气管绝对压力传感器）对进气量进行检测，电控燃油喷射系统（EFI）则根据各传感器信号控制喷油量，保证发动机的怠速运转。怠速控制系统的功能是根据发动机工作温度和负载，由 ECU 自动控制怠速工况下的空气供给量，维持发动机以稳定怠速运转。

2. 怠速控制系统的组成

怠速控制系统主要由传感器、ECU 和执行元件三部分组成，如图 4 –1 所示。传感器的功用是检测发动机的运行工况和负载设备的工作状况，ECU 则根据各种传感器的输入信号确定一个怠速运转的目标转速，并与实际转速进行比较，根据比较结果控制执行元件工作，以调节进气量，使发动机的怠速转速达到所确定的目标转速，各元件的功能如表 4 –1 所示。

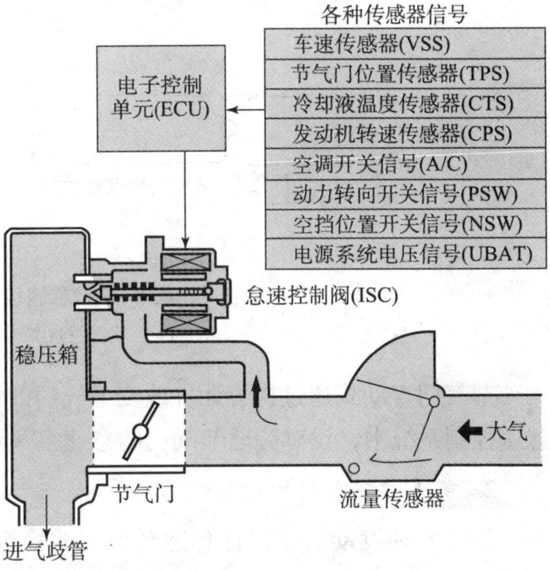

图 4 –1　怠速控制系统的组成

表 4 –1　怠速控制系统各组成元件的功能

组件		功能
传感器	发动机转速传感器	检测发动机的转速
	节气门位置传感器	检测发动机是否处于怠速运行状态
	车速传感器	检测汽车行驶速度
	冷却液温度传感器	检测发动机的冷却液温度
	起动开关信号	检测发动机的起动工况
	空调开关（A/C）信号	检测空调的工作状态
	空挡起动开关（P/N）信号	检测换挡手柄位置
	动力转向开关信号	检测动力转向装置的工作状态
	发动机负荷信号	检测发动机负荷的变化
	液力变矩器负荷信号	检测液力变矩器负荷的变化
执行元件	怠速控制阀	控制怠速进气量
电子控制单元（ECU）		根据各传感器的输入信号，把发动机的实际转速与各传感器信号所确定的目标转速进行比较。根据比较结果，确定相当于目标转速的控制量，驱动执行机构，使怠速保持在目标转速范围内

二、怠速控制系统的类型及控制内容

1. 怠速控制系统的类型

怠速控制的实质就是对怠速工况下的进气量进行控制。在发动机集中控制系统中，控制怠速进气量的方法可分为两种基本类型：节气门直动式和旁通空气道式。如图 4－2 所示。

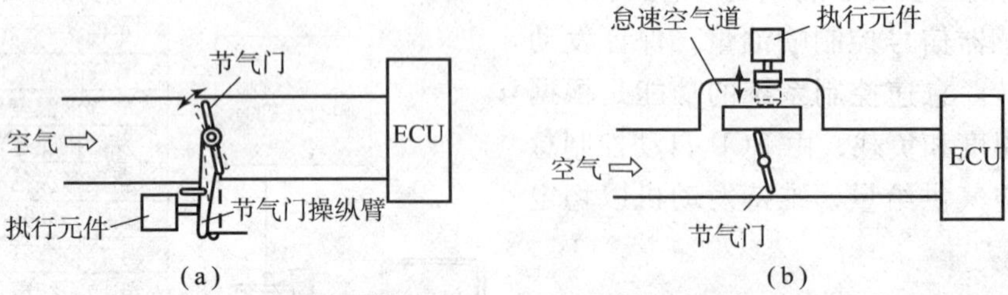

图 4－2　怠速控制系统的控制类型

(a) 节气门直动式；(b) 旁通空气道式

节气门直动式通过执行元件改变节气门的最小开度来控制怠速进气量，而在旁通空气道式怠速控制系统中，设有旁通节气门的怠速空气道，由执行元件控制流经怠速空气道的空气量。

2. 怠速控制系统的控制内容

为了实现发动机在目标怠速转速下的稳定运转，怠速控制系统主要完成起动初始位置的设定、起动控制、暖机控制、怠速稳定控制、怠速预测控制、电器负载增多时的怠速控制、学习控制等内容。

1）起动初始位置的设定

为了改善发动机的起动性能，关闭点火开关使发动机熄火后，ECU 继续给怠速控制执行机构供电 2～3 s，使怠速控制阀回到起动初始（全开）位置。待步进电动机回到起动初始位置后，主继电器线圈断电，蓄电池停止给 ECU 和步进电动机供电，怠速控制阀保持全开不变，为下次起动做好准备。

2）起动控制

发动机起动时，由于怠速控制阀预先设定在全开位置，在起动期间经怠速空气道可供给最大的空气量，有利于发动机起动。但怠速控制阀如果始终保持在全开位置，发动机起动后的怠速转速就会过高，所以在起动期间，ECU 根据冷却水温度的高低控制步进电动机，调节控制阀的开度，使之达到起动后暖机控制的最佳位置，此位置随冷却水温的升高而减小，控制特性（步进电动机的步数与水温的关系曲线）存储在 ECU 内。

3）暖机控制

暖机控制又称快怠速控制，在暖机过程中，ECU 根据冷却水温度信号按内存的控制特性控制怠速控制阀开度，随着温度上升，怠速控制阀开度逐渐减小。当冷却水温度达到设定温度（一般为 70 ℃）时，暖机控制过程结束。

4）怠速稳定控制

怠速稳定控制又称反馈控制，在怠速运转时，ECU 将接收到的转速信号与确定的目标转速进行比较，其差值超过一定值（一般为 20 r/min）时，ECU 将通过步进电动机控制怠速控制阀，调节怠速空气供给量，使发动机的实际转速与目标转速相同。

5）怠速预测控制

发动机在怠速运转时，如变速器挡位、动力转向、空调工作状态的变化都将使发动机的转速发生可以预见的变化。为了避免发动机怠速转速波动或熄火，在发动机负荷出现变化时，不待发动机转速变化，ECU 就会根据各负载设备开关信号（A/C 开关等），通过步进电动机提前调节怠速控制阀的开度。

6）电器负载增多时的怠速控制

在怠速运转时，如使用的电器负载增大到一定程度，蓄电池电压就会降低。为了保证电控系统正常的供电电压，ECU 根据蓄电池电压调节怠速控制阀的开度，提高发动机的怠速转速，以提高发电动机的输出功率。

7）学习控制

在发动机使用过程中，由于磨损等原因会导致怠速控制阀的性能发生改变，怠速控制阀的位置相同时，实际的怠速转速会与设定的目标转速略有不同。在此情况下，ECU 在利用反馈控制使怠速转速回归到目标值的同时，还可将步进电动机转过的步数存储在 ROM 中，以便在此后的怠速控制过程中使用。

三、怠速控制执行机构的结构与工作原理

1. 节气门直动式怠速控制执行机构的结构与工作原理

1）节气门直动式怠速控制执行机构的结构

节气门直动式怠速控制执行机构，是通过节气门体怠速稳定控制器控制节气门的开启来实现怠速稳定控制的。怠速稳定控制器由一个直流电动机通过齿轮传动，控制节气门的开启。图 4－3 所示为节气门直动式怠速控制执行机构，节气门体主要由节气门和怠速稳定控制器组成，该怠速稳定控制器主要由怠速电动机、齿轮减速机构、应急弹簧、节气门电位计、怠速节气门电位计和怠速开关等构成。怠速电动机可正反两方向旋转，通过减速机构直接驱动节气门转动，使节气门开度增大或减小。节气门电位计相当于电喷发动机的节气门位置传感器，怠速节气门电位计相当于一个高灵敏度的仅用于检测节气门怠速开度的节气门位置传感器，怠速开关则用来判定节气门是否进入怠速状态。

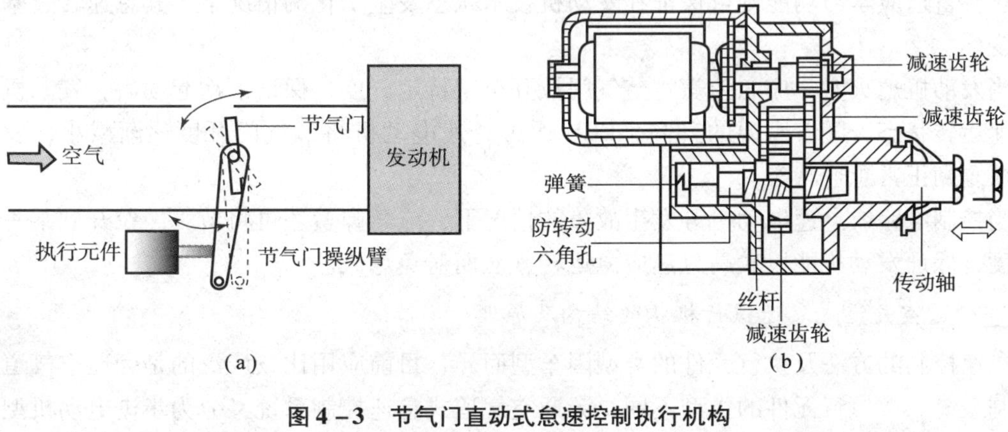

图 4－3　节气门直动式怠速控制执行机构

（a）原理图；（b）结构图

节气门直动式怠速控制执行机构具有较强的工作能力，但采用齿轮减速机构后，会导致执行速度变慢，动态响应性差。同时，整个执行器的外形尺寸也较大，安装时受到一些限制，其主要应用在大众、奥迪等欧洲车系中。

2）节气门直动式怠速控制执行机构的工作原理

节气门直动式怠速控制执行机构的控制电路如图4－4所示，节气门体上的怠速稳定控制器通过一个8端子连接器与ECU相连。ECU的62端子向节气门电位计和怠速节气门电位计提供5V工作电压，67端子则通过ECU内部搭铁，75端子和74端子分别接收来自节气门电位计和怠速节气门电位计的信号，69端子与怠速开关相连，用来判定节气门是否进入怠速状态。当怠速开关闭合，69端子电位为0的情况下，ECU通过66端子和59端子向怠速电动机输出正向或反向的工作电流，使怠速电动机驱动节气门开大或关小，达到稳定和调节怠速的目的。当需要锁定怠速电动机从而锁定节气门开度时，ECU通过内部将66端子与59端子短接，即将怠速电动机的两个输入端子短接，利用电动机电枢感应电流所产生的磁场，形成电动机的转动阻力，从而产生制动效果。

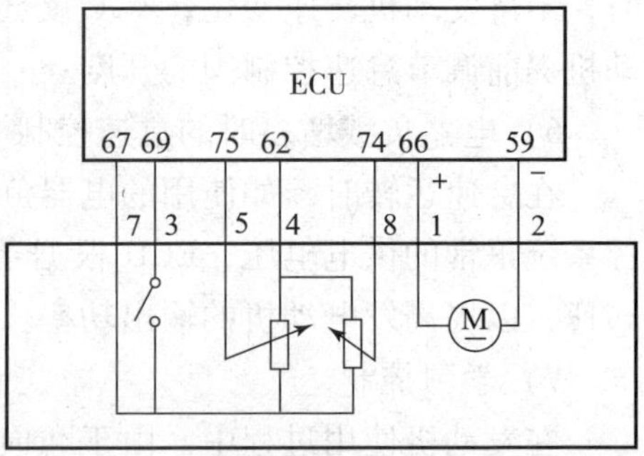

图4－4　节气门直动式怠速控制执行结构的控制电路

当ECU根据转速、水温、空调开关等信号判定需要调节节气门开度来稳定或控制发动机的怠速转速时，就会向怠速电动机提供正向或反向工作电流，使怠速电动机正向或反向运转并通过齿轮减速机构驱动节气门开度增大或减小，怠速节气门电位计则将节气门怠速开度的变化情况随时反馈给ECU。当发动机转速或节气门开度达到理想值时，ECU又会将怠速电动机锁定，从而使节气门开度锁定。当节气门由大开到突然关闭时，怠速电动机还可以减缓节气门的关闭速度，起到节气门缓冲器的作用。

此外，ECU具有自适应学习功能。在稳定的怠速工况下，电脑可将对应的怠速节气门开度位置存储记忆，以便下次起动后在稳定怠速控制过程中参考。当发动机技术状况发生变化（如磨损、积炭等情况）时，要维持同样的怠速转速所需要的节气门开度可能会发生变化，这种自适应学习功能则可保证在发动机技术状态发生变化的情况下，其怠速转速基本维持不变。

当发动机熄火时，应急弹簧将节气门拉开至某特定开度，保证下次起动后，发动机处于高怠速运转状态，随着水温的升高，ECU通过怠速电动机将节气门开度逐渐减小，发动机逐渐恢复到正常怠速状态。

当控制电路或怠速电动机等发生故障的情况下，应急弹簧还可将节气门拉开到某一预定的开度，保证发动机能以较高怠速应急运转，从而避免熄火。

2. 旁通空气道式怠速执行机构的结构及原理

怠速控制的方法及执行元件的类型因车型而异，目前应用比较广泛的是旁通空气道式怠速控制系统。按执行元件的类型不同，旁通空气道式怠速控制系统又分为步进电动机型、旋转电磁阀型、占空比控制电磁阀型等。

1）步进电动机型怠速控制执行机构的结构与工作原理

步进电动机型怠速控制阀的结构如图 4－5 所示。步进电动机由转子和定子构成，丝杠机构将步进电动机的旋转运动转变为阀杆的直线运动，控制阀与阀杆制成一体。步进电动机型怠速控制阀安装在节气门体上，控制阀伸入到设在怠速空气道内的阀座处，发动机怠速运转时，ECU 根据各传感器的信号，控制步进电动机的正反转和转动量，以调节控制阀与阀座之间的间隙，从而改变怠速空气道的流通截面，控制发动机怠速工况下的空气供给量。

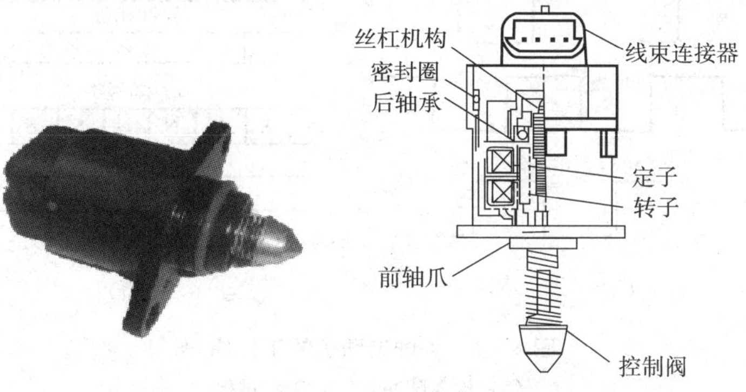

（a）　　　　（b）

图 4－5　步进电动机型怠速控制执行机构的结构

（a）实物图；（b）结构图

步进电动机的结构如图 4－6 所示，主要由用永久磁铁制成的有 16 个（8 对）磁极的转子和两个定子（定子 A 和定子 B）组成。每个定子都由两个带 16 个爪极的铁芯交错装配在一起，每对爪极（N 极与 S 极）之间的间距为一个爪极的宽度，A、B 两定子相差一个爪极的位差，两个定子上分别绕有 1、3 相和 2、4 相两组线圈，每个定子上两线圈的绕制方向相反。ECU 控制步进电动机工作时，给线圈输送的是脉冲电压，4 个线圈的通电顺序（相位）不同，步进电动机的转动方向就不同，当按一定顺序输入一定数量的脉冲时，步进电动机就向某一方向转过一定的角度，步进电动机的转动量取决于输入脉冲的数量。因此，ECU 通过对定子线圈通电顺序和输入脉冲数量的控制，即可改变步进电动机式怠速控制阀的位置（即开度），从而控制怠速空气量。由于步进电动机每输入一定量的脉冲只转过一定的角度，其转动是不连续的，因此称其为步进电动机。

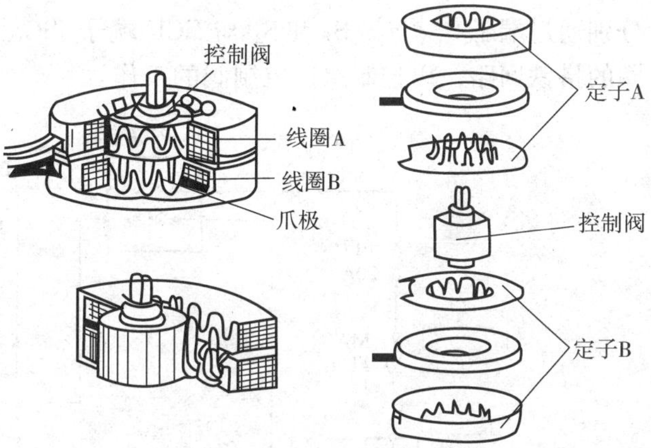

图 4－6　步进电动机的结构

步进电动机的工作原理如图 4－7 所示。当 ECU 控制使步进电动机的线圈按 1－2－3－4 顺序依次搭铁时，定子磁场顺时针转动，由于与转子磁场间的相互作用（同性相斥，异性相吸），转子随定子磁场同步转动。同理，步进电动机的线圈按相反的顺序通电时，转子则随定子磁场同步反转。转子每转一步与定子错开一个爪极的位置，由于定子有 32 个爪极

（上、下两个铁芯各 16 个），因此步进电动机每转一步为 1/32 圈（约 11°转角），步进电动机的工作范围为 0 ~ 125 个步进级。

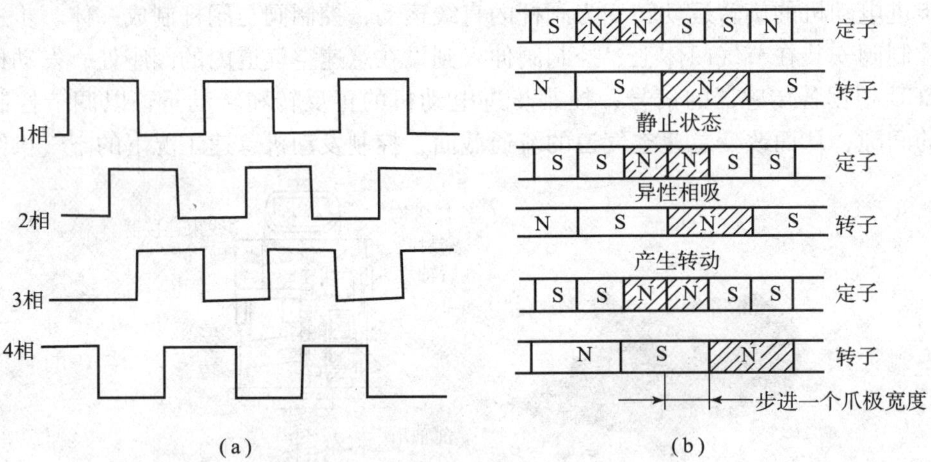

图 4 - 7 步进电动机的工作原理

(a) 输入脉冲；(b) 工程过程

图 4 - 8 所示为丰田皇冠 3.0 轿车步进电动机型怠速控制执行机构电路。主继电器触点闭合后，蓄电池电源经主继电器到达怠速控制阀的 B_1 和 B_2 端子、ECU 的 + B 和 + B_1 端子，B_1 端子向步进电动机的 1、3 相两个线圈供电，B_2 端子向 2、4 相两个线圈供电。4 个线圈分别通过端子 S_1、S_2、S_3 和 S_4 与 ECU 端子 ISC_1、ISC_2、ISC_3 和 ISC_4 相连，ECU 控制各线圈的搭铁回路，以控制怠速控制阀的工作。

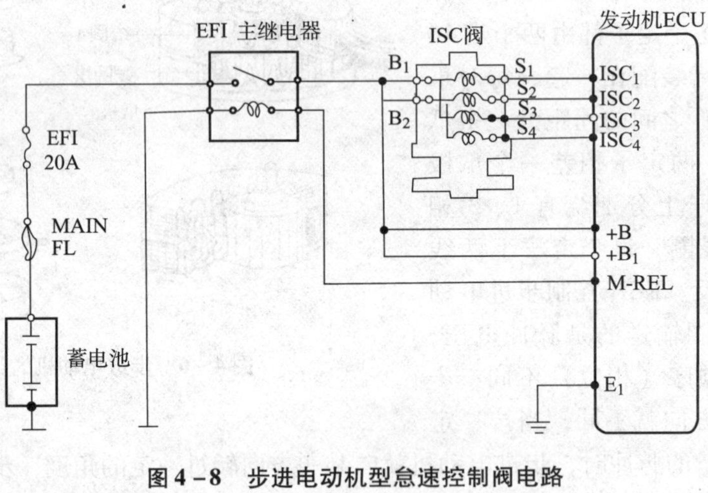

图 4 - 8 步进电动机型怠速控制阀电路

2）旋转电磁阀型怠速控制执行机构的结构与工作原理

旋转电磁阀型怠速控制阀的结构如图 4 - 9 所示。控制阀安装在阀轴的中部，阀轴的一端装有圆柱形永久磁铁，永久磁铁对应的圆周位置上装有位置相对的两个线圈。由 ECU 控制两个线圈的通电或断电，改变两个线圈产生的磁场强度，两线圈产生的磁场与永久磁铁形成的磁场相互作用，即可改变控制阀的位置，从而调节怠速空气口的开度，以实现怠速空气量的控制。

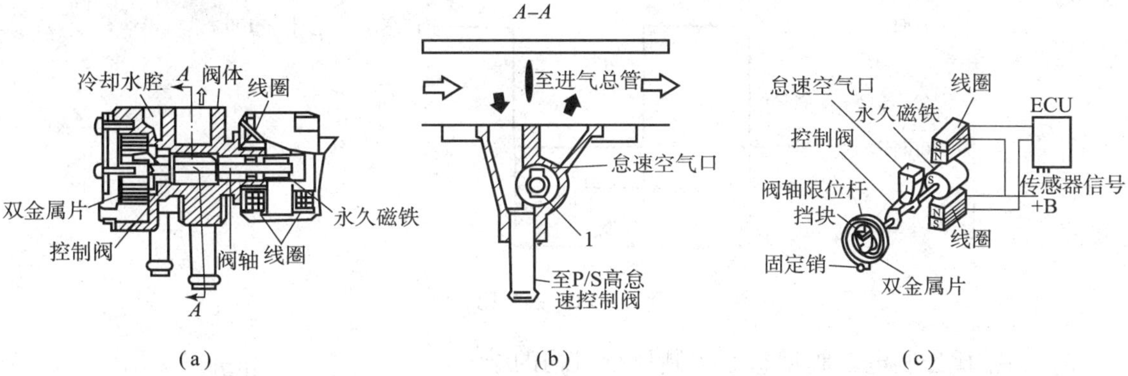

图 4－9　旋转电磁阀型怠速控制阀的结构

（a）结构图；（b）位置图；（c）原理图

双金属片制成卷簧形，外端用固定销固定在阀体上，内端与阀轴端部的挡块相连接。阀轴上的限位杆穿过挡块的凹槽，使阀轴只能在挡块凹槽限定的范围内摆动。流过阀体水腔的冷却水温度变化时，双金属片变形，带动挡块转动，从而改变阀轴转动的两个极限位置，以控制怠速控制阀的最大开度和最小开度。此装置主要起保护作用，可防止怠速控制系统电路出现故障时，发动机转速过高或过低，只要怠速控制系统工作正常，阀轴上的限位杆不与挡块的凹槽两侧接触。

图 4－10 所示为旋转电磁阀型怠速控制执行机构的控制电路，ECU 通过控制旋转电磁阀型怠速控制执行机构两个线圈的平均通电时间（占空比）来实现对怠速控制阀开度的控制。占空比是指脉冲信号的通电时间与通电周期之比，如图 4－11 所示，通电周期一般是固定的，所以占空比增大，即是延长通电时间。当占空比为 50% 时，两线圈的平均通电时间相等，两者产生的磁场强度相同，电磁力相互抵消，阀轴不发生偏转。当占空比大于 50%，两个线圈的平均通电时间一个增加，而另一个减小，两者产生的磁场强度也不同，所以使阀轴偏转一定角度，控制阀开启怠速空气口。占空比越大，两个线圈产生的磁场强度相差越多，控制阀开度越大。因此，ECU 通过控制脉冲信号的占空比即可改变控制阀开度，从而控制怠速时的空气量。控制阀从全闭位置到全开位置之间，旋转角度限定在 90°以内，ECU 控制的占空比调整范围为 18% ~82% 。

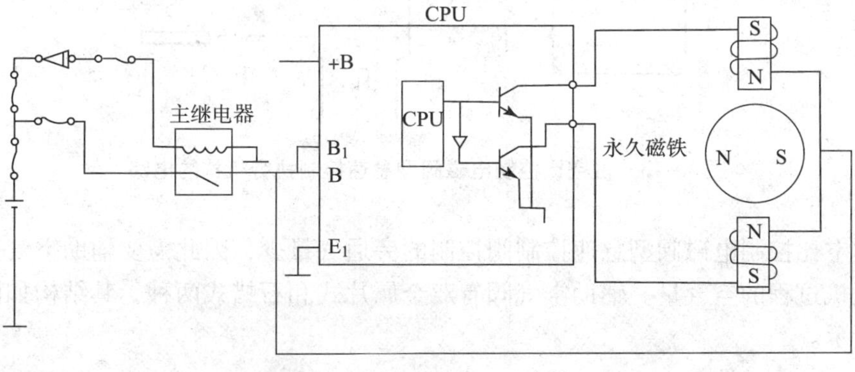

图 4－10　旋转电磁阀型怠速控制执行机构的控制电路

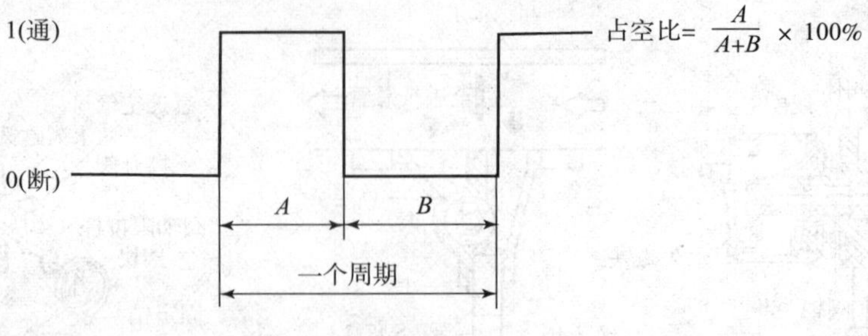

图 4－11　占空比

3）占空比控制电磁阀型怠速控制执行机构的结构与工作原理

占空比控制电磁阀型怠速控制执行机构的结构如图 4－12 所示，主要由控制阀、阀杆、线圈和弹簧等组成。控制阀与阀杆制成一体，当线圈通电时，线圈产生的电磁力将阀杆吸起，使控制阀打开。

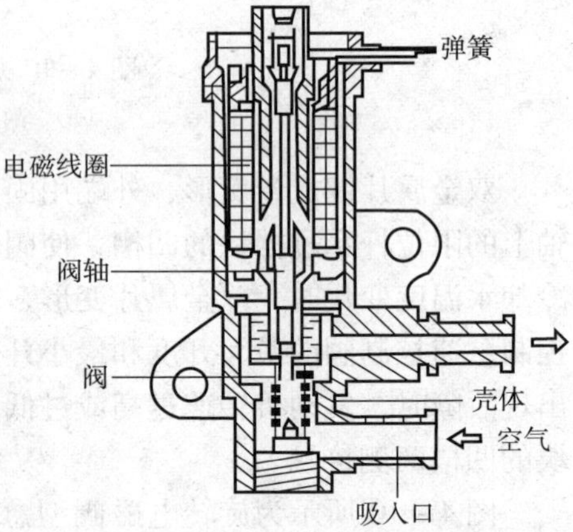

图 4－12　占空比控制电磁阀型怠速控制执行机构的结构

图 4－13 为占空比控制电磁阀型怠速控制执行机构的电路，怠速控制阀的开度取决于线圈产生的电磁力大小，与旋转阀型怠速控制阀相同，ECU 通过控制输入线圈脉冲信号的占空比来控制磁场强度，以调节控制阀的开度，从而实现怠速空气量的控制。

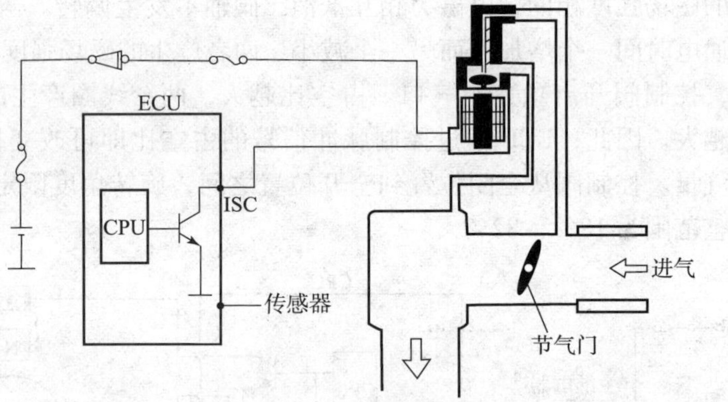

图 4－13　占空比控制电磁阀型怠速控制执行机构的电路

由于占空比控制电磁阀型怠速控制阀控制的旁通气量少，因此需要辅助空气阀控制发动机快怠速暖机过程的空气量。辅助空气阀有双金属片式和石蜡式两种，其结构如图 4－14 和图 4－15 所示。

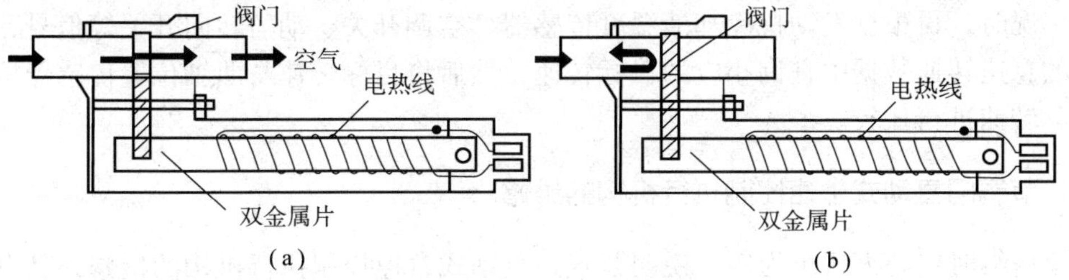

图 4－14　双金属片式辅助空气阀的结构

(a) 阀门打开；(b) 阀门关闭

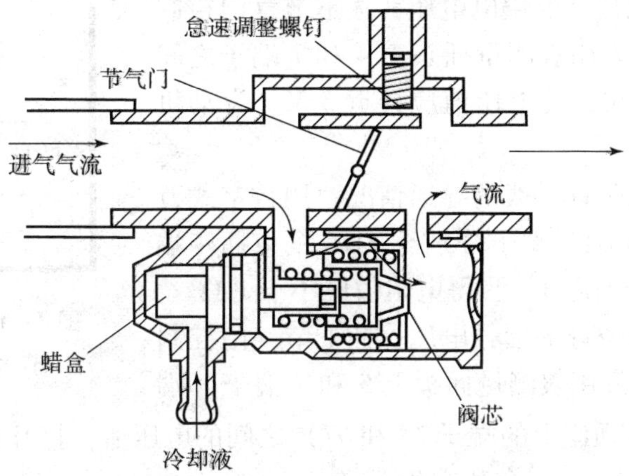

图 4－15　石蜡式辅助空气阀的结构

任务实施

当发动机负荷增大，需要发动机快怠速运转，目标转速高于实际转速时，ECU 将控制怠速控制阀（增大比例电磁阀式怠速控制阀的占空比，或增加步进电动机步进的步数）增大旁通进气量来实现快怠速；反之，当发动机负荷减小，目标转速低于实际转速时，ECU 将控制怠速控制阀减小旁通进气量来调节怠速转速，如图 4－16 所示。

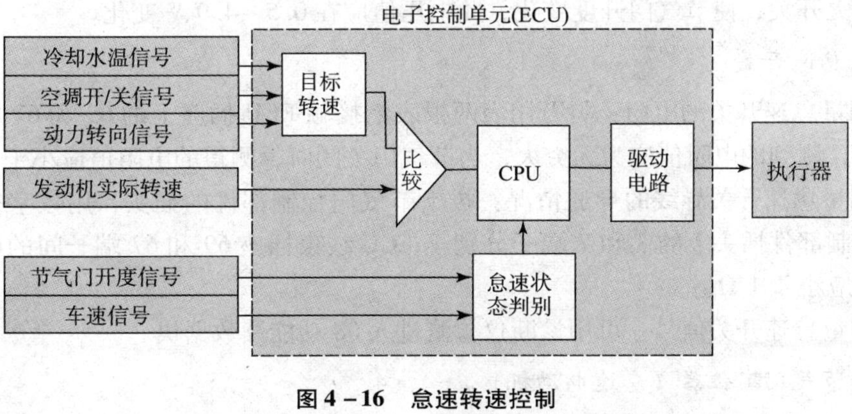

图 4－16　怠速转速控制

ECU 首先根据怠速触点 IDL 信号和车速信号，判断发动机是否处于怠速状态。当判定为怠速工况时，再根据发动机冷却液温度传感器、空调开关、动力转向开关等信号，从存储器存储的怠速转速数据中查询相应的目标转速，然后将目标转速与曲轴位置传感器检测的发动机实际转速进行比较。

一、节气门直动式怠速控制执行机构的维修

以桑塔纳时代超人轿车为例，说明节气门直动式怠速控制执行机构的检修，其电路如图4-17所示。

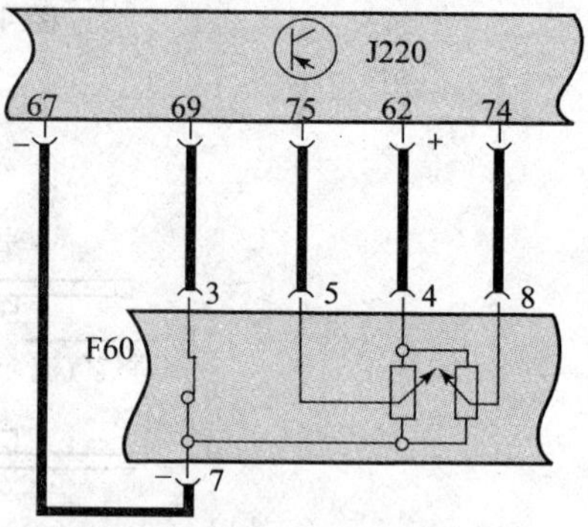

图4-17　桑塔纳时代超人节气门控制机构电路

1. 检测节气门位置传感器

（1）测量节气门电位计的供电电压：拔下节气门控制部件的插头，用数字式万用表测量插头上4和7端子之间的电压值，打开点火开关，此电压值应接近5 V（发动机ECU提供）。

（2）测量节气门电位计导线的导通情况：用数字式万用表测量插头上的4、5和7端子分别至ECU线束插座端子62、75和67之间的电阻值，测得电阻值应小于1 Ω。

（3）测量节气门电位计的信号电压：插上节气门控制部件的插头，用数字式万用表测量插头上5和7端子（端子5和7分别对应ECU插座上的端子75和67）之间的电压值，打开点火开关，使节气门开度变化，此电压值应在0.5～4.9 V变化。

2. 检测节气门定位电位计

（1）测量节气门定位电位计的供电电压：拔下节气门控制部件的插头，用数字式万用表测量插头上4和7端子之间的电压值，打开点火开关，此电压值应接近5 V。

（2）测量节气门定位电位计导线的导通情况：用数字式万用表测量插头上的4、8和7端子分别至ECU线束插座端子62、74和67之间的电阻值，测得的电阻值应小于1 Ω。

（3）测量节气门定位电位计的信号电压：插上节气门控制部件的插头，用数字式万用表测量插头上8和7端子（端子8和7分别对应ECU插座上的端子74和67）之间的电压值，打开点火开关，使节气门开度变化，此电压值应在0.5～4.9 V变化。

3. 检查怠速开关

（1）测量怠速开关的电阻：将万用表两根表笔接触ECU插座上的69和67端子，当打开节气门时，测到的电阻值应为无穷大，当节气门关闭时，测得的电阻值应小于1 Ω。

（2）测量怠速开关导线的导通情况：拔下节气门控制部件的插头，用数字式万用表测量节气门控制部件插头上的3和7端子分别至ECU线束插座69和67端子间的电阻值，测得的电阻值应小于1 Ω。

（3）测量怠速开关信号：可用诊断仪检测进入08功能读数据块。

4. 检查节气门定位器（怠速电动机）

（1）测量节气门定位器的供电电压：打开点火开关，用数字式万用表测量ECU上的66和59端子的电压值，66端子的电压值应为蓄电池电压值（12 V左右），59端子的电压值应

为10 V左右。

（2）测量节气门定位器导线的导通情况：数字式万用表测量ECU线束插座至节气门定位器电线插头间的电阻值，电阻值应小于1 Ω。

二、旁通空气道式怠速控制执行机构的检修

1. 步进电动机型怠速控制执行机构的维修

1）检修步进电动机型怠速控制执行机构的注意事项

（1）不要用手推或拉控制阀，以免损坏丝杠机构的螺纹。

（2）不要将控制阀浸泡在任何清洗液中，以免步进电动机损坏。

（3）安装时，检查密封圈不应有任何损伤，并在密封圈上涂少量润滑油。

2）在检修步进电动机型怠速控制阀时，一般需进行以下检查：

（1）拆开怠速控制阀线束连接器，将点火开关转至“ON”但不起动发动机，在线束侧分别测量B_1和B_2端子与搭铁之间的电压，均应为蓄电池电压（9～14 V），否则说明怠速控制阀电源电路有故障。

（2）发动机起动后再熄火时，2～3 s内在怠速控制阀附近应能听到内部发出的“嗡嗡”响声，否则应进一步检查怠速控制阀、控制电路及ECU。

（3）拆开怠速控制阀线束连接器，在控制阀侧分别测量端子B_1与S_1和S_3、B_2与S_2和S_4之间的电阻，阻值均应为10～30 Ω，否则应更换怠速控制阀。

（4）如图4－18所示，拆下怠速控制阀后，将蓄电池正极接至B_1和B_2端子，负极按顺序依次接通S_1—S_2—S_3—S_4端子时，随步进电动机的旋转，控制阀应向外伸出；蓄电池负极按相反顺序依次接通S_4—S_3—S_2—S_1时，则控制阀应向内缩回。若工作情况不符合上述要求，应更换怠速控制阀。

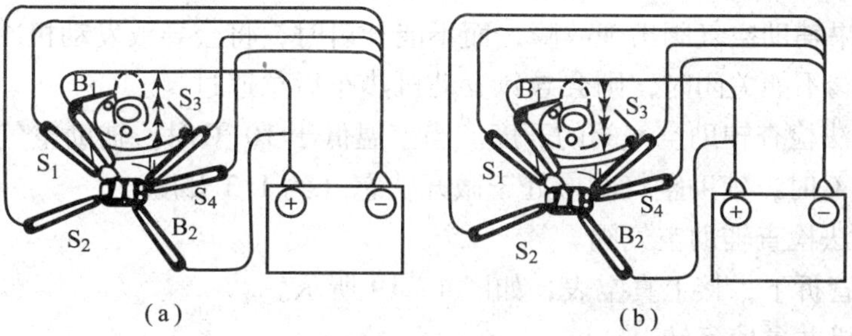

图4－18 检查步进电动机型怠速控制执行机构

（a）阀伸出；（b）阀缩回

2. 旋转电磁阀型怠速控制执行机构的维修

旋转电磁阀型怠速控制阀电路，如图4－10所示。在维修时，可按如下方法和步骤进行检查：

（1）拆开怠速控制阀线束连接器，将点火开关转至“ON”但不起动发动机，在线束侧测量电源端子（＋B）与搭铁端子之间的电压，应为蓄电池电压（9～14 V），否则说明怠速控制阀电源电路有故障。

（2）当发动机达到正常工作温度、变速器处于空挡位置时，使发动机维持怠速运转，用

专用短接线短接故障诊断座上的 TE_1 与 E_1 端子，发动机转速应保持在 1 000 ~ 1 200 r/min，5 s 后转速下降约 200 r/min。若不符合上述要求，应进一步检查怠速控制阀电路、ECU 和怠速控制阀。

(3) 拆开怠速控制阀上的三端子线束连接器，在控制阀侧分别测量中间端子（+B）与两侧端子（ISC_1 和 ISC_2）之间的电阻，正常应为 18.8 ~ 22.8 Ω，否则应更换怠速控制阀。

3. 占空比控制电磁阀型怠速控制执行机构的维修

占空比控制电磁阀型怠速控制执行机构的控制电路，如图 4－13 所示。可按下述方法和步骤对占空比控制电磁阀型怠速控制执行机构进行维修。

(1) 起动发动机，使发动机怠速运转，拔下怠速控制执行机构的线束连接器，观察发动机转数是否发生变化。若发动机转数发生变化，则说明怠速控制执行机构工作性能良好，否则应检查怠速控制执行机构、控制线路和 ECU。

(2) 拆下怠速控制执行机构的线束连接器，将点火开关置于“ON”位置但不起动发动机，分别检测电源端子与搭铁间的电压，应为蓄电池电压，否则说明怠速控制执行机构电源电路有故障。

(3) 拆下怠速控制执行机构上的两端子线束连接器，在怠速控制阀侧测量两端子之间电阻，正常应为 10 ~ 15 Ω，否则应更换怠速控制阀。

(4) 拆下怠速控制执行机构，用导线将执行机构的两个端子分别与蓄电池的正极和负极相连时，应能听到电磁阀工作的“咔嗒”声，否则应更换怠速控制执行机构。

4. 辅助空气阀的维修

辅助空气阀常见故障有不能开启或不能关闭，检测方法和步骤如下：

发动机起动时，实际怠速转速可能比规定值高，在暖机过程中，空气阀将逐渐关闭，经空气阀附加的空气量则不断减少，直至发动机完全热车，辅助空气阀完全关闭，恢复正常怠速转速为止。如果辅助空气阀出现故障，而不能开启时，将会导致发动机冷车怠速过低；反之，若辅助空气阀不能关闭时，则会导致发动机热车后怠速过高。

(1) 用温度法检查辅助空气阀的开度。当室温低于 10 ℃时，辅助空气阀应处于半开状态；当室温为 20℃时，辅助空气阀应处于微开状态（约 1/3 开度）。

(2) 用真空法检查辅助空气阀。

①将真空软管拆下，接上真空表，如图 4－19 所示。

②起动发动机并怠速运转。

③观察真空表数值变化，正常应在 16 inHg（1 inHg＝3386.39 Pa）以上。若压力低于这个值，应检查软管是否有泄漏或堵塞。

④如果软管良好，应拆下空气阀与空气滤清器之间的软管。

⑤起动发动机时，应该有空气通过空气阀与空气滤清器之间的软管；当发动机稳定怠速运转时，则不应该有空气通过空气阀与空气滤清器之间的软管；否则应更换空气阀。

(3) 对于电加热的辅助空气阀，可在接线插座处测量辅助空气阀电热丝电阻，其值应为 30 ~ 50 Ω。将蓄电池正极接到辅助空气阀接线插座上，观察辅助空气阀能否在通电后逐渐关闭。

(4) 对于石蜡式辅助空气阀，可用热水法检测，将石蜡式辅助空气阀放入热水中，将水温加热到 80 ℃左右，观察空气阀，应完全关闭。

知识扩展

案例：发动机冷起动困难，起动后怠速不稳，热车后正常

1. 故障现象

一辆别克轿车，行驶了 4.5 万 km，发动机出现冷起动困难，起动后怠速运转不稳，但热车后怠速运转正常。

2. 故障原因

怠速控制阀有积炭。

3. 故障诊断与排除

发动机冷起动困难，起动后怠速运转不稳的主要原因有点火系统故障、怠速控制系统故障、冷却液温度传感器故障、进气系统故障等。根据该车故障现象及以往维修经验进行如下维修：

(1) 用故障诊断仪对发动机电控系统进行故障自诊断，检查是否储存故障代码，检查结果没有提示任何故障代码。

(2) 点火系统点火能量、火花塞及供油系统压力、喷油器等均未发现故障，可排除点火系统和供油系统故障。

(3) 检查怠速控制系统。该车采用的是步进电动机式怠速控制系统，在冷车起动时，冷却液温度低，发动机 ECU 指令喷油脉宽增大，同时指令怠速步进电动机怠速控制阀开度增加，使发动机高怠速运转，而热车后，怠速步进电动机怠速控制阀开度减小，使发动机保持低怠速运转。根据以上的怠速控制原理分析，拆下怠速控制阀进行检查，发现步进电动机怠速控制阀的锥形阀头部及阀座有油污、积炭等堵塞怠速进气道，影响发动机在怠速工况时的进气量。

用清洗剂将油污洗净吹干，装好步进电动机，起动发动机试车，怠速运转平稳，故障消除。

任务 2　进气控制系统的检修

任务目标

(1) 了解空气供给系统的组成及工作原理。

(2) 熟悉发动机进气控制系统的组成及部件位置与原理。

(3) 能够对发动机进气控制系统主要执行元件进行检测。

任务引入

本任务主要介绍电控发动机进气控制系统的结构及维修的相关知识。在熟悉电控发动机进气控制系统的功用、组成、结构等知识的基础上，掌握电控发动机进气控制系统的维修方法。

相关知识

发动机在不同的工况时所需要的进气量大小不同，当发动机转速低时，所需要的进气量少，当转速高时，发动机需要输出较大的转矩，所以需要提高发动机的进气量以提高发动机输出功率。

一、电控动力阀控制系统

电控动力阀控制系统的功能是控制发动机进气道的空气流通截面大小，以适应发动机不同转速和负荷时的进气量需求，从而改善发动机的动力性。

在进气量较少的低速、小负荷工况下，使进气道空气流通截面减小，可提高进气流速，增大进气流惯性以提高发动机的充气效率；此外，随进气流速提高也可增加气缸内的涡流强度，有利于低速小负荷工况下的燃烧和热效率的提高，从而改善发动机的低速性能。而在进气量较多的高速、大负荷工况下，适当增大进气道空气流通截面，不仅可以减小进气阻力，对由于进气流速过高而导致的燃烧室内气流扰动也可起到抑制作用，有助于改善发动机的高速性能。此系统在本田雅阁等部分轿车发动机上采用。

ECU 控制的动力阀控制系统如图 4－19 所示。控制进气道空气流通截面大小的动力阀安装在进气管上，动力阀的开闭由膜片真空气室控制，ECU 根据各传感器信号通过真空电磁阀（VSV）控制真空罐与真空气室的真空通道。发动机小负荷运转时，进气量较少，ECU 断开真空电磁阀搭铁回路，真空罐中的真空度不能进入膜片真空气室，动力阀处于关闭位置，进气通道变小。当发动机大负荷运转时，进气量较多，ECU 接通真空电磁阀搭铁回路，真空罐中的真空度经真空电磁阀进入膜片真空气室，动力阀开启，进气通道变大。动力阀控制系统的主要控制信号有发动机转速、温度、空气流量等信号。

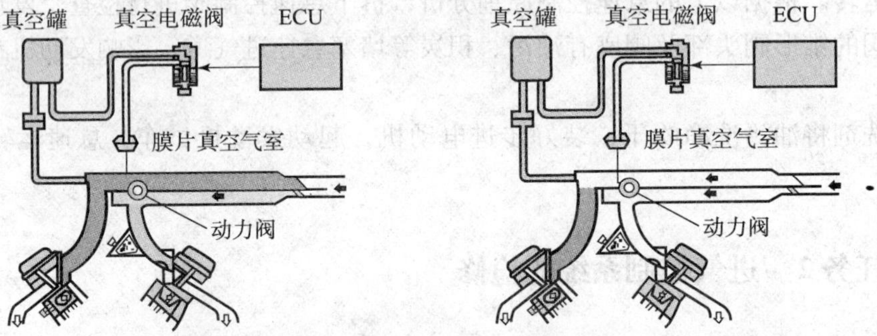

图 4－19　ECU 控制的动力阀控制系统

二、谐波进气增压控制系统

谐波进气增压控制系统是通过改变进气管长度来改变发动机高速和低速时进气量的一种控制系统。

1. 压力波的产生及利用

发动机工作中，进气管内的气体经进气门高速流入气缸，当进气门关闭时，由于气体流动惯性使进气门附近的气体受到压缩而压力增高；当气体惯性过后，进气门附近被压缩的气体因膨胀而流向进气相反的方向，压力下降；膨胀的气体流动到进气管口时又被反射回来，这样在进气管内即产生了压力波。在部分电控燃油喷射发动机上，即利用了进气管内的压力波与进气门的开启配合，当进气门开启时，使反射回来的压力波正好传到该气门附近，从而形成进气增压的效果，提高发动机的充气效率和功率。

发动机工作时，从进气门关闭到下一次开启的间隔时间取决于发动机的转速，而进气管内的压力波反射回到进气门处所需的时间，取决于压力波传播路线的长度。进气管较长时，压力波传播距离长，发动机低速性能较好；进气管较短时，压力波传播距离短，发动机高速性能较好。如果进气管的长度可以改变，则可兼顾发动机低速和高速时的性能要求，但发动机进气管的长度一般是不能改变的，其长度一般都是按最大扭矩对应的转速区域（低速区域）设计。

2. *谐波进气增压控制系统的组成及工作原理*

谐波进气增压控制系统工作原理如图 4－20 所示。在进气管中部增设了进气控制阀和大容量的进气室，当发动机转速较低时，同一气缸的进气门关闭与开启间隔的时间较长，此时进气控制阀关闭，使进气管内压力波的传递距离为进气门到空气滤清器的距离，这一距离较长，压力波反射回到进气门附近所需时间也较长；当发动机处于高速区域运转时，此时进气控制阀开启，由于大容量进气室的影响，使进气管内压力波传递距离缩短为进气门到进气室之间的距离，与同一气缸的进气门关闭与开启间隔的时间较短相适应，从而使发动机在高速时得到较好的进气增压效果。

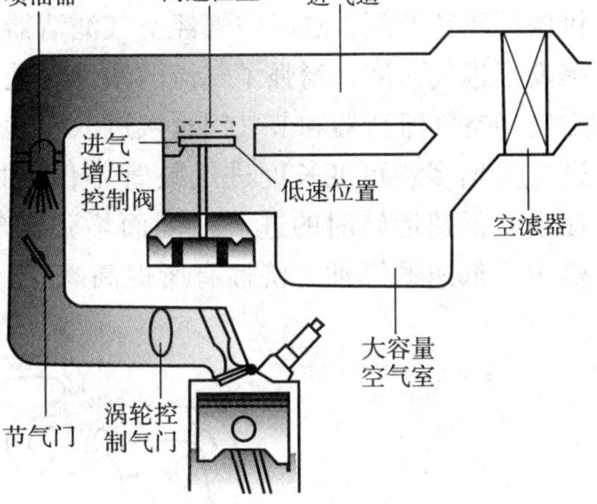

图 4－20　谐波进气增压控制系统工作原理

谐波进气增压控制系统控制原理如图 4－21 所示，ECU 根据发动机转速信号控制真空电磁阀的开闭，高速时真空电磁阀开启，真空罐内的真空进入真空驱动器的膜片气室，真空驱动器驱动进气增压控制阀开启。反之，低速时电磁真空开关阀关闭，真空罐内的真空不能进入真空驱动器的膜片气室，进气增压控制阀处于关闭状态。

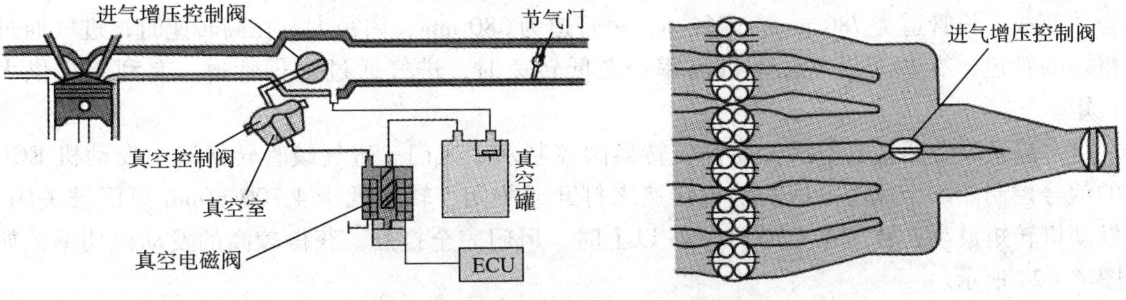

图 4－21　谐波进气增压控制系统控制原理

谐波进气增压控制系统控制电路如图 4－22 所示，主继电器触点闭合后，通过端子 3 给真空电磁阀供电，ECU 通过 ACIS 端子控制真空电磁阀的搭铁回路。

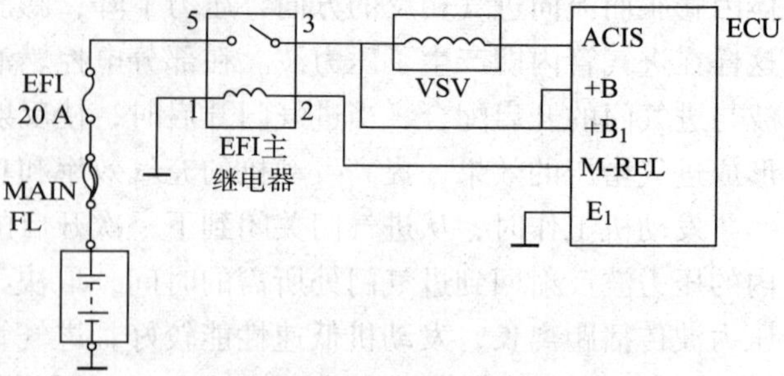

图 4－22　谐波进气增压控制系统控制电路

三、可变进气歧管控制系统

可变进气歧管能根据发动机转速和负荷的变化而自动改变进气歧管的有效长度，使发动机在高转速、大负荷时装备粗短的进气歧管，而在中、低转速和中、小负荷时配用细长的进气歧管。

可变进气歧管控制系统如图 4－23 所示。当发动机低速运转时，ECU 控制转换阀控制机构关闭转换阀，这时空气经空气滤清器和节气门沿着进气歧管流进气缸。细长的进气歧管提高了进气速度，增强了气流的惯性，使进气量增多。当发动机高速运转时，转换阀开启，空气经空气滤清器和节气门直接进入粗短的进气歧管。粗短的进气歧管进气阻力小，也使进气量增多。可变长度进气歧管不仅可以提高发动机的动力性，还由于它提高了发动机在中、低速运转时的进气速度而增强了气缸内的气流强度，从而改善燃烧过程，使发动机中、低速的燃油经济性有所提高。

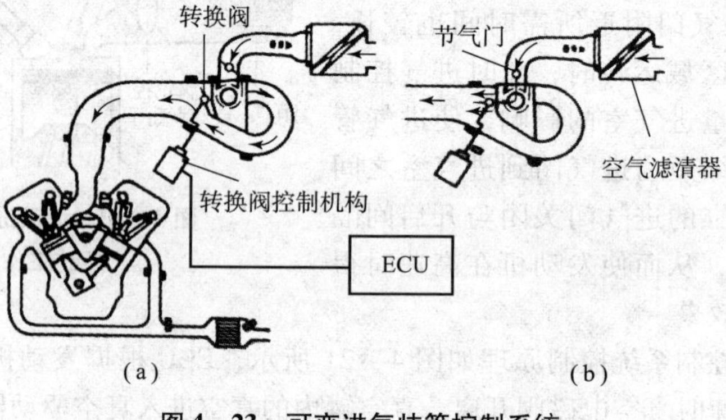

图 4－23　可变进气歧管控制系统

（a）低转速时；（b）高转速时

如奥迪 A6 轿车发动机采用多路径进气歧管，它由两节不同长度和不同直径的进气管道合并而成。长管道为 780 mm，内径小；短管道为 380 mm，内径大。在高转速时，进气通过粗短的管道，有利于提高发动机功率；在低转速时，进气通过细长管道，有利于提供大转矩。

多路径歧管通过真空执行元件、转换阀控制六个风门。进气歧管转换阀由发动机 ECU 的信号控制。六个风门根据发动机转速来打开或关闭，转速低于 4 700 r/min 风门被关闭，发动机转矩最小；转速在 4 700 r/min 以上时，风门完全打开，获得较高的发动机功率，如图 4－24 所示。

另一种可变进气歧管控制系统如图 4－25 所示。其每个歧管都有两个进气通道，一长一短。根据发动机转速的高低，由旋转阀控制空气经哪一个通道流进气缸。当发动机在中、低速运转时，旋转阀可将短进气通道封闭，空气沿长进气通道经进气道、进气门进入气缸。当发动

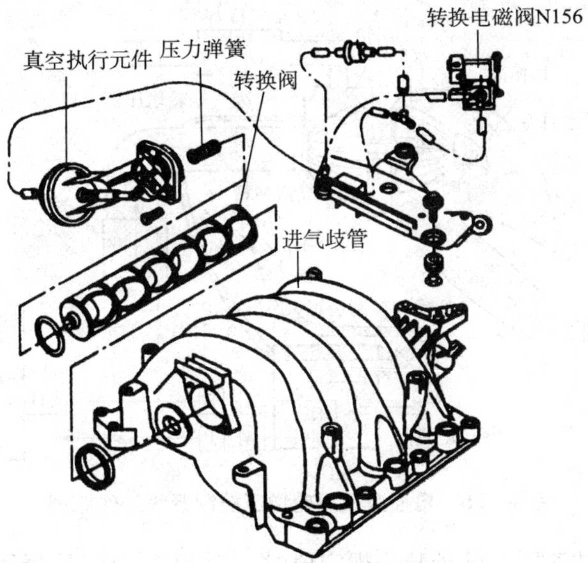

图 4－24　奥迪 A6 轿车可变进气歧管控制系统

机高速工作时，旋转阀可使长进气通道短路，将长进气通道也变为短进气通道。这时空气同时经两个短进气通道进入气缸。可变进气歧管在所有转速下都可以使发动机转矩平均提高 8%。

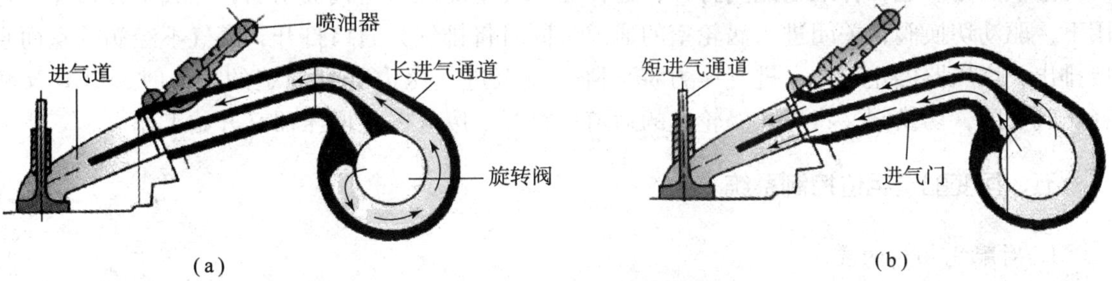

图 4－25　双通道可变进气歧管控制系统

(a) 中、低转速；(b) 高转速

四、电控废气涡轮增压控制系统

采用增压技术提高进气压力，是提高发动机动力性和经济性的重要措施之一，尤其对在高原地区使用的车辆，更有意义。但汽油发动机的进气压力过高，容易产生爆燃。在采用增压技术的发动机上，增压控制系统的功能是：根据发动机进气压力的大小，控制增压装置的工作，以达到控制进气压力、提高发动机动力性和经济性的目的。

目前多采用废气涡轮增压，其工作原理如图 4－26 所示。电控废气涡轮增压系统是在传统增压器上增加电子控制装置，主要由电子控制器（ECU）、进气压力传感器、控制阀和涡轮增压系统组成。其中 ECU 和传感器属于发动机电控系统共用。

在涡轮增压器出口驱动气室之间的管路上，装有受 ECU 控制的释压电磁阀，释压电磁阀控制进入驱动室的气体压力，而驱动气室又控制切换阀的动作，从而控制排放废气的流经路线。

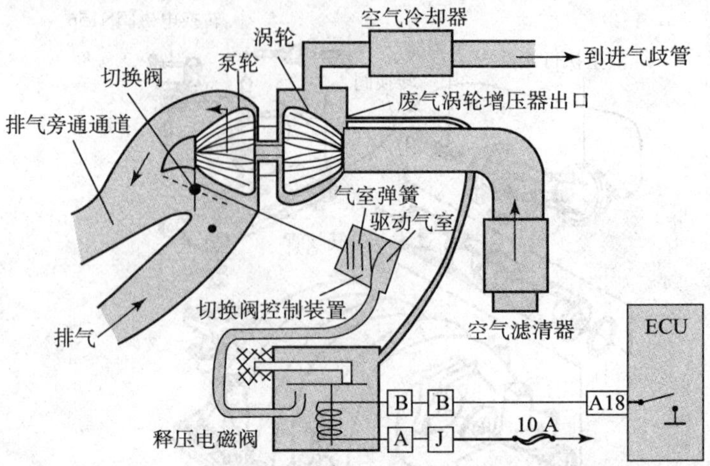

图 4-26　电控废气涡轮增压控制系统工作原理

当 ECU 检测到的进气压力低于某一规定值时，受 ECU 控制的释压电磁阀的搭铁回路断开，释压电磁阀关闭。此时由涡轮增压器出口引入的压力空气，经释压阀进入驱动气室，克服气室弹簧的压力推动切换阀将废气进入涡轮室的通道打开，同时将排气旁通口关闭，此时废气流经涡轮室使增压器工作。当 ECU 检测到的进气压力高于某一压力时，ECU 将释压电磁阀搭铁回路接通，释压电磁阀打开，通往驱动气室的压力空气被切断，在气室弹簧弹力作用下，驱动切换阀，关闭进入涡轮室的通道，同时将排气旁通口打开，废气不经涡轮室而直接排出，增压器停止工作，进气压力将下降，直至进气压力降到规定的压力时，ECU 又将释压阀关闭，切换阀又将进入涡轮室的通道口打开，废气涡轮增压器又开始工作。

五、可变配气相位控制系统

1. 对配气相位的要求

配气相位是指用曲轴转角来表示的进、排气门开闭时刻和开启持续时间，主要包括进气门提前开启角、进气门迟后关闭角、排气门提前开启角、排气门迟后关闭角等。在发动机工作时，配气相位直接影响进排气过程进行的好坏，对发动机动力性、经济性有很大影响。即使同一台发动机，转速变化时，由于进气和排气时的气流惯性不同，为使发动机工作时进气更充分、排气更干净，也应随转速的提高适当增大进、排气门的提前开启角和迟后关闭角。

目前，汽车发动机一般都是根据性能的要求，通过试验来确定某一常用转速下较合适的配气相位，在装配时，对正配气正时标记，即可保证已确定的配气相位，且在发动机使用中，已确定的配气相位是不能改变的。自然发动机性能只有在某一常用转速下最好，而在其他转速下工作时，发动机的性能相对较差。为解决上述问题，在有些汽车发动机上采用了可变配气相位控制系统。

可变配气相位控制系统可以改变发动机特定工况下的进气量，以提高发动机的动力性。

2. 本田公司 VTEC

本田公司生产的汽车发动机上，配备了更先进的 VTEC（Variable Valve Life Timing & Valve Electronic Control）可变配气正时相位和气门升程电子控制系统。

1）VTEC 机构的组成

VTEC 机构的组成如图 4－27 所示。同一缸的两个进气门有主、次之分，即主进气门和次进气门。每个进气门通过单独的摇臂驱动，驱动主进气门的摇臂称为主摇臂，驱动次进气门的摇臂称为次摇臂，在主、次摇臂之间装有一个中间摇臂，中间摇臂不与任何气门直接接触，三个摇臂并列在一起组成进气摇臂总成。凸轮轴上相应有三个不同升程的凸轮分别驱动主摇臂、中间摇臂和次摇臂，凸轮轴上的凸轮也相应分为主凸轮、中间凸轮和次凸轮；在凸轮形状设计上，中间凸轮的升程最大，次凸轮的升程最小，主凸轮的形状适合发动机低速时单气门工作的配气相位要求，中间凸轮的形状适合发动机高速时双进气门工作的配气相位要求。

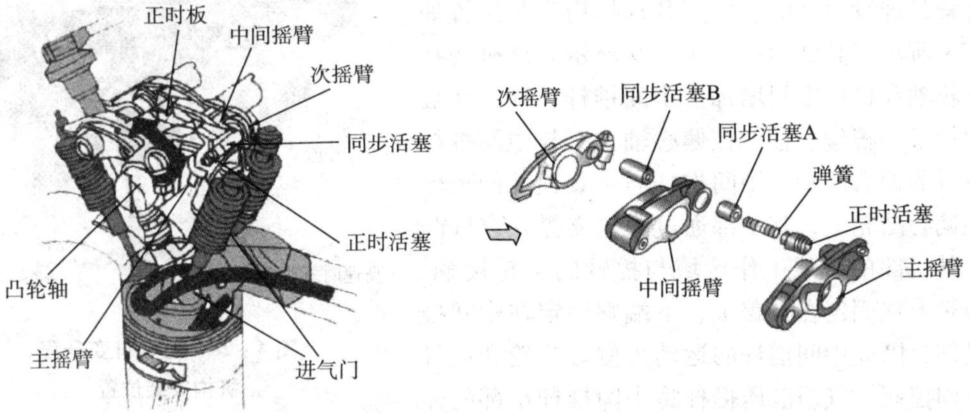

图 4－27　VTEC 机构的组成

正时板的功用是：正时活塞处于初始位置和工作位置时，靠回位弹簧使正时片插入正时活塞相应的槽中，使正时活塞定位。

从图 4－27 进气摇臂总成可以看出，在三个摇臂靠近气门的一端均设有油缸孔，油缸孔中装有靠液压控制的正时活塞、同步活塞、阻挡活塞及弹簧。正时活塞一端的油缸孔与发动机的润滑油道连通，ECU 通过电磁阀控制油道的通、断。

VTEC 配气机构与普通配气机构相比，在结构上的主要区别是：凸轮轴上的凸轮较多，且升程不等，进气摇臂总成的结构复杂。排气门的工作情况与普通配气机构相同。

2）VTEC 机构工作原理

可变配气相位控制系统的功能是：根据发动机转速、负荷等变化来控制 VTEC 机构工作，改变驱动同一气缸两进气门工作的凸轮，以调整进气门的配气相位及升程，并实现单进气门工作和双进气门工作的切换。

发动机低速运转时，电磁阀不通电使油道关闭，机油压力不能作用在正时活塞上，在次摇臂油缸孔内的弹簧和阻挡活塞作用下，正时活塞和同步活塞 A 回到主摇臂油缸孔内，与中间摇臂等宽的同步活塞 B 停留在中间摇臂的油缸孔内，三个摇臂彼此分离（图 4－27）。此时，主凸轮通过主摇臂驱动主进气门，中间凸轮驱动中间摇臂空摆（不起作用）；次凸轮的升程非常小，通过次摇臂驱动次进气门微量开闭，其目的是防止次进气门附近积聚燃油。配气机构处于单进、双排气门工作状态，单进气门由主凸轮驱动。

当发动机高速运转，且发动机转速、负荷、冷却水温度及车速达到设定值时，电脑向 VTEC 电磁阀供电，使电磁阀开启，来自润滑油道的机油压力作用在正时活塞一侧，由正时活塞推动两同步活塞和阻挡活塞移动，两同步活塞分别将主摇臂与中间摇臂、次摇臂与中间摇臂插接成一体，成为一个同步工作的组合摇臂。此时，由于中间凸轮升程最大，组合摇臂受中间凸轮驱动，两个进气门同步工作，进气门配气相位和升程与发动机低速时相比，气门的升程、提前开启和迟后关闭角度均增大。

当发动机转速下降到设定值时，电脑切断 VTEC 电磁阀电流，正时活塞一侧的油压降低，各摇臂油缸孔内的活塞在回位弹簧作用下回位，三摇臂又彼此分离而独立工作。

3. 宝马可变气门正时机构（Valvetronic）

Valvetronic 系统能改变进气门的正时与升程，气门升程是连续可变的。可变升程机构安装位置如图 4－28 所示，其结构如图 4－29 所示。该机构在进气凸轮轴和摇臂之间增加了中间推杆，并且在缸盖上增加了一根偏心轴，在偏心轴上有与中间推杆对应数目的偏心凸轮。中间推杆通过其顶部的滚轮依靠在偏心凸轮上，其中部通过滚轮支撑在进气凸轮上，其足部的弧线工作区域与摇臂的滚轮接触。扭转弹簧上端固定在缸盖上，下端则固定在中间推杆的足部，因此中间摇杆的运动由偏心凸轮和进气凸轮共同控制。气门液压挺杆将中间推杆足部的弧线区域与摇臂滚轮的接触保持在零间隙。在偏心轴中部装有扇形齿轮，该齿轮与伺服电动机的齿杆组成一对蜗轮蜗杆机构。伺服电动机是步进电动机，通过驱动扇形齿轮，可使偏心轴在 0°～170°的范围内连续地转动。

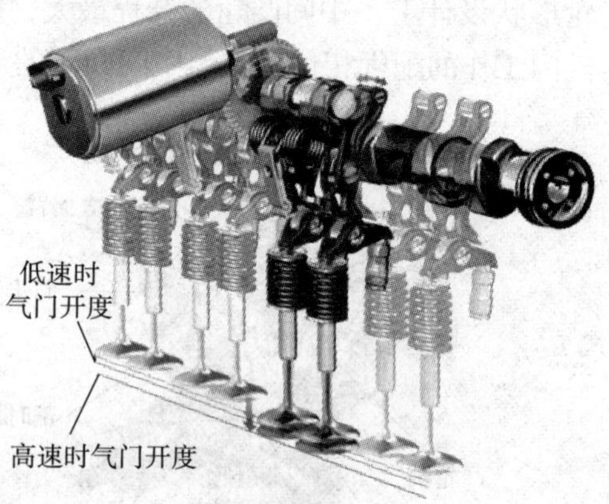

图 4－28　宝马可变升程机构安装位置

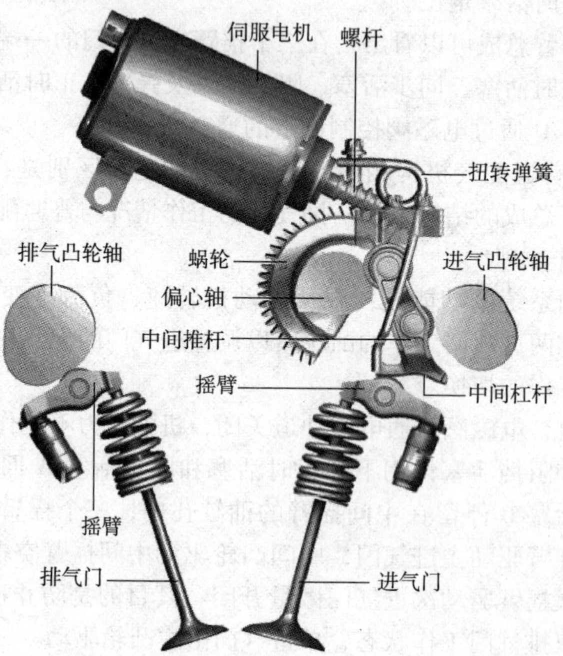

图 4－29　宝马气门可变升程机构的组成

当偏心轴不动时，中间摇杆的顶部滚轮支撑在偏心凸轮上，中部滚轮在进气凸轮的驱动下，使中间推杆围绕某个中心旋转，则中间推杆的足部驱动滚轮，完成进气门的开启与关闭。当进气凸轮轴固定不动时，中间推杆支撑在进气凸轮上，偏心轴旋转一定的角度，则中间推杆的足部跟滚轮接触弧线工作区域发生变化。偏心轴旋转的角度不同，则中间摇杆的旋转中心也不同，导致工作区域不同，气门的升程也就不同。如果偏心轴旋转角度越大，则中间推杆旋转的幅度越大，进气门的升程也就越大。当偏心轴旋转到初始位置（0°）时，进气凸轮转动到凸顶与中间推杆接触，此时气门升程达到最小（0.2 mm）；当偏心轴旋转到极端位置（170°）时，进气凸轮转动到凸顶与中间推杆接触，此时进气门升程达到最大（9.7 mm），这样就可以在 0 ~ 9.7 mm 范围内无级改变气门升程，如图 4 - 30 所示。此外这个系统中进气和排气凸轮相对凸轮轴位的转动角度分别达到 60°。

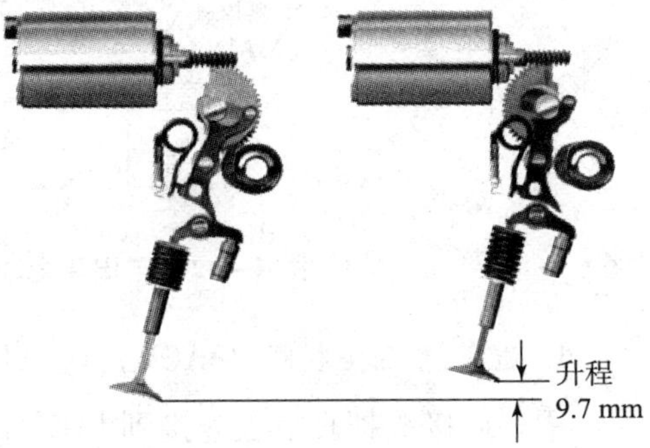

图 4 - 30　宝马可变气门升程机构的调节范围

在 Valvetronic 系统中可改变节气门升程承担节气门的任务，该系统有一个单独的电子控制单元，电子控制单元通过接收来自加速踏板位置的信号，控制伺服电动机旋转，它能在很短的时间（0.3s）内无级地改变进气门的升程。在负荷较低的发动机工况下，Valvetronic 控制气门开度较小，吸入的空气量较少，燃油使用量较少；当发动机负载增加，Valvetronic 控制气门开度较大，吸入的空气量较大，燃油吸入量多，做功较多，输出动力更大。在正常工作时，发动机进气量由 Valvetronic 机构控制，节气门全开。节气门只在发动机出问题时进入紧急模式后才控制发动机进气量。这样一来，由于节气门全开，使得空气进入气缸畅通无阻，不会在进气门背面产生负压，也极大减少了发动机进气损失，最终达到提高燃油经济性和提升发动机效能的目的。

任务实施

一、进气谐波增压控制系统的检修

下面以丰田皇冠轿车发动机电控系统采用的进气谐波增压控制系统为例来介绍进气增压控制系统的维修方法。

丰田皇冠轿车采用的进气谐波增压控制系统如图 4 - 31 所示，主要由空气滤清器、进气温度传感器、进气管真空度传感器、谐振腔、节气门体以及控制进气谐波增压作用的真空泵、真空罐、进气增压控制阀和真空电磁阀组成。其控制电路如图 4 - 32 所示，ECU 通过 ACIS 端子控制 VSV 线圈的搭铁回路，EFI 主继电器端子 3 向 VSV 电磁线圈供电，当主继电器 5 和 3 触点闭合时，VSV 电磁线圈便得到电压，主继电器触点是否闭合由 ECU 根据发动机转速信号控制，从而

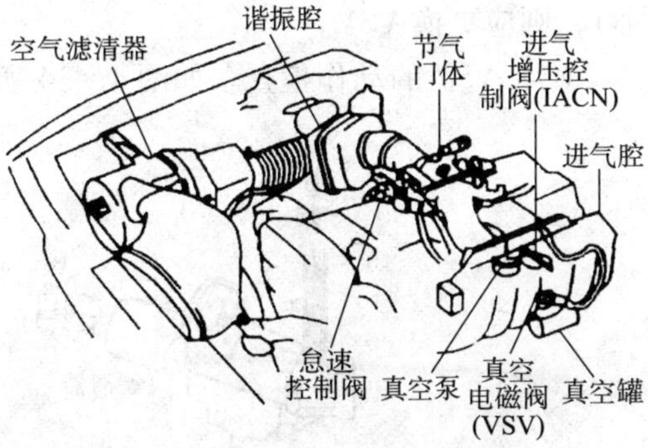

图 4 - 31　丰田皇冠轿车进气谐波增压控制系统

控制 VSV 电磁真空阀搭铁回路的通断。

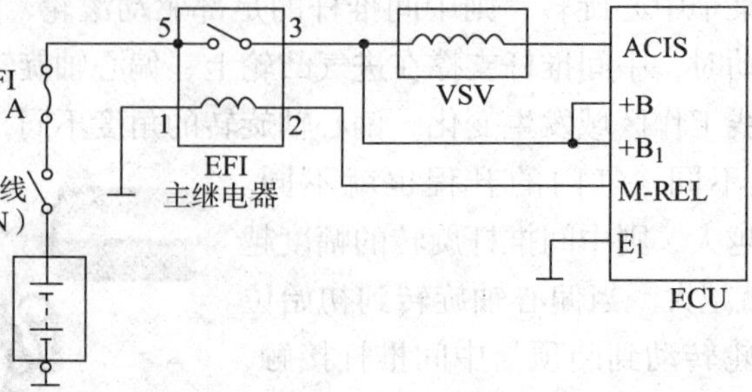

图 4－32　丰田皇冠轿车进气谐波增压控制系统的控制电路

1. 进气增压控制阀（IACV）的维修

用三通接头把真空表连接到 IACV 的真空管上；起动发动机使之在怠速运转，这时真空表应无真空指示；迅速使节气门全开，真空表指针应在 53.3 kPa 范围摆动，并且真空泵的拉杆也应伸出，说明控制阀工作正常。

2. 真空泵的维修

真空泵抽 53.3 kPa 的真空时，检查真空泵的拉杆是否移动；真空泵抽 1 min 真空后，检查拉杆是否回位，如果不动或不回位可用调整螺钉进行调整。

3. 真空罐的维修

如图 4－33 所示，当空气从 A 口流向 B 口时应畅通，空气由 B 口流向 A 口时应不通（内有单向阀）；用手指按住 B 口，抽 53.3 kPa 真空时，在 1 min 内真空度应无变化，否则应更换真空罐。

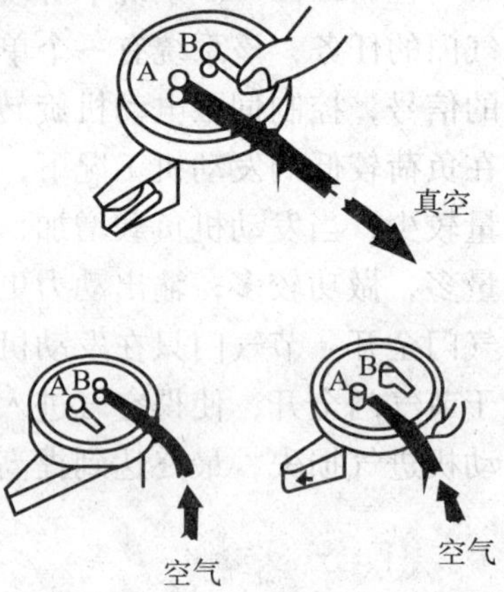

图 4－33　真空罐的维修

4. VSV 的维修

（1）VSV 的电阻检查。用万用表测量 VSV 的电阻，标准值在 20 ℃时应为 38.5～44.5 Ω。

（2）VSV 的绝缘检查。检查 VSV 的接线端和阀体之间是否连通，如果连通（阻值很小），则应更换 VSV。

（3）VSV 的动作检查。如图 4－34 所示，向 VSV 接线端子施加蓄电池电压，并向 E 口

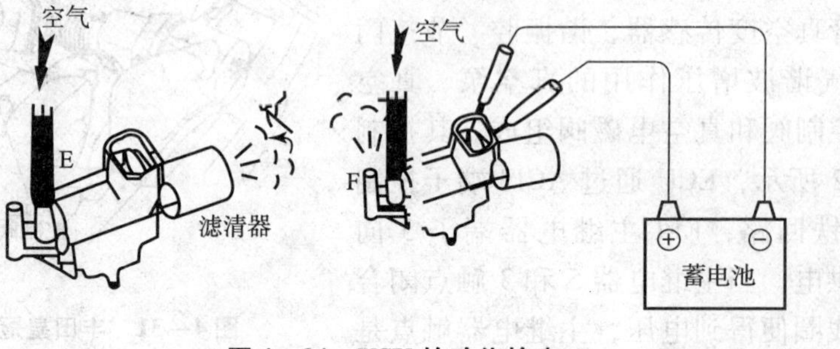

图 4－34　VSV 的动作检查

吹压缩空气时，空气应流向 F 口；不施加电压时空气应流向滤清器。否则，应更换 VSV。

二、废气涡轮增压控制系统的检修

下面以奥迪 A6 废气涡轮增压控制系统为例，介绍其检测方法。奥迪 A6 涡轮增压控制系统的组成如图 4 - 35 所示，其控制电路如图 4 - 36 所示。

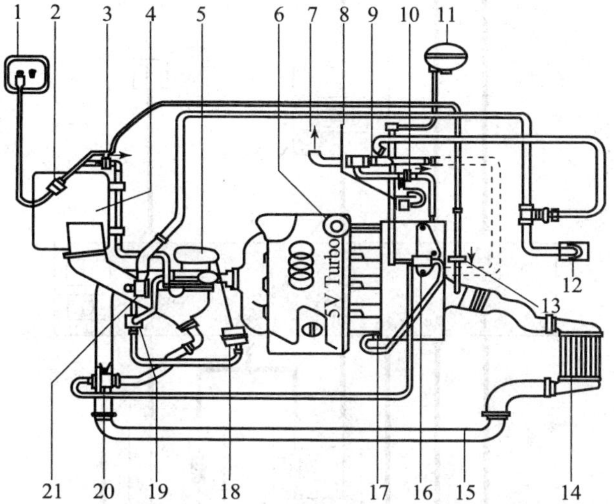

图 4 - 35　奥迪 A6 涡轮增压控制系统的组成

1—活性炭罐；2—活性炭罐电磁阀 N80；3—活性炭罐单向阀；4—空气滤清器（带空气流量计 G70）；5—涡轮增压器；6—燃油压力调节器；7—接制动助力器；8、10、13—单向阀；9—抽气泵；11—真空罐；12—曲轴箱通风装置；14—增压空气冷却器（带增压压力传感器 G31）；15—节气门控制单元 J338；16—增压器空气再循环阀 N249；17—进气歧管（带进气温度传感器 G42）；18—增压压力调节单元；19—增压压力限制电磁阀 N75；20—机械式空气再循环阀；21—曲轴箱通风压力调节阀

1. 增压压力检查

增压压力的检查方法如下：

（1）预热发动机。

（2）按图 4 - 37 所示，将三通连管与增压补偿器压力软管连接，装上涡轮增压器压力表。

（3）踩下离合器踏板，然后将节气门踏板踩到底。在发动机转速不低于 2 400 r/min 时，测量涡轮增压压力，标准压力应为 60 ~ 79 kPa。如压力低于标准压力，检查进气和排气系统是否有泄漏，如果无泄漏，更换涡轮增压器总成；如压力高于标准压力，检查驱动气室软管是否脱开破裂，如果无脱开或破裂，更换涡轮增压器总成。

（4）脱开驱动气室软管。

（5）如图 4 - 38 所示，在驱动气室上施加约 79 kPa 压力，检查连杆应移动，如连杆不移动，应更换涡轮增压器总成。

注意：施加在驱动气室上的压力不应超过 94 kPa。

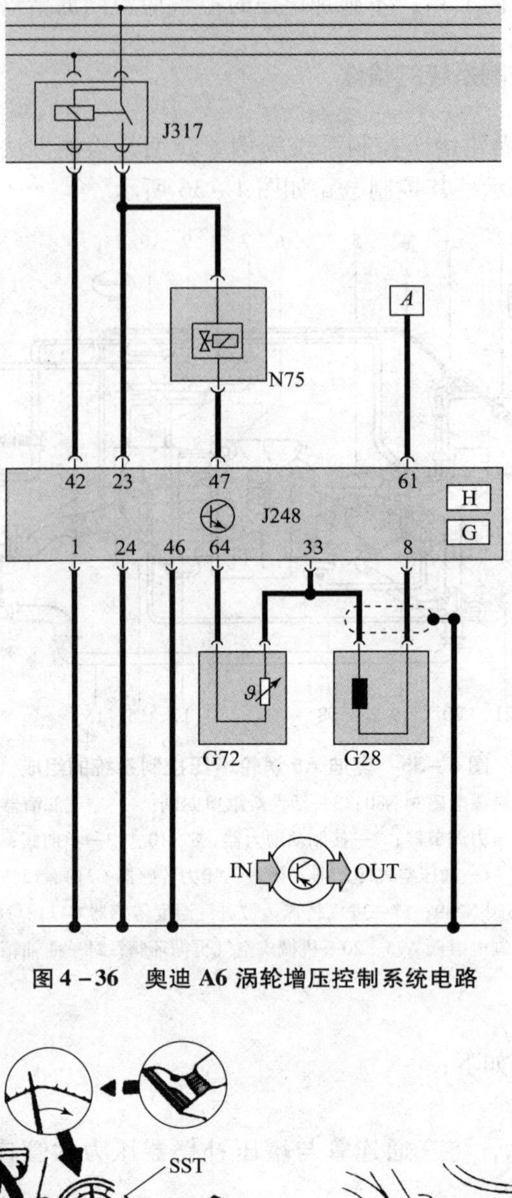

图 4-36　奥迪 A6 涡轮增压控制系统电路

图 4-37　涡轮增压压力的检查

图 4-38　驱动气室的检查

2. 增压控制系统的检测

1）读取系统数据

可按如下方法通过故障诊断仪 V. A. G1397/A 读取系统数据。

（1）如图4－39所示，将V. A. G1397/A故障诊断仪的T形件连接到进气歧管前，将测量软管穿过发动机盖罩后边缘，通过右车门玻璃引入乘员室内。

注意：发动机盖罩及侧窗处的测量软管不可挤压。

（2）将测量软管接到接头I上。

（3）打开故障诊断仪，将量程开关置于位置I（绝对压力）。

（4）在路况良好的路面连续行驶至少3 km，检测时由另一位技工读出显示值。

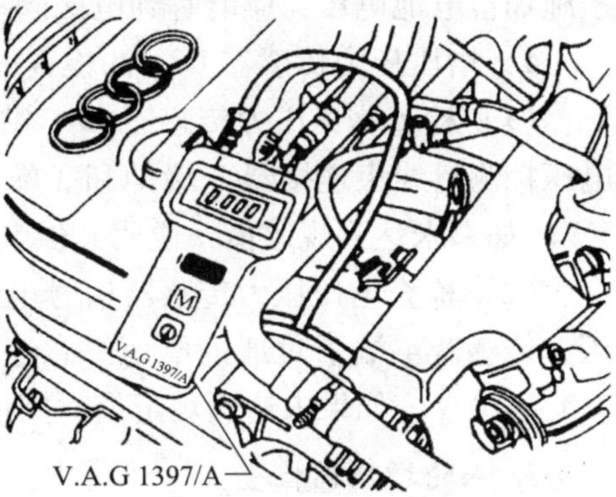

图4－39　连接故障诊断仪

（5）挂入3挡，在发动机转速为2 000 r/min时以节气门全开加速，观察转速表，在读数约为2 500 r/min时，V. A. G1397/A上显示的值应在160～170 kPa。

（6）进入发动机系统，在全负荷下，发动机转速在1 800～2 300 r/min时，读取114显示组显示区4的数据，规定值应为5%～95%；读取115显示组显示区4的数据，规定值为135～175 kPa。

2）机械式空气再循环阀的检查

可按如下方法与步骤对空气再循环阀进行检查：

（1）如图4－40所示，将专用工具V. A. G1390接到空气再循环阀上。

（2）操纵V. A. G1390，空气再循环阀应打开。

（3）30s后，操纵真空泵通风阀，空气再循环阀应关闭。

若空气再循环阀没有按照上述步骤出现打开或关闭动作，应更换空气再循环阀。

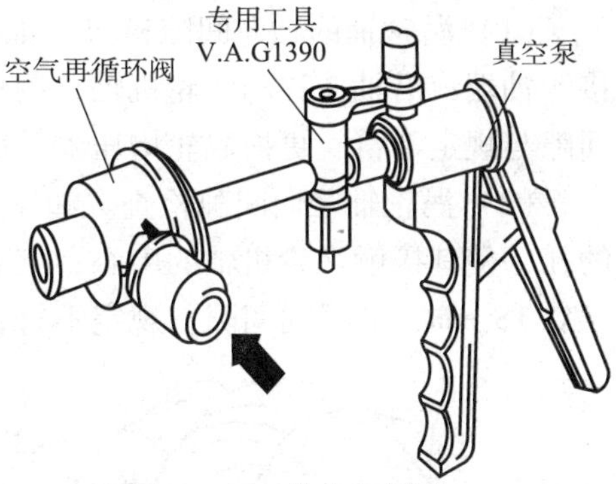

图4－40　检查机械式空气再循环阀

3）增压器空气再循环阀和增压压力限制电磁阀的检查

可按如下方法对增压器空气再循环阀和增压压力限制电磁阀进行检查：

（1）自诊断检查。连接V. A. G1551，查询发动机控制单元故障代码，若空气再循环阀N249或增压压力限制电磁阀N75有故障时，故障诊断仪会提示相应的故障代码。

（2）执行元件测试检查。通过故障诊断仪的执行元件测试功能对增压器空气再循环阀N249和增压压力限制电磁阀N75进行动作测试，当执行此功能时，应能听到增压器空气再循环阀和增压压力限制电磁阀动作时的“咔嗒”声，即打开或关闭动作正常。否则，说明增压器空气再循环阀N249和增压压力限制电磁阀N75打开和关闭动作不正常，应检查增压器空气再循环阀N249和增压压力限制电磁阀N75及相关线路。

（3）电阻检查。拔下增压器空气再循环阀N249和增压压力限制电磁阀检N75的线束连接器，用万用表电阻挡测量增压器空气再循环阀N249和增压压力限制电磁阀N75。增压器空气再循环阀N249电阻值应在27～30 Ω，增压压力限制电磁阀N75的电阻值应在25～35 Ω，如果未达到规定值，更换增压器空气再循环阀和增压压力限制电磁阀。

（4）动作情况检查。向增压器空气再循环阀N249和增压压力限制电磁阀检N75接线端子施加蓄电池电压，应能听到电磁阀动作的“咔嗒”声，否则，应更换电磁阀。

4）增压压力传感器 G31 的检查

（1）检查增压压力传感器 G31 供电电压。拔下增压压力传感器线束连接器，用万用表电压挡测量线束连接器 1 端子和 3 端子之间的电压，在点火开关接通时，其电压值应约为 5 V。如果未达到规定值，说明其供电线路有故障。

（2）检查增压压力传感器信号电压。插上传感器 G31 的插头，起动发动机，检查增压压力传感器 4 端子对地的电压。怠速运转，正常值约为 1.9 V；急加速时，其电压值应在 2.0 ~ 3.0 V。如果未达到规定值，则说明传感器或其信号线路有故障。

3. 涡轮增压器检查

1）涡轮增压器常规检查

（1）目视检查。检查空气滤清器与涡轮增压器之间、涡轮增压器与气缸盖之间、涡轮增压器与排气管之间是否有泄漏或堵塞。

（2）转动检查。脱开空气滤清器软管，用手转动压缩机叶轮，转动应平顺、灵活，不应有卡滞现象。

2）涡轮增压器的车下检查

（1）涡轮轴的轴向间隙检查。如图 4 – 41 所示，将百分表插入涡轮机壳的孔中，使其接触轴端；沿轴向移动涡轮机轴，测量轴的轴向间隙，轴向间隙应不大于 0.13 mm。如轴向间隙与规定不符，更换涡轮增压器总成。

（2）涡轮轴径向间隙检查。如图 4 – 42 所示，将百分表从润滑油排出口插过轴承隔圈的孔，使其接触涡轮机轴的中心；上下移动涡轮机轴，测量轴的径向间隙，径向间隙应不大于 0.18 mm，如径向间隙与规定不符，则更换涡轮增压器总成。

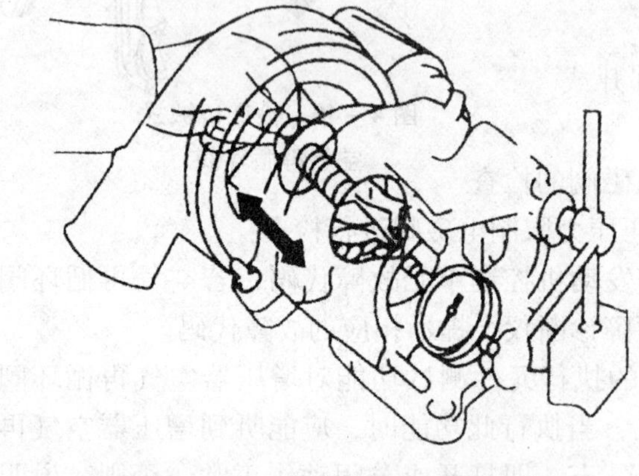

图 4 – 41　涡轮轴的轴向间隙检查

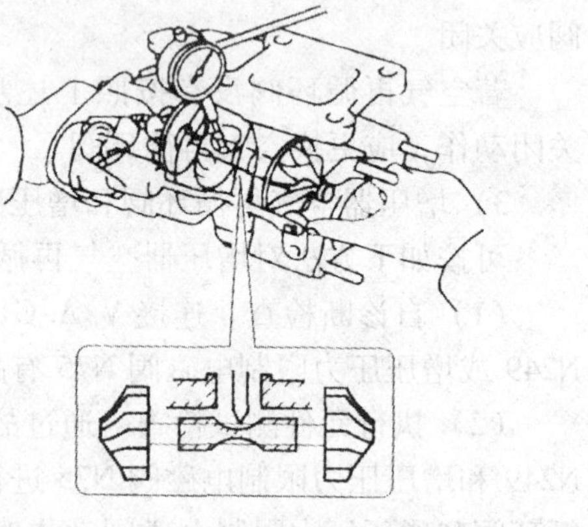

图 4 – 42　涡轮轴的径向间隙检查

任务 3　排放控制系统的检修

任务目标

（1）了解排放控制系统的组成及工作原理。

（2）熟悉不同发动机排放控制系统的组成及部件位置与原理。

（3）能够对发动机排放控制系统主要执行元件进行检测。

任务引入

本任务主要介绍电控发动机排放控制系统的结构及维修的相关知识。在熟悉电控发动机排放控制系统的功用、组成、结构等知识的基础上，掌握电控发动机排放控制系统的维修方法。

相关知识

一、汽车排放污染的来源与控制

随着汽车工业的发展，汽车的保有量不断增加，汽车排放污染对人类环境的危害已成为一种严重的社会公害。汽车的排放污染主要来源于发动机排出的废气、曲轴箱窜气和燃料供给系统中蒸发的燃油蒸气。汽油机的主要排放污染物是一氧化碳（CO）、碳氢化合物（HC）和氮氧化合物（NO_x），柴油机的主要排放污染物是碳氢化合物（HC）、氮氧化合物（NO_x）和碳烟。

针对汽车污染源和各种污染物的产生机理，近年来，在汽车尤其是轿车上装用了多种排放控制系统，主要包括：曲轴箱强制通风（PCV）系统、汽油蒸气排放（EVAP）控制系统、废气再循环（EGR）系统、三元催化转化系统、二次空气供给系统和热空气供给系统等。

1. 汽车有害气体的排出途径

汽车有害气体排入大气的途径有三条：排气管排出的废气、曲轴箱排出和汽油蒸发。其中65%～85%的有害气体来自废气，20%左右由曲轴箱排出，其余的则由于油箱、化油器等汽油蒸发造成。

1）排气管排出的废气

汽车的有害排放物主要来自于排气管排出的废气。汽车废气中所含的各种有害气体的比例，随着汽车运转情况的不同而不同。如在怠速运转时，CO 的排放量最大，NO_x 最小；在行驶时，NO_x 排放量最大，HC 最小；在加速时，各种有害气体的排放量都增加，NO_x 的增加特别显著；在减速时，NO_x 的排放量最小，而 HC 却显著增加。

2）曲轴箱排出废气

曲轴箱排出废气是指发动机从压缩行程到做功行程时，从活塞、气缸的间隙中排出的气体。这是气缸内燃烧气体的一部分。这些气体进入曲轴箱会造成机油产生热分解，使金属零件加速磨损，加速金属氧化等不良影响，是造成各种故障的原因。所以，必须有新鲜空气不断在曲轴箱内循环，这些气体进入大气，成为污染源之一。

3）汽油蒸发

随着外界温度的降低，油箱内部的汽油蒸气凝结，因此产生部分真空，从油箱吸入空气，而随着外界温度的上升，空气与油箱内蒸发的汽油蒸气一起排出。此外，还有从油泵接头处渗出的汽油蒸气，也散入大气。

2. 排气污染物的形成机理

汽油机空燃比与排气有害成分 CO、HC、NO_x 的关系如图 4-43 所示。

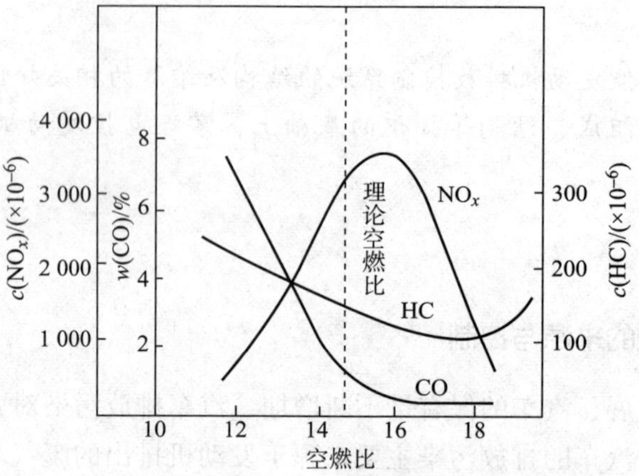

图 4-43　排气中 CO、HC、NO_x 与空燃比的关系

1）CO 的形成

CO 的形成原因主要是汽油、柴油的不完全燃烧，所以，CO 是在空气量不足情况下不完全燃烧的产物。CO 的排量基本上受空燃比支配。由图 4-43 可以看出，当空燃比小于 14.7 时，随着空燃比的减小，CO 浓度呈线性增加；当空燃比大于 14.7 时，理论上不会有 CO。但是因为混合气混合及分配不均，以及燃烧后高温等会造成有少量的 CO 产生。

2）HC 的形成

HC 是不完全燃烧的产物，主要是未燃的或燃料分解的产物。一切妨碍燃料燃烧的因素都是 HC 形成的原因。

HC 的形成与空燃比的关系可以从图 4-43 看出，空燃比小于 14.7 时，随着空燃比的减小，会产生缺氧和雾化不良，从而导致 HC 增加。空燃比大于 14.7 时，随着空燃比的增大，混入废气量增多，氧化反应变慢，从而导致 HC 增多。

3）NO_x 的形成

NO_x 主要成分是：NO（含量为 99%）和 NO_2（含量为 1%）。

（1）NO 的产生。汽车排出的 NO 主要由两部分组成：热 NO 和燃料 NO。热 NO 主要由空气中的 N 与 O 在气缸内的燃烧高温作用下生成。燃料 NO 则由燃料中含 N 成分生成。由于燃料中的含 N 成分小于 0.02%，因此，汽车产生的 NO 主要是热 NO。NO 生成三要素：高温、富氧、氧与氮在高温中停留时间长。

（2）NO_2 的形成。NO_2 不是在气缸内产生的，而是在废气排入大气，温度下降后，由 NO 遇到氧气氧化生产的。因此，NO_2 数量取决于燃料产物和外界空气之间的扩散条件。

NO_x 的生成与空燃比的关系由图 4-43 可以看出：空燃比小于 14.7 时，随着空燃比的减小，含氧量降低，从而 NO 含量减少（氧浓度起主要作用）；空燃比大于 14.7 时，随着空燃比的增大，NO 含量增加，当空燃比达到大于理论空燃比 10% 处时，燃烧速度和温度最高，NO 生成量最大；然后，随着空燃比的增大，燃烧温度下降，从而 NO 含量减少。

3. 点火时间对排放污染物产生的影响

1）推迟点火

点火推迟，混合气在燃烧室内的燃烧时间将缩短，由于后燃，将使排气温度上升，促进了 HC 和 CO 的氧化，使排出的 HC 减少；但推迟点火会造成燃料经济性和发动机功率的下降。

2）提前点火

在任何转速和负荷下，加大点火提前角后燃烧温度提高，都会使 NO_x 的排放浓度增加。

二、汽油蒸气排放（EVAP）控制系统

1. EVAP 控制系统的功能

为防止燃油箱内的汽油蒸气排入大气造成污染，在发动机控制系统中采用了由发动机 ECU 控制的活性炭罐燃油蒸气排放控制系统，用来收集汽油箱内蒸发的汽油蒸气，并根据发动机工况，将适量的汽油蒸气导入气缸参加燃烧，从而防止汽油蒸气直接排入大气而造成污染。

2. EVAP 控制系统的组成与工作原理

EVAP 控制系统是为防止汽油箱内的汽油蒸气排入大气产生污染而设的，在装有 EVAP 控制系统的汽车上，汽油箱盖上只有空气阀，而不设蒸汽放出阀。EVAP 控制系统如图 4－44 所示。活性炭罐与油箱之间设有排气管和单向阀，汽油箱内的汽油蒸气超过一定压力时，顶开单向阀经排气管进入活性炭罐，活性炭罐内的活性炭将燃油蒸气吸附在炭罐内。发动机工作时，活性炭罐内的汽油蒸气经定量排放孔、吸气管被吸入进气管。活性炭罐的上端设有一个真空控制阀，真空控制阀为一膜片阀，膜片上方为真空室，控制阀用来控制定量排放孔的开闭。真空控制阀与进气管之间的真空管路中设有受 ECU 控制的电磁阀，用以调节真空控制阀上方真空室的真空度，改变真空控制阀的开度，从而控制吸入进气管的汽油蒸气量。为防止活性炭罐内的燃油蒸气被吸入进气管后使混合气变浓，活性炭罐下方设有进气滤芯并与大气相通，使部分清洁空气与活性炭罐内的燃油蒸气一起被吸入进气管。

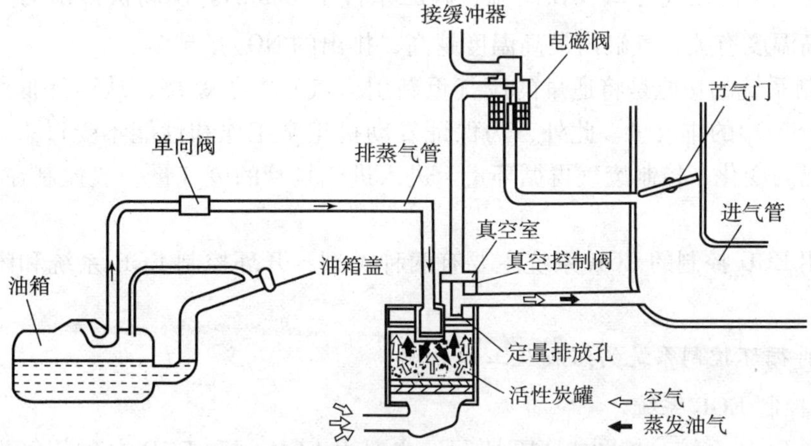

图 4－44　燃油蒸气控制系统的组成

有些发动机（如韩国大宇轿车等）上的 EVAP 系统不采用 ECU 控制，即真空控制阀与进气管之间的真空管路中不安装受 ECU 控制的电磁阀，真空控制阀的开度直接由真空度控制，真空管口设在靠近节气门全闭位置的上方。发动机转速一定时，随发动机负荷（节气门开度）的增大，真空管口处的真空度增加，真空控制阀的开度增大；随发动机负荷减小，真空控制阀开度也减小。

在部分电控 EVAP 系统中，活性炭罐上不设真空控制阀，而是将受 ECU 控制的电磁阀直接装在活性炭罐与进气管之间的吸气管中。如图 4-45 所示为韩国现代轿车装用的电控 EVAP 系统，电脑根据节气门位置传感器、水温传感器和进气温度传感器信号控制电磁阀通电或断电，电磁阀控制活性炭罐与进气管之间的吸气通道。发动机怠速（进气量较少）或温度较低时，电脑使电磁阀断电，关闭吸气通道，活性炭罐内的燃油蒸气不能被吸入进气管。

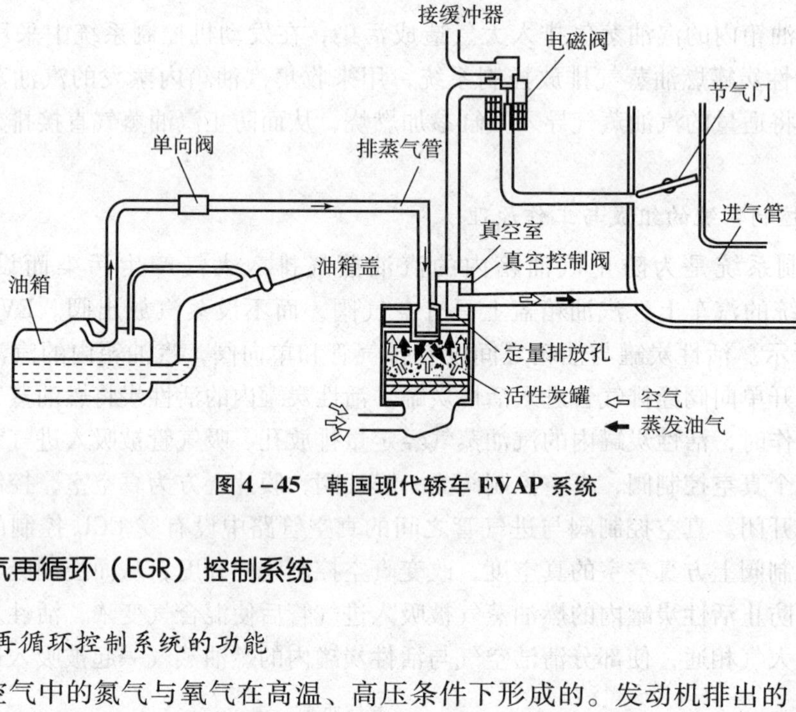

图 4-45 韩国现代轿车 EVAP 系统

三、废气再循环（EGR）控制系统

1. 废气再循环控制系统的功能

NO_x 是空气中的氮气与氧气在高温、高压条件下形成的。发动机排出的 NO_x 量主要与气缸内的最高温度有关，气缸内最高温度越高，排出的 NO_x 量越多。

EGR 控制系统的功能是将适量的废气重新引入气缸参加燃烧，从而降低气缸内的最高温度，以减少 NO_x 的排放量。此外，为保证发动机正常工作和性能不受过多影响，必须根据发动机工况的变化，控制废气再循环量。进入进气歧管的废气量一般控制在 6% ~15% 范围内。

目前采用 ECU 控制的 EGR 系统主要有两种类型：开环控制 EGR 系统和闭环控制 EGR 系统。

2. 废气再循环控制系统的组成及工作原理

1）开环控制 EGR 系统

开环控制 EGR 系统，如图 4-46 所示，主要由 EGR 阀和 EGR 电磁阀等组成。EGR 阀安装在废气再循环通道中，用以控制废气再循环量。EGR 电磁阀安装在通向 EGR 阀的真空通道中，ECU 根据发动机水温、节气门开度、转速和起动等信号来控制电磁阀的通电或断电。ECU 不给 EGR 电磁阀通电时，控制 EGR 阀的真空通道接通，EGR 阀开启，进行废气再循环；ECU 给 EGR 电磁阀通电时，控制 EGR 阀的真空通道被切断，EGR 阀关闭，停止废气再循环。

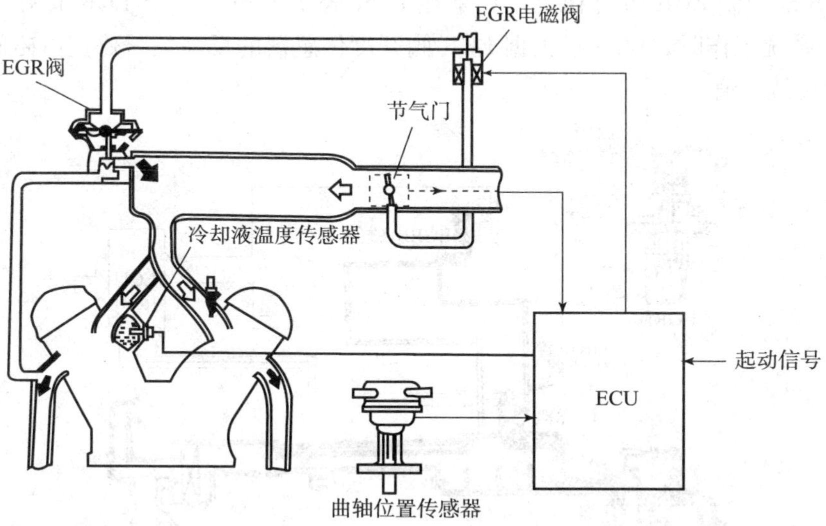

图 4-46　开环控制 EGR 系统

发动机工作时，ECU 给 EGR 电磁阀通电停止废气再循环的工况有：起动工况（起动开关信号）、怠速工况（节气门位置传感器怠速触点闭合信号）、暖机工况（冷却水温度信号）、转速低于 900 r/min 或高于 3 200 r/min（转速信号）。在除上述以外的其他工况，ECU 均不给电磁阀通电，都进行废气再循环。废气再循环量取决于 EGR 阀的开度，而 EGR 阀的开度直接由真空度控制。由于真空管口设在靠近节气门全闭位置的上方。随发动机转速和负荷（节气门开度）的增大，真空管口处的真空度增加，EGR 阀的开度增大；随发动机转速和负荷减小，EGR 阀开度也减小。发动机工作进行废气再循环时，废气再循环量的多少可用废气再循环率（EGR 率）来表示，EGR 率是指废气再循环量在进入气缸内的气体中所占的比率，即：

$$\text{EGR 率} = [\text{EGR 量}/(\text{进气量} + \text{EGR 量})] \times 100\%$$

有些发动机的 EGR 控制系统中，EGR 电磁阀采用占空比控制型电磁阀，ECU 通过占空比控制电磁阀的开度，调节作用在 EGR 阀上的真空度，控制 EGR 阀的开度，以实现对废气再循环量的控制。在此系统中，通向 EGR 阀的真空管口一般设在节气门之后。

在不采用 ECU 控制的 EGR 系统中，通向 EGR 阀的真空管路一般由两个控制阀共同控制。一个是双金属开关阀，根据冷却水温度控制真空通道的通断；另一个是膜片式真空控制阀，根据负荷变化（进气管真空度和排气压力变化）控制真空通道通断。当冷却水温度和负荷达到一定值进行废气再循环时，与采用普通电磁阀控制的 EGR 系统一样，EGR 阀的开度直接由真空度控制，即废气再循环量取决于真空管口处的真空度。

在开环控制 EGR 系统中，ECU 根据各传感器信号确定发动机工况，并按其内存的 EGR 率与转速、负荷的对应关系进行控制，而对其控制的结果不能进行检测。

2）闭环控制 EGR 系统

采用闭环控制 EGR 系统，检测实际的 EGR 率或 EGR 阀开度作为反馈控制信号，其控制精度更高。

用 EGR 阀开度作为反馈信号的闭环控制 EGR 系统如图 4－47 所示。与采用占空比控制型电磁阀的开环控制 EGR 系统相比，只是在 EGR 阀上增设了一个 EGR 阀开度传感器。闭环控制 EGR 系统工作时，ECU 可根据 EGR 阀开度传感器的反馈信号修正电磁阀的开度，使 EGR 率保持在最佳值。

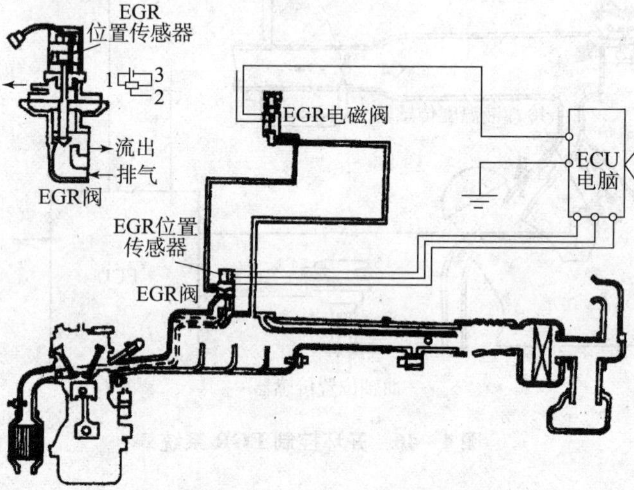

图 4－47　用 EGR 阀开度反馈控制的 EGR 系统

EGR 阀开度传感器为电位计式，其工作原理与电位计式节气门位置传感器类似。EGR 阀开度传感器与 ECU 之间有三条连接线路，分别为电源线、搭铁线和信号线，ECU 通过电源线给传感器提供 5V 的标准电压，传感器将 EGR 阀开启高度变化转换为电信号经信号线输送给 ECU。

用 EGR 率作为反馈信号的闭环控制 EGR 系统中，ECU 根据 EGR 率传感器信号对 EGR 电磁阀实行反馈控制，其控制原理如图 4－48 所示。EGR 率传感器安装在进气总管中的稳压箱上，新鲜空气经节气门进入稳压箱，参与再循环的废气经 EGR 电磁阀进入稳压箱，传感器检测稳压箱内气体中的氧浓度（氧浓度随 EGR 率的增加而降低），并转换成电信号输送给 ECU，ECU 根据此反馈信号修正 EGR 电磁阀的开度，使 EGR 率保持在最佳值。

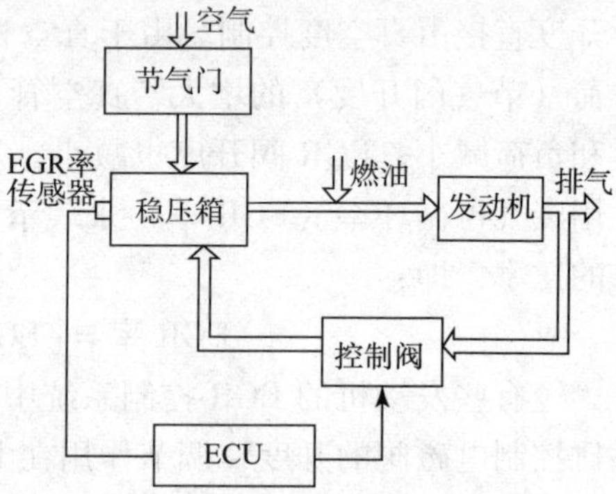

图 4－48　用 EGR 率反馈控制的 EGR 系统

3. EGR 阀的结构

1）背压式 EGR 阀

在背压式 EGR 阀的膜片的中央有一个常闭通风阀，如图 4－49 所示，通风阀在一个小弹簧的作用下，保持关闭状态，通风阀到锥形阀 F 端之间有一条通道。当发动机不工作时，EGR 阀关闭；当发动机低速运转时，在排气背压作用下，通风阀打开，尽管有真空源作用于膜片上方，也会由通风口泄漏掉；当发动机高速运转时，排气背压减小，并将通风口关闭，若此时真空源作用于膜片上方，则 EGR 阀打开。

背压式 EGR 阀可分为正背压式 EGR 阀和负背压式 EGR 阀。正、负背压式 EGR 阀可通过 EGR 阀顶部的字母标记“N”或“P”来识别，“N”表示负背压式 EGR 阀，“P”表示正背压式 EGR 阀，如图 4－50 所示。

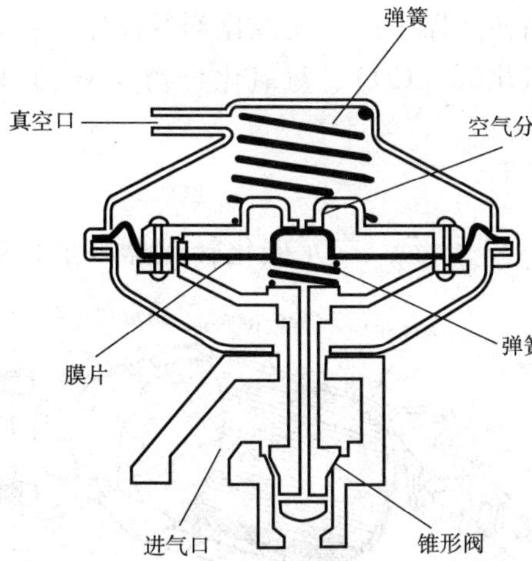

图 4－49　背压式 EGR 阀结构

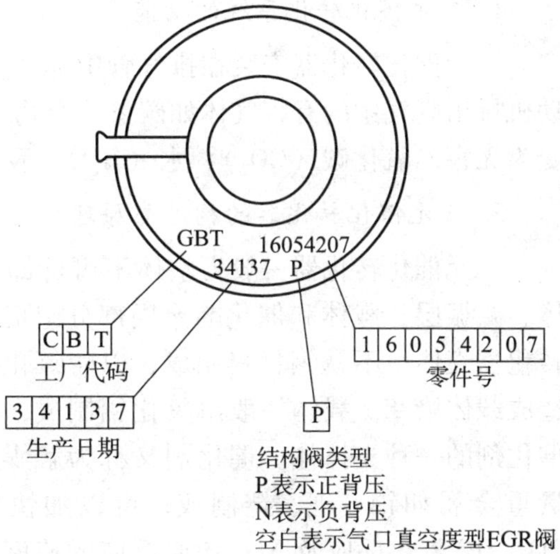

图 4－50　背压式 EGR 阀型号

2）数字式 EGR 阀

在数字式 EGR 阀内可以安装 1～3 个由 ECU 直接控制的电磁线圈，如图 4－51 所示。每个电磁线圈围绕着一个活动衔铁，当电磁线圈通电时，产生的吸力吸起衔铁，这样废气便可以通过阀孔进入进气歧管。ECU 可以控制电磁阀的工作，来控制发动机工作时所需要的再循环废气量。

3）线性式 EGR 阀

在线性式 EGR 阀的内部，装有一个受 ECU 控制的电磁阀。电磁阀由衔铁、电磁线圈、锥形阀和 EGR 阀位置传感器等组成。衔铁的一端固定一个锥形阀，当电磁线圈通电时，衔铁和锥形阀被吸起，废气可以进入进气歧管。EGR 阀位置传感器为线性电位计式，可以将 EGR 阀关闭时的约 1 V 到 EGR 阀全开时的 4.5 V 时 EGR 阀位置信号输送给 ECU，ECU 再向电磁线圈发送通断脉冲信号，以精确控制衔铁和废气再循环量。

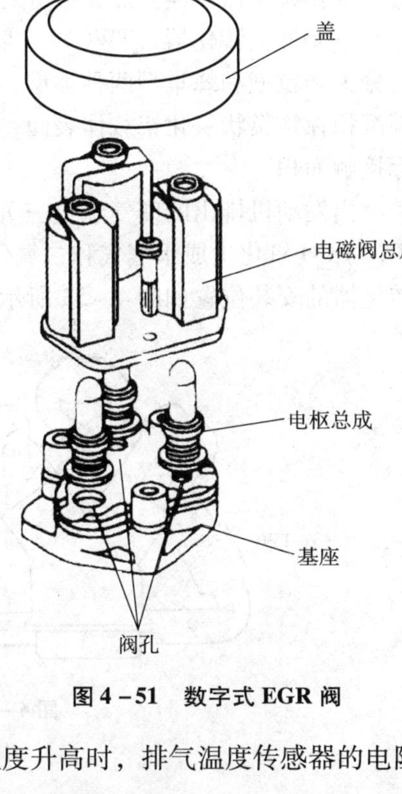

图 4－51　数字式 EGR 阀

4）带排气温度传感器的 EGR 阀

在有些 EGR 阀上，装有排气温度传感器。排气温度传感器是一个电阻值随温度变化的热敏电阻，即当排气温度升高时，排气温度传感器的电阻值下降。用两条导线将排气温度传感器与ECU相连，通过排气温度对废气再循环量进行反馈修正控制。当排气温度较低时，传感器电阻较大，ECU则会检测到一个高电压信号；相反，排气温度较高时，传感器电阻较小，ECU则检测到一个低电压信号。

四、三元催化转化系统

1. 三元催化转化系统的功能

三元催化转化器安装在排气管中部，其功能是利用转化器中的三元催化剂的作用，将发动机排出废气中的有害气体如碳氢化合物（HC）、一氧化碳（CO）、氮氧化合物（NO_x）转变为无害二氧化碳（CO_2）、水（H_2O）及氮气（N_2）等。

2. 三元催化转化器的构造与原理

三元催化转化器一般为整体不可拆卸式。如图4－52所示，三元催化转化器一般由壳体、减振层、载体和催化剂涂层部分组成。催化转化器壳体由不锈钢材料制成，以防氧化皮脱落造成载体堵塞。载体一般由氧化铝制成，是承载催化剂的一种支撑体。催化剂又称为触媒，常用贵重金属如铂、钯、铑制成，可以加快废气中CO、HC氧化反应及NO_x还原反应的速度，而其本身不被消耗和改变。减振层一般采用膨胀垫片或钢丝网垫，起密封、保温和固定载体的作用，防止催化转化器壳体受热变形等对载体造成损害。

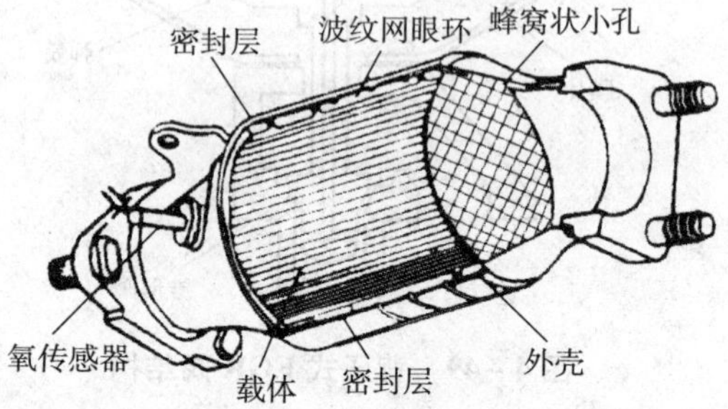

图4－52 三元催化转化器的结构

三元催化转化器（TWC）一般为整体不可拆卸式。根据催化剂载体的结构特点，TWC可分为颗粒型和蜂巢型两种类型，前者将催化剂沉积在颗粒状氧化铝载体表面，后者将催化剂沉积在蜂巢状氧化铝载体表面，氧化铝表面有形状复杂的表层，可增大催化剂与废气的实际接触面积。

当发动机排出的废气经过三元催化转化器时，三元催化转化器中的铂催化剂就会促使HC与CO氧化生成水蒸气和二氧化碳，铑催化剂会促使NO_x还原为氮气和氧气。三元催化转化器的安装位置如图4－53所示。

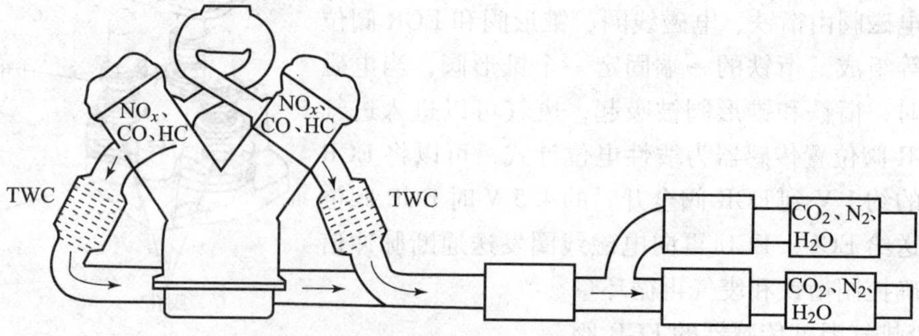

图4－53 三元催化转化器的安装位置

3. 影响 TWC 转化效率的因素

发动机排出的废气流经 TWC 时，三元催化剂不仅可使废气中的 HC 和 CO 有害气体进一步氧化，生成无害气体 CO_2 和 H_2O，并能促使废气中的 NO_x 与 CO 反应生成无害的 CO_2 和 N_2 气体。TWC 将有害气体转变成无害气体的效率受诸多因素的影响，其中影响最大的是混合气的浓度和排气温度。

TWC 的转化效率与混合气浓度的关系如图 4－54 所示，只有在标准的理论空燃比 14.7 附近，对废气中三种有害气体（HC、CO、NO_x）的转化效率均比较高。在发动机工作中，为将实际空燃比精确控制在标准的理论空燃比附近，在装用三元催化转化装置的汽车上，一般都装有氧传感器检测废气中的氧浓度，氧传感器信号输送给 ECU 后，用来对空燃比进行反馈控制，即电控燃油喷射系统的闭环控制。

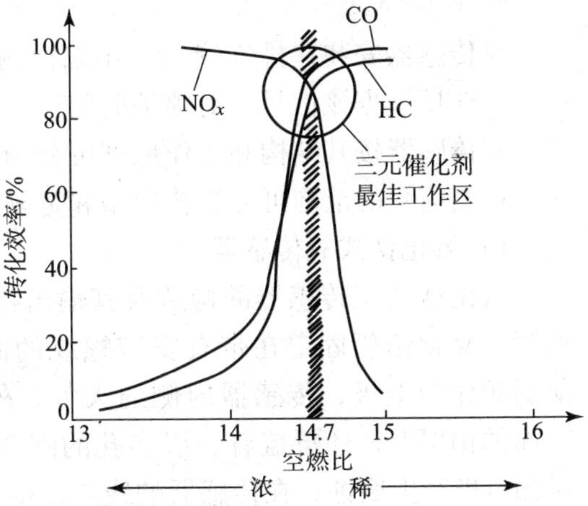

图 4－54　TWC 的转化效率与混合气浓度的关系

电控燃油喷射系统的闭环控制原理如图 4－55 所示。在电控燃油喷射开环控制系统中，ECU 只是根据转速信号、进气量信号、冷却水温信号等确定喷油量，以控制空燃比，但并不对实际控制的空燃比是否精确进行检测。在闭环控制系统中，氧传感器安装在 TWC 与发动机之间的排气管或排气歧管上，将检测到的废气中氧浓度信号输送给 ECU，ECU 根据此信号对喷油器的喷油量进行修正，使实际的空燃比更接近理论空燃比。

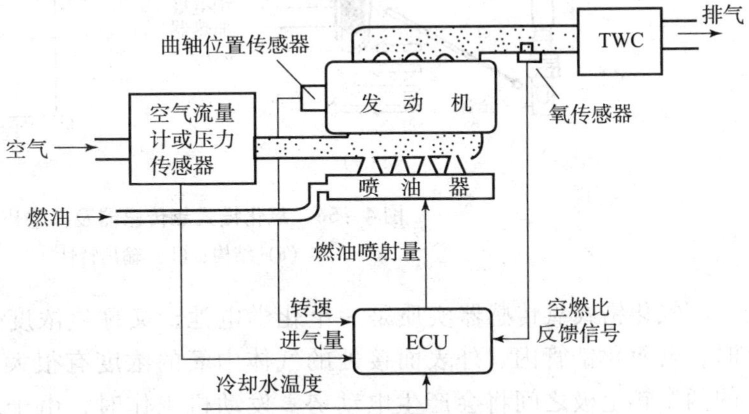

图 4－55　电控燃油喷射系统的闭环控制原理

在装有氧传感器的电控燃油喷射发动机上，电控燃油喷射（EFI）系统并不是在所有工况下都进行闭环控制，在发动机起动、怠速、暖机、加速、全负荷、减速断油等工况下，发动机不可能以理论空燃比工作，仍采用开环控制方式。此外，氧传感器温度在 400 ℃以下、氧传感器或其电路发生故障时，也只能采用开环控制。电控燃油喷射系统进行开环控制还是进行闭环控制，由 ECU 根据相关输入信号确定。

此外，发动机的排气温度过高（815 ℃以上）时，TWC 的转化效率将明显下降。有些三元催化转化装置中装有排气温度报警装置，当报警装置发出报警信号时，应停机熄火，查明排气温度过高的原因，予以排除。在使用中，排气温度过高一般是由于发动机长时间在大负荷下工作或因故障而燃烧不完全所致。

4. 氧传感器

氧传感器安装在排气管上，用来检测排气中氧的浓度，并将该信号转变为电信号输入ECU，ECU根据该信号，对喷油时间进行修正，实现空燃比的反馈控制。

氧传感器按其结构和工作原理可分为氧化锆（ZrO_2）式和氧化钛（TiO_2）式两种类型；按其检测信号的范围可分为普通型和宽频型两种。

1）氧化锆式氧传感器

氧化锆式氧传感器的构造及其输出特性如图4－56所示，该传感器的基本元件是氧化锆管，氧化锆管固定在带有安装螺纹的固定套内，在氧化锆管的内、外表面均覆盖着一薄层铂作为电极，传感器内侧通大气，外侧直接与排气管中的废气接触。在氧化锆管外表面的铂层上，还覆盖着一层多孔的陶瓷涂层，并加有带槽口的防护套管，用来防止废气对铂电极产生腐蚀；在传感器的线束连接器端有金属护套，其上设有小孔，以便使氧化锆管内侧通大气。

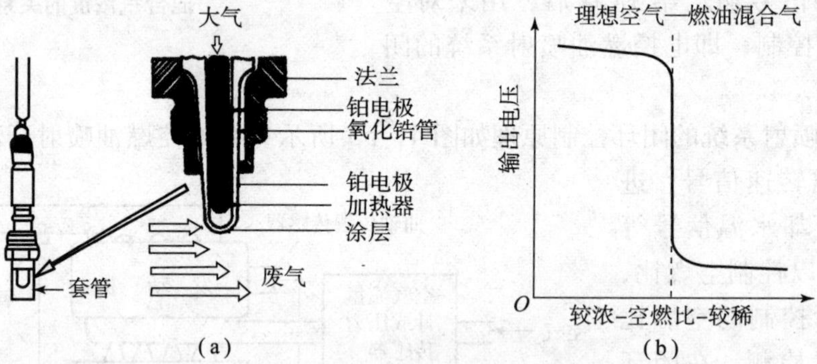

图4－56 氧化锆式氧传感器及其输出特性

(a) 结构；(b) 输出特性

氧化锆式氧传感器实质是一个化学电池，又称氧浓度差电池。在400 ℃以上的高温时，若氧化锆管内、外表面接处的气体中氧的浓度有很大差别，在氧化锆管内、外表面的两个铂电极之间将会产生电动势。发动机工作时，由于氧化锆管内表面接触的大气中氧浓度是固定的，而与外表面接触的废气中氧浓度是随空燃比变化的，因此将氧化锆管内、外表面两个电极间产生的电动势输送给ECU，即可作为判断实际空燃比的依据。当混合气过稀时，排出的废气中氧含量高，传感器内、外侧氧浓度差小，两电极间产生的电压很低（接近0V）；反之，混合气过浓时，排出的废气中氧含量低，传感器内、外侧氧浓度差大，两电极间产生的电压高（接近1V）。在理论空燃比附近，氧传感器输出的电压信号有一突变。

由于氧化锆只能在400 ℃以上的高温时才能正常工作，为保证发动机在进气量少、排气温度低时也能正常工作，有的氧传感器内装有加热器，加热器也由发动机ECU控制。不带加热器的氧传感器称为普通型氧传感器，带加热器的氧传感器称为热型氧传感器。

2）氧化钛式氧传感器

此种氧传感器是利用化学反应强、对氧气敏感、易于还原的半导体材料氧化钛与氧气接触时发生氧化还原反应，使晶格结构发生变化，从而导致电阻值变化的原理工作的，它是一种电阻型气敏传感器。

氧化钛式氧传感器的结构如图 4 - 57 所示，主要由二氧化钛元件、导线、金属外壳和接线端子等组成。当废气中的氧浓度高时，二氧化钛的电阻值增大；反之，废气中的氧浓度较低时，二氧化钛的电阻值减小，利用适当的电路对电阻变量进行处理，即可转换成电压信号输送给 ECU，用来确定实际的空燃比。

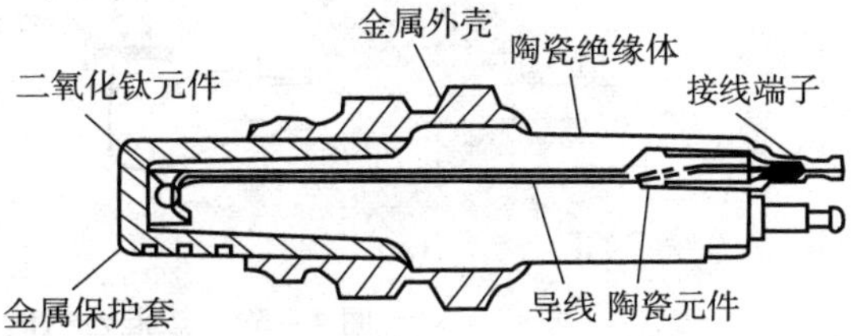

图 4 - 57　氧化钛式氧传感器

3）宽频型氧传感器

氧化锆式氧传感器和氧化钛式氧传感器只能对排气中的含氧量在比较狭窄的范围进行检测，对于过浓或过稀的尾气则无法进行测量，已无法满足对汽车尾气排放控制的要求，因此，在有些车上安装了一种新型的宽频型氧传感器，能够在较宽的混合气浓度范围内对尾气中的含氧量进行测量。

宽频型氧传感器的结构及工作原理如图 4 - 58 所示，它是在普通型氧传感器的基础上增加了一个单元泵和一个测量室。测量室上有一个扩散通孔，尾气通过扩散通孔进入测量室。单元泵受 ECU 控制，可将尾气中的氧泵入测量室，也可将测量室中的氧泵入排气管。ECU 一直控制着单元泵的工作电流，通过改变测量室中氧的含量，使氧传感器的信号电压始终保持在 450 mV。

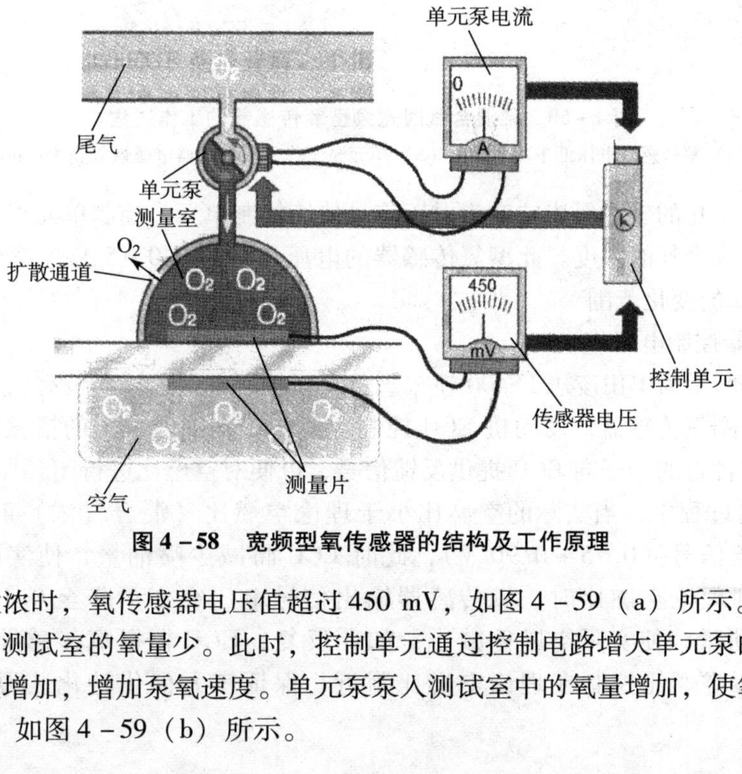

图 4 - 58　宽频型氧传感器的结构及工作原理

当混合气过浓时，氧传感器电压值超过 450 mV，如图 4 - 59（a）所示。单元泵若仍以原来转数工作，测试室的氧量少。此时，控制单元通过控制电路增大单元泵的工作电流，使单元泵旋转速度增加，增加泵氧速度。单元泵泵入测试室中的氧量增加，使氧传感器电压值恢复到 450 mV，如图 4 - 59（b）所示。

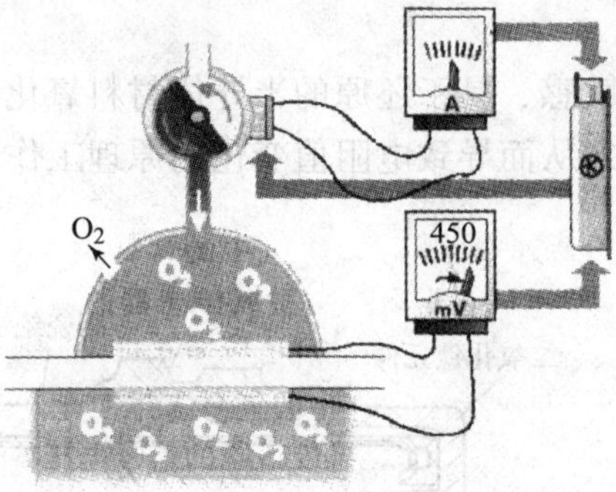

(a)　　(b)

图 4-59　浓混合气时宽频型氧传感器的工作过程

(a) 氧传感器电压超过 450 mV；(b) 单元泵工作，氧传感器电压恢复到 450 mV

当混合气过稀时，氧传感器电压值低于 450 mV，如图 4-60 (a) 所示，单元泵若仍以原来的转速运转，会泵入较多的氧，测试室中氧的含量较多。为能使氧传感器电压值尽快恢复到 450 mV 的电压值，控制单元通过控制电路减小单元泵的工作电流，使泵入测试室的氧量减少，如图 4-60 (b) 所示。

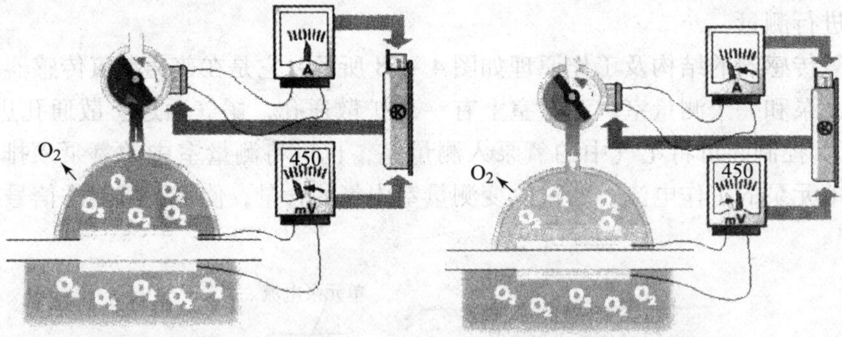

(a)　　(b)

图 4-60　稀混合气时宽频型氧传感器的工作过程

(a) 氧传感器电压低于 450 mV；(b) 单元泵工作，氧传感器电压恢复到 450 mV

将单元泵的变化的工作电流转变为电压信号传给控制单元，控制单元根据此电压信号便能够精确判别出混合气的浓度。此型氧传感器的电压信号能在 0~5 V 连续变化，能够检测到空燃比 10~20 的变化范围。

4）氧传感器控制电路

如图 4-61 所示为丰田凌志 LS400 轿车氧传感器控制电路，该车装有两个热型主氧传感器和两个普通型副氧传感器，发动机 ECU 控制主氧传感器加热线圈的搭铁回路，4 个氧传感器信号分别由各自的端子向 ECU 提供反馈信号，以便对空燃比进行闭环控制。

在闭环控制过程中，当实际的空燃比小于理论空燃比（混合气浓）时，氧传感器向 ECU 输入高电压信号（0.75~0.90 V），此时 ECU 将减少喷油量，使实际空燃比增大；当空燃比增大到理论空燃比时，氧传感器输出信号电压突变下降至 0.1 V 左右，此时 ECU 将增加喷油量，使实际空燃比减小；如此反复，ECU 根据氧传感器信号不断调节喷油量，将实际空燃比控制在理论空燃比附近，保证三元催化转化装置以较高的转化效率工作。

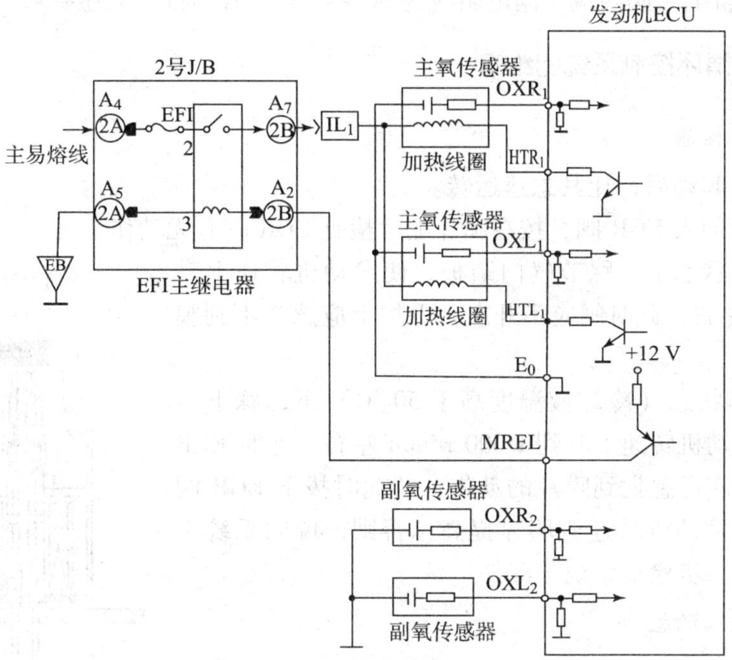

图 4-61　氧传感器控制电路

任务实施

一、汽油蒸气排放控制系统的维修

1. 一般检查

检查各连接管路有无破损或漏气，必要时更换连接软管；检查活性炭罐壳体有无裂纹、底部进气滤芯是否脏污，必要时更换炭罐或滤芯。

2. 控制管路检查

将发动机热车至正常工作温度，并使之怠速运转。拔下蒸气回收罐上的真空软管，检查软管内有无真空吸力。若控制装置工作正常，在发动机怠速运转中电磁阀应不通，软管内应无真空吸力。踩下节气门踏板，使发动机转速大于 2 000 r/min，同时检查上述软管内有无真空吸力。若控制装置工作正常，此时应有吸力。如果检查结果与上述不符，应检查电磁阀及控制线路。

3. 真空控制阀检查

从活性炭罐上拆下真空控制阀，用手动真空泵由真空管接头给真空控制阀施加约 5 kPa 真空度时，从活性炭罐侧孔吹入空气应畅通；不施加真空度时，吹入空气则不通。若不符合上述要求，应更换真空控制阀。

4. 电磁阀检查

发动机不工作时，拆开电磁阀进气管一侧的软管，用手动真空泵由软管接头给控制电磁阀施加一定真空度，电磁阀不通电时应能保持真空度，若给电磁阀接通蓄电池电压，真空度应释放；用万用表测量电磁阀两端子间电阻应为 36 ~ 44 Ω。若不符合上述要求，应更换电磁阀。

二、废气再循环控制系统的维修

1. 工作情况检查

（1）发动机起动后，让其怠速运转。

（2）将手指伸入 EGR 阀，按在膜片上，检查 EGR 阀有无动作。

（3）在冷车状态下，踩节气门踏板，使发动机转速上升到 2 000 r/min 左右，此时阀应不开启，手指上应感觉不到膜片的动作。

（4）在热车状态（冷却液温度高于 50 ℃）下，踩下节气门踏板，使发动机转速上升到 1 000 r/min 左右，此时 EGR 阀应开启，手指应可感觉到膜片的动作，若此时拔下 EGR 阀上的真空软管，发动机转速应明显提高，否则，说明系统工作不正常，应进一步检查系统各部件。

2. EGR 电磁阀的检查

冷态测量电磁阀电阻应为 33 ~ 39 Ω。如图 4 - 62 所示，电磁阀不通电时，从进气管侧吹入空气应畅通，以滤网处吹应不通；接上蓄电池电压时，应相反。

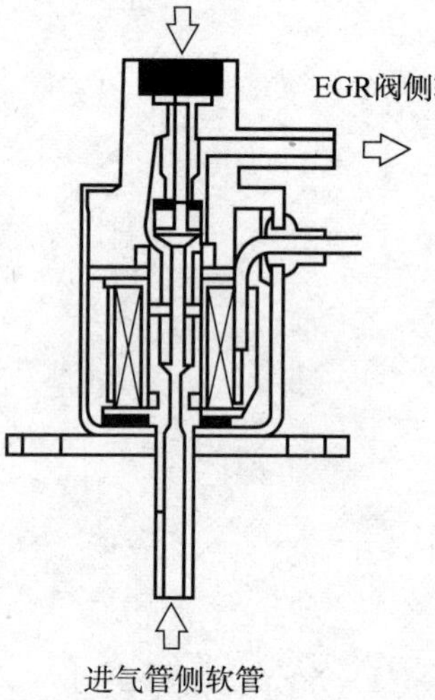

图 4 - 62　EGR 电磁阀的检查

3. 检查 EGR 阀

1）检查背压式 EGR 阀

如图 4 - 63 所示，用手动真空泵给 EGR 阀膜片上方施加约 15 kPa 的真空度，EGR 阀应能开启，不施加真空度，EGR 阀应能完全关闭，否则应更换 EGR 阀。

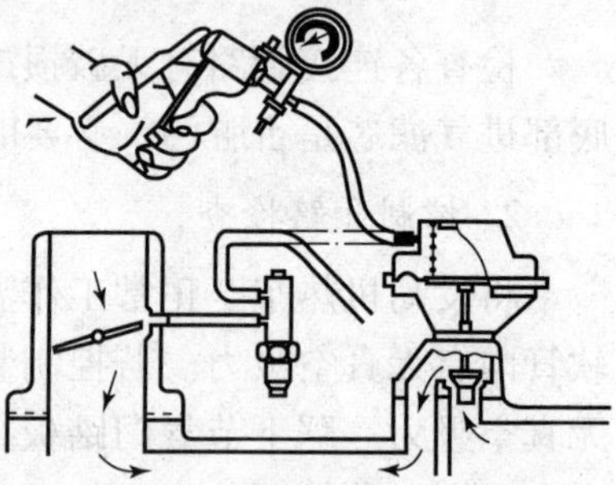

图 4 - 63　检查背压式 EGR 阀

2）检查数字式 EGR 阀

（1）用故障诊断仪检查。将诊断仪连接到 DLC 上，起动发动机并使其怠速运转，用诊断仪选择 EGR 控制，然后激活 EGR 电磁阀，EGR 阀应正常工作。

（2）电阻检查。用万用表测量 EGR 阀电磁线圈的电阻值，应与标准值相符，否则更换 EGR 阀。

3）检查线性式 EGR 阀

（1）利用故障诊断仪检查。线性式 EGR 阀的诊断程序根据车辆制造年份和车型的不同而不同，诊断时，应使发动机怠速运转，并工作在正常工作温度；使用诊断仪使枢轴处于特定的位置，在怠速工况下，枢轴的位置变化不应该超过 3%。实际枢轴的位置可以由诊断仪检测。例如 75%，并且在 2s 内就能达到这个位置。发动机处于怠速时，选择不同的枢轴位置并检查实际的枢轴位置。通常枢轴位置和诊断仪指示其到达的位置的差值应该在 10% 以内。

（2）信号电压检查。将电线束从阀门处断开，并拆下阀门。将数字式电压表一端接到 EGR 阀枢轴位置处，另一端搭铁，并用手将枢轴向上推。电压表读数应该在 1 ~ 4.5 V 变化，否则应更换 EGR 阀。

（3）电阻检查。用万用表测量 EGR 阀的电阻值，应与标准值相符，否则更换 EGR 阀。

4. 检查排气温度传感器

拆下排气温度传感器，将其放在一个装有机油的容器中；再将一个温度计放于机油中，并加热容器；用万用表连接传感器的端子，如图 4－64 所示。读取传感器在不同温度下的电阻值，如果标准值不符，则更换排气温度传感器。

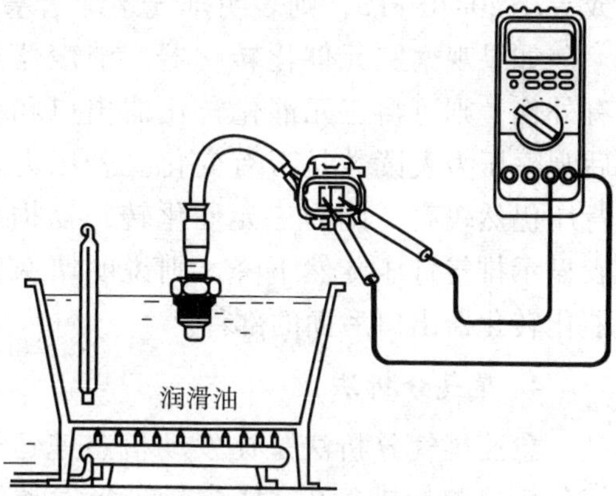

图 4－64 检查排气温度传感器

5. 测试 EGR 阀转换效率

用废气分析仪可以检查 EGR 系统工作状况，分析 EGR 阀转换效率。测试方法和步骤如下：

（1）起动发动机，使发动机保持正常工作温度。

（2）将发动机转速提高至 2 000 r/min 时，观察分析仪上 NO_x 的读数。

（3）参照标准，分析测试数据。

若 NO_x 的测量值小于 $1\ 000 \times 10^{-6}$，说明系统工作正常；若 NO_x 的测量值大于 $1\ 000 \times 10^{-6}$，说明系统工作不正常。

三、三元催化转化器维修

对三元催化转化器进行维修的方法有敲打法、进气歧管真空度检测法、排气背压检测法、尾气分析法、红外温度计测量法、利用氧传感器信号电压波形分析等。

1. 敲打法

通过人工检查可以从一开始判断三元催化转化器是否有损坏。用橡皮槌轻轻敲打三元催化转化器，听有无“咔啦”声，并伴随有散碎物体落下。如果有此异响，则说明三元催化转化器内部催化物质剥落或蜂窝陶瓷载体破碎，必须更换整个转化器。

2. 进气歧管真空度检测法

如图 4－65 所示，将废气再循环阀上的真空管取下，并将管口塞住；将真空表接到真空管上，让发动机缓慢加速到 2 500 r/min，观察真空表，若真空表读数瞬间又回到原有水平（47.5～74.5 kPa）并能维持 15 s，则说明三元催化转化器没有堵塞，否则应该是三元催化转化器或排气管堵塞。

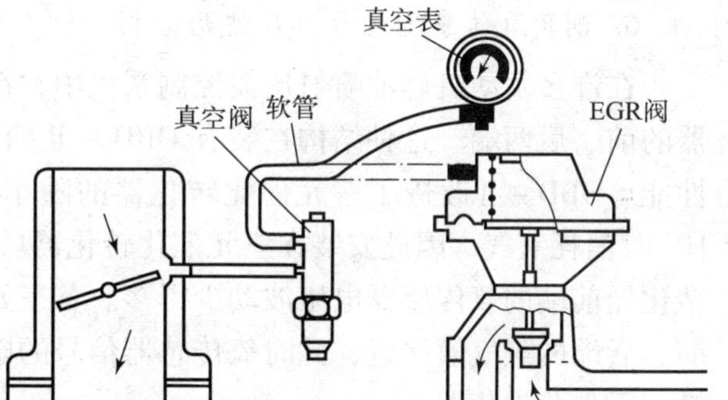

图 4－65 用真空度检测法检查三元催化转化器

3. 排气背压检测法

如图 4－66 所示，从二次空气喷射管路上脱开空气泵单向阀的接头，并在二次空气喷射管路中接一个压力表；起动发动机，使发动机转速为 2 500 r/min，观察压力表的读数，读

项目四 汽油机辅助控制系统的检修

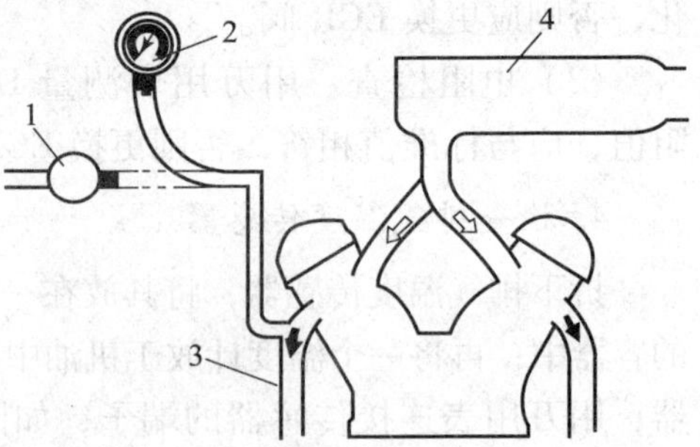

图4-66 排气被压检查法
1—单向阀；2—真空表；3—排气歧管；
4—进气总管

数小于17.24 kPa时，应为正常，若排气背压大于或等于20.70 kPa，则表明排气系统堵塞。

如果观察三元催化转化器、消声器及排气管没有外伤，则可将三元催化转化器出口和消声器脱开后观察压力表读数是否有变化。若压力表显示排气背压仍然较高，则为三元催化转化器损坏；若压力表显示排气背压陡然下降，则说明堵塞发生在三元催化转化器出口后面的部件。

4. 尾气分析法

怠速尾气分析法是让发动机怠速运转，使用尾气分析仪测量排气中CO含量。当发动机正常工作时（空燃比为14.7:1），这时的CO含量为0.5%～1%，当使用二次空气喷射和催化转化技术可以使怠速时的CO含量接近于零，最大不应超过0.3%，否则说明三元催化转化器损坏。另外，据经验分析，通常在怠速时候的NO_x数值应不高于100×10^{-6}，而在稳定工况下，NO_x数值应该不高于$1\,000\times10^{-6}$，在发动机一切正常的情况下，而NO_x数值过高就可能为三元催化转化器故障。

5. 红外温度计测量法

这是一种比较简单的测量方法。三元催化转化器在实际使用过程中，其出口管道温度比进口管道温度至少高出40 ℃，在怠速时，其温度也相差10%。但是若出口与进口处的温度没有差别或出口温度低于进口温度，则说明三元催化转化器没有发生氧化反应，说明三元催化转化器已经损坏。

6. 利用氧传感器信号电压波形分析

在许多发动机燃油喷射反馈控制系统中，都安装两个氧传感器，分别装在三元催化转化器的前、后两端。这种结构在装有OBD－Ⅱ的汽车上，可以有效地检测三元催化转化器的性能。OBD－Ⅱ改进了三元催化转化器的随车监视系统，由于三元催化转化器转化CO和HC时消耗氧气，因此安装在三元催化转化器后端的氧传感器电压波动要比安装在三元催化转化器前端的氧传感器电压波动少得多。若三元催化转化器损坏，其转换能力基本丧失，使前、后端的氧气值接近，此时氧传感器信号的电压波形和波动范围均趋于一致，此时需要更换三元催化转化器。

四、氧传感器维修

1. 外观检查

将传感器从排气管拆下，观察端部颜色，可判断其技术状况的变化情况。

（1）如果端部为淡灰色时，氧传感器技术状况正常。

（2）如果端部为棕色，是铅污染造成的，应更换传感器并避免使用含铅汽油。

（3）如果端部为黑色时，是积炭造成的，在清除积炭和排除混合气过浓原因后，可继续使用。

（4）如果端部为白色，是硅污染造成的，应更换氧传感器并应避免使用硅密封胶。

注意：当发动机运行时，排气系统的温度会很高。不要接触热排气系统，以免烫伤。

2. 线路及传感器检测

以桑塔纳 2000GLi 型轿车氧传感器的测量为例，线路连接如图 4－67 所示。连接端子如图 4－68 所示，其检测方法如下：

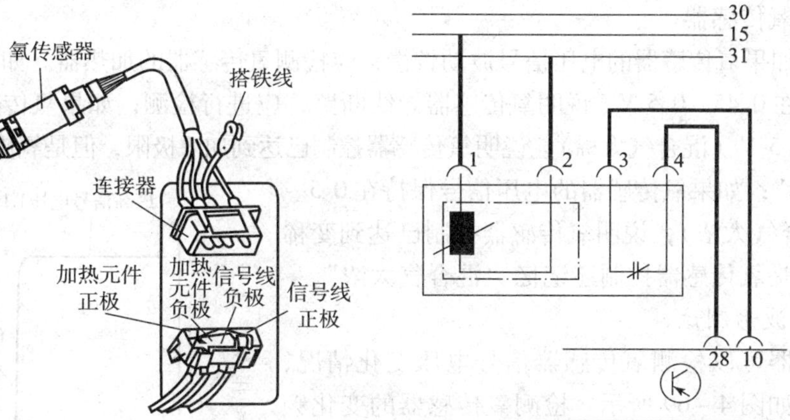

图 4－67　桑塔纳 2000GLi 型轿车氧传感器接线

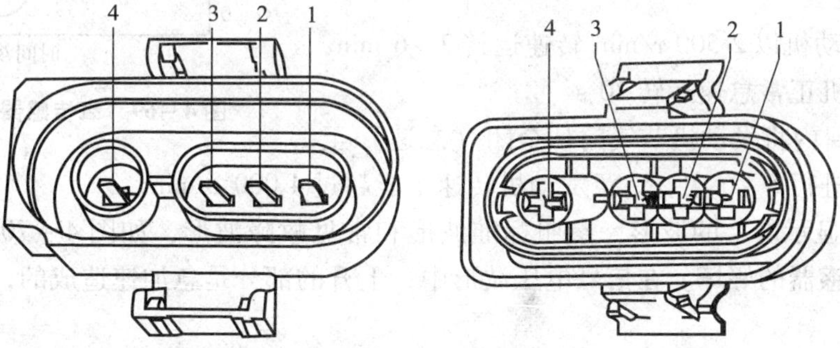

（a）　　（b）

图 4－68　连接端子

（a）插头（传感器端）；（b）插头（ECU 端）

1—插头 1；2—插头 2；3—信号线端；4—地线

（1）起动发动机并怠速，将发动机温度提高到正常温度。用万用表检测氧传感器信号线和地线之间（3～4 脚间）的电压，电压应在 0～1 V 变化，否则进行下一步。

（2）断开点火开关，拔下传感器线束插头。测量传感器插头 1 和 2 端子之间的电阻，室温下应为 1～15 Ω。若阻值为很大，说明加热元件有断路，应更换氧传感器。

（3）检测氧传感器加热器的供电电压，发动机搭铁与线束插头的 1 端子之间的电压应为 12～14 V，否则检查相关线路是否有断路或短路故障。

3. 数据流读取

当怀疑氧传感器出现故障，而发动机 ECU 又检测不到故障信息时，发动机仍能以开环控制方式继续运转，只是发动机工作状态不是最佳，排气中有害气体的含量以及发动机的燃油消耗量增加。这时可利用故障诊断仪，读取氧传感器的工作参数和故障信息。以桑塔纳 2000 轿车 M154 电控发动机的氧传感器检测为例。

（1）起动发动机至工作温度，温度应正常或至少 80 ℃。

（2）检查蓄电池电压、排气系统应正常，氧传感器加热元件应正常。

（3）连接故障诊断仪，进入发动机控制系统数据流读取功能。

（4）将发动机转速提高到大约 2 500 r/min，运行 1 min，然后使发动机进入怠速运转，读取显示区 3 上的氧传感器电压，其电压应在 0.1 ~ 0.9 V 波动，否则应进行电器电路检查，必要时更换氧传感器。

注意：如果氧传感器的电压信号波动较慢，应检测氧传感器的加热器。如果氧传感器的电压信号保持在 0.45 ~ 0.5 V，说明氧传感器导线断路，应进行检测；如果氧传感器的电压信号保持在 0 ~ 0.5 V（混合气太稀），说明氧传感器控制已达到加浓极限，但是氧传感器控制还记忆“混合气太稀”；如果氧传感器的电压信号保持在 0.5 ~ 1.0 V（混合气太浓），说明氧传感器控制已达到变稀的极限，但是氧传感器控制还记忆“混合气太浓”。

4. 信号波形测试

用示波器可以检测氧传感器信号电压变化情况，其标准波形如图 4 - 69 所示。检测氧传感器的变化频率时，要求高、低电平之间变化应不低于 10 次/min。测试步骤如下：

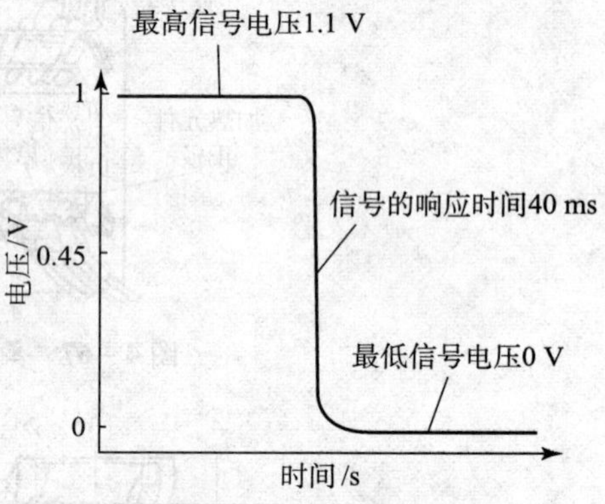

图 4 - 69　氧传感器标准波形

（1）使发动机以 2 500 r/min 转速运转 2 ~ 6 min，然后再让发动机正常怠速运转 20 s。

（2）在 2 s 内将发动机节气门从全闭（怠速）至全开 1 次，共进行 5 ~ 6 次。注意发动机转速不能超过 4 000 r/min。

（3）锁定显示屏上的波形，参照标准波形和常见故障波形，如图 4 - 70 所示，对比分析并判断氧传感器的好坏。在信号电压波形中，上升的部分是急加速造成的，下降的部分是减速造成的。

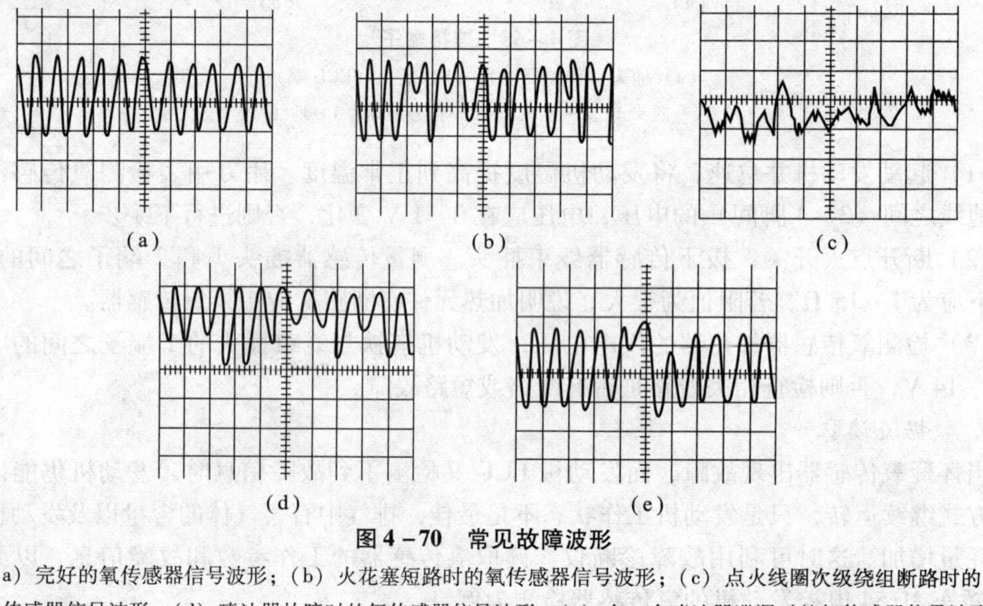

图 4 - 70　常见故障波形

（a）完好的氧传感器信号波形；（b）火花塞短路时的氧传感器信号波形；（c）点火线圈次级绕组断路时的氧传感器信号波形；（d）喷油器故障时的氧传感器信号波形；（e）有一个喷油器泄漏时的氧传感器信号波形

知识扩展

一、二次空气供给系统

1. 二次空气供给系统的功能

二次空气供给系统的功能是：在一定工况下，将新鲜空气送入排气管，促使废气中的CO和HC进一步氧化，从而降低CO和HC的排放量，同时加快三元催化转化器的升温。

2. 二次空气供给系统的组成与工作原理

电控二次空气供给系统（如韩国现代轿车）如图4－71所示。二次空气控制阀由舌簧阀和膜片阀组成，来自空气滤清器的二次空气进入排气管的通道受膜片阀控制，膜片阀的开闭用进气歧管的真空度驱动，其真空通道由ECU通过电磁阀控制。装在二次空气控制阀中的舌簧阀是一个单向阀，主要用来防止排气管中的废气倒流。

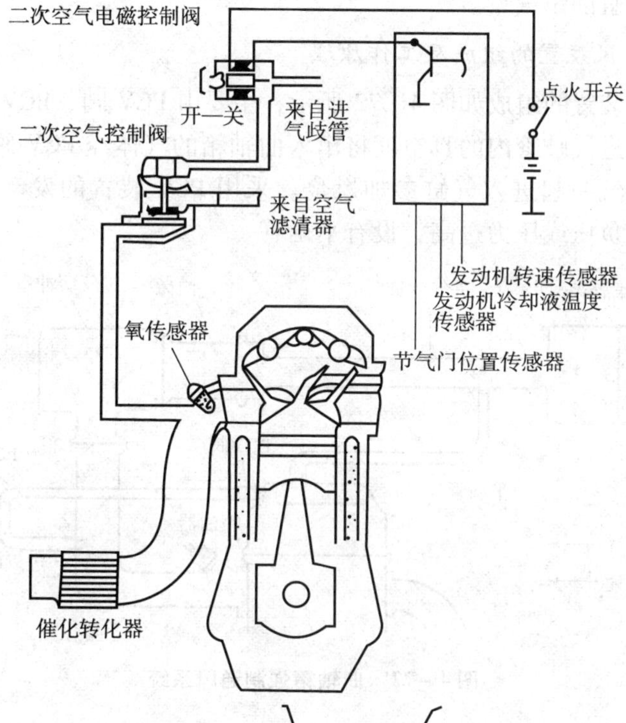

图4－71 二次空气供给系统

点火开关接通后，蓄电池即向二次空气电磁阀供电，ECU控制电磁阀搭铁回路。电磁阀不通电时，关闭通向膜片阀真空室的真空通道，膜片阀弹簧推动膜片下移，关闭二次空气供给通道，不允许向排气管内提供二次空气。ECU给电磁阀通电，电磁阀开启膜片阀真空室的真空通道，进气管真空度将膜片阀吸起，排气管内的脉动真空即可吸开舌簧阀，使二次空气进入排气管。有些发动机和二次空气供给系统，利用空气泵将新鲜空气强制送入排气管。

在下列情况下ECU不给二次空气电磁阀通电：

（1）电控燃油喷射系统进入闭环控制；

（2）冷却水温度超过规定范围；

（3）发动机转速和负荷超过规定值；

（4）ECU 发现有故障。

二、曲轴箱强制通风（PCV）系统

1. 曲轴箱强制通风装置的功用

发动机工作时，不可避免地会有一定量的混合气与废气从燃烧室窜入曲轴箱。因此，曲轴箱内的润滑油，在高温废气中的热量、水分以及汽油等的影响下，将被稀释和发生变质。同时，曲轴箱窜气直接排入大气，将导致 HC 等排放污染物的增加。

曲轴箱强制通风装置的功用就是将窜入曲轴箱内的气体导入发动机进气系统，使之重新回到燃烧室参加燃烧，从而降低汽油机的排放污染。为保证发动机的工作性能，该系统利用 PCV 阀来控制吸入气缸的窜气量。

2. 曲轴箱强制通风装置的组成及工作原理

曲轴箱强制通风装置的组成如图 4－72 所示，主要由 PCV 阀、PCV 软管和平衡管组成，发动机工作时，利用进气歧管内的真空度将窜入曲轴箱的气体经 PCV 阀和 PCV 软管吸入进气歧管，随着新鲜空气一起进入气缸参加燃烧。采用 PCV 装置的发动机曲轴箱是密封的，为防止曲轴箱内产生负压或压力过高，设有平衡管。

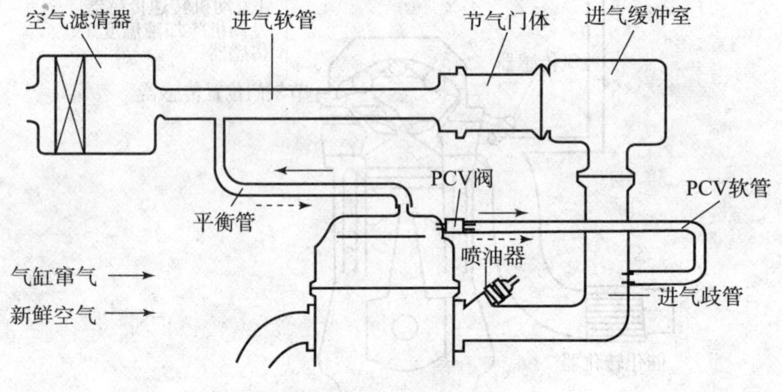

图 4－72　曲轴箱强制通风系统

PCV 阀是一个单向阀，其结构如图 4－73 所示。发动机工况不同，进气歧管真空度也不同，对单向阀产生的吸力与 PCV 阀弹簧的弹力平衡时，单向阀的位置不同，由于单向阀进气歧管侧为锥形，因此随着单向阀位置的不同可改变 PCV 阀的开度，从而实现对吸入窜气量的自动调节。在怠速小负荷或减速时，进气歧管内的真空度较小，PCV 阀开度减小；在大负荷或加速时，PCV 阀开度则增大。

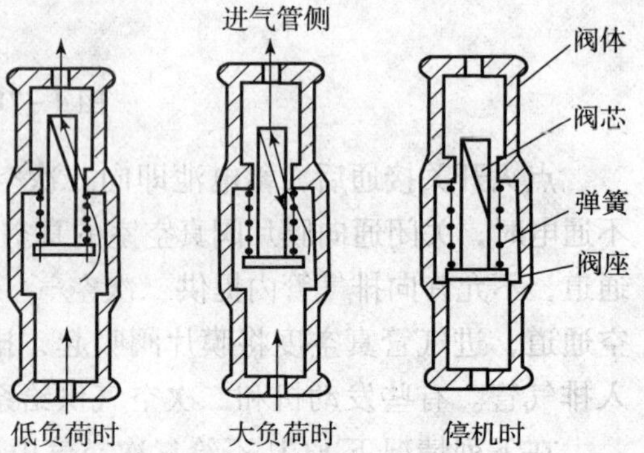

图 4－73　PCV 阀的结构

任务4 巡航控制系统及电控节气门系统

任务目标

（1）了解发动机巡航控制系统及电控节气门系统的组成及工作原理。

（2）熟悉发动机巡航控制系统及电控节气门系统的组成及部件位置与原理。

（3）能够对发动机巡航控制系统及电控节气门系统主要执行元件进行检测。

任务引入

本任务主要介绍电控发动机巡航控制系统及电控节气门系统的结构及维修的相关知识。在熟悉电控发动机巡航控制系统及电控节气门系统的功用、组成、结构等知识的基础上，掌握电控发动机巡航控制系统及电控节气门系统的维修方法。

相关知识

一、巡航控制系统

1. 巡航控制系统的功能

巡航控制系统（CCS）是20世纪60年发展起来的，又称恒速行驶系统。巡航控制系统工作时，ECU根据各种传感器输送来的信号判断汽车的运行工况，通过执行元件自动调节节气门的开度，使汽车的行驶速度与设定的车速保持一致。汽车在良好路面上长时间行驶时，驾驶员起动巡航控制系统并设定行驶速度，不需驾驶员操纵加速踏板，巡航控制系统即可自动保持汽车按设定的车速行驶，不仅减轻了驾驶员的劳动强度，同时利用先进的电子控制技术控制节气门的开度，比驾驶员操纵控制节气门开度更精确，汽车燃料经济性、排放污染性等也可得到改善。

汽车进入巡航控制状态后，若车速过低（一般为40 km/h）、汽车急减速（一般减速度超过2 m/s）或ECU检测到系统有故障时，ECU将自动解除巡航控制。在进行巡航控制时，系统的主要功能包括：

1）匀速控制功能

在巡航控制过程中，ECU对车速传感器的信号与设定的巡航控制车速进行比较，并根据比较结果反馈控制执行元件，修正节气门开度，使汽车以设定的巡航控制车速匀速行驶。

2）巡航控制车速设定功能

汽车在巡航控制车速范围（40～200 km/h）内行驶时，通过操纵开关设定巡航控制车速，巡航控制ECU将设定时的车速存储于ECU存储器内，并使汽车保持这个速度行驶。

3）滑行功能

当汽车以巡航控制模式行驶时，若接通设置和滑行（SET/COAST）开关后不松开，执行器就会关闭节气门，使汽车减速滑行。当松开设置和滑行开关时，ECU便将此时的车速存储，并保持此车速行驶。

4）加速功能

当汽车以巡航控制模式行驶时，若接通设置和加速（SET/ACC）开关，执行器就会将节气门适当开启，使汽车加速行驶。当松开设置和加速开关时，ECU 将此时的车速存储，并保持此车速行驶。

5）恢复功能

只要行驶车速在 40 km/h 以上，若用取消开关以手动的方法将巡航控制模式解除后，接通设置和加速（SET/ACC）开关，就可恢复设定车速。但若车速低于 40 km/h，存储器中的巡航控制车速就会被清除，原设定车速也就不能恢复。

6）车速下限控制功能

车速下限是巡航控制所能设定的最低车速，约为 40 km/h，巡航控制不能低于这个速度。当汽车以巡航控制模式行驶时，若车速降至 40 km/h 以下，巡航控制就会自动解除，设置在存储器的车速也被清除。

7）车速上限控制功能

车速上限是巡航控制所能设定的最高车速，约为 200 km/h。即使操作加速（ACC）开关，也不能使车速超过 200 km/h。

8）手动解除功能

当汽车以巡航控制模式行驶时，若通过手动操作，使真空驱动执行器内的释放阀和控制阀同时关闭，或电动机驱动执行器关闭执行器内的电磁离合器，巡航控制就会解除。

9）自动解除功能

当汽车以巡航控制模式行驶时，若出现伺服调速电动机或安全电磁阀晶体管驱动电流过大，伺服电动机始终朝节气门打开方向转动时，存储器中设置的车速被清除，安全电磁阀离合器断电，巡航控制自动解除，控制开关同时关闭。

在汽车处于巡航控制行驶期间，若车速低于 40 km/h，巡航控制系统的电源中断时间超过 5 ms，巡航控制也会自动解除。

10）自动变速器控制功能

在巡航控制模式下，汽车以超速挡上坡行驶，当车速降至超速挡切断速度（设定车速减去 4 km/h）时，ECU 自动降挡以增加驱动力，防止车速进一步降低。当车速升至超速挡恢复速度（设定车速减去 2 km/h）时，约 6 s 后巡航控制 ECU 会自动恢复超速挡行驶。

11）快速修正巡航控制车速功能

当实际车速与设定车速相差不足 5 km/h 时，每次迅速（在 0.6 s 以内）操纵 SET/COAST 开关，可将设定车速降低约 1.65 km/h；当实际车速与设定车速相差不足 5 km/h 时，每次迅速（在 0.6s 以内）操纵 RES/ACC 开关，可将设定车速提高约 1.65 km/h。

12）自诊断功能

巡航控制 ECU 对系统进行监控，当发生故障时，ECU 接通组合仪表上故障指示灯电路，以提示驾驶员。同时，ECU 存储相应的故障代码，故障代码可通过故障指示灯读取。

2. 巡航控制系统的组成

巡航控制系统主要由操纵开关、安全开关、传感器、巡航控制 ECU 和执行元件等组成，如图 4－74 所示。汽车处于巡航控制模式行驶时，ECU 根据各传感器的信号确定维持或解除巡航控制模式，如维持巡航控制模式，则根据相关传感器信号和设定的巡航控制车速，确定调节节气门的开度，并通过执行元件调节节气门开度，使汽车自动以设定的巡航控制车速行驶。

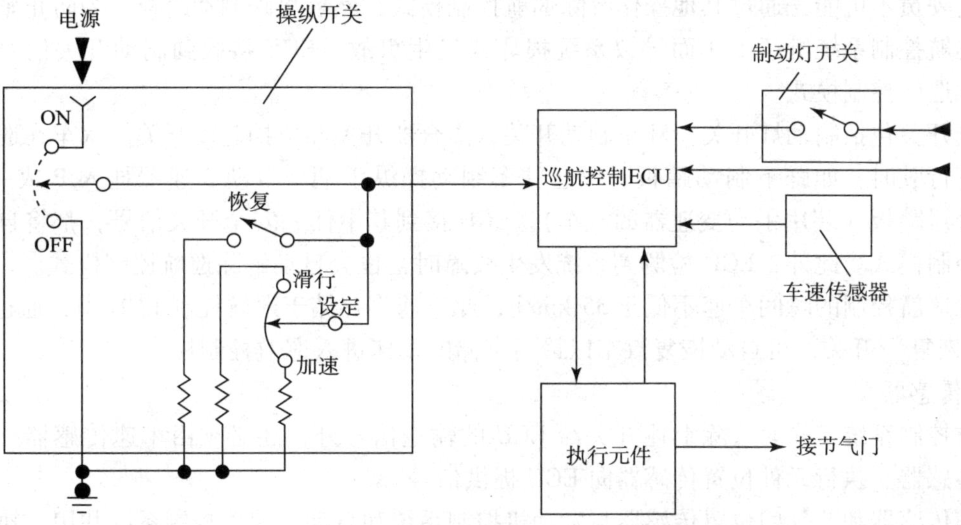

图 4－74　巡航控制系统的组成

1）操纵开关

如图 4－75 所示，操纵开关安装在转向信号手柄上或转向盘上，驾驶员通过操纵开关给 ECU 输入巡航控制命令，主要用于选择巡航控制模式、设置或修改巡航控制车速等。

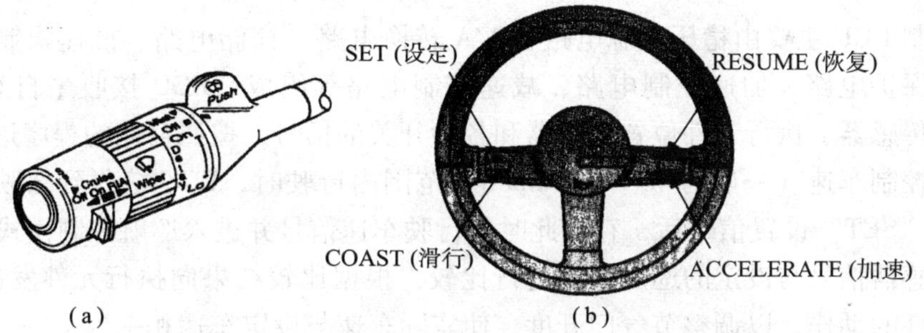

图 4－75　巡航控制开关

（a）开关在转向信号手柄上；（b）开关在转向盘上

“ON－OFF（或 MAIN）”开关是巡航控制系统的主电源开关，安装在转向柱或方向盘等驾驶员容易操作的位置上，一般采用按键式，每次将其按下，该系统的电源就接通或关闭。主开关接通时，如将点火开关关闭，巡航控制系统的主电源开关也关闭，即使点火开关再次接通，此开关仍保持关闭。

“SET/COAST”（设定/滑行）开关用于设定巡航控制车速，或在巡航控制模式下使汽车减速滑行（降低巡航控制车速）。“RESUME/ACCELERATE”（恢复/加速）开关用于恢复巡航控制模式，或在巡航控制模式下使汽车加速（提高巡航控制车速）。有些汽车上还设有“CANCEL”（取消）开关，用于手动解除巡航控制模式。

2）安全开关

安全开关的功用是向 ECU 提供解除巡航控制的信号，以免巡航控制系统的工作与驾驶员的操作目的发生冲突，导致系统损坏或发生事故。如汽车在巡航控制模式行驶时，紧急情况下，驾驶员不可能先通过其他操作解除巡航控制模式，然后再踩制动踏板；为防止紧急制动时，巡航控制系统继续工作而导致系统损坏或发生事故，ECU 接收到制动开关信号时会自动解除巡航控制模式。

安全开关包括制动灯开关、驻车制动开关、离合器开关和空挡起动开关。汽车在巡航控制模式下行驶时，如踩下制动踏板、拉起驻车制动操纵手柄、自动变速器挂入 P 或 N 位、踩下离合器踏板（装用手动变速器的汽车），ECU 接到其中任一安全开关信号，都将自动解除巡航控制模式。此外，ECU 检测到系统发生故障时，也会自动解除巡航控制模式。

解除巡航控制的瞬间车速不低于 35 km/h，此车速将存储于巡航控制 ECU 中，通过 RESUME（恢复）开关，可自动恢复汽车以最后存储的车速进入巡航控制模式。

3）传感器

巡航控制系统工作时，除上述开关给 ECU 的输送信号外，还必须由车速传感器、节气门位置传感器、执行元件位置传感器向 ECU 提供信号。

车速传感器和节气门位置传感器与发动机控制系统和自动变速器控制系统共用。执行元件位置传感器向 ECU 提供执行元件的位置反馈信号，目前采用较多的是电位计式，其结构和工作原理与节气门位置传感器基本相同。

4）巡航控制 ECU

有些汽车的巡航控制 ECU 是专用的，有些则与发动机控制 ECU 或车身控制系统 ECU 等合为一体。

巡航控制 ECU 主要由稳压电源电路、D/A 转换电路、存储电路、低速限制电路、高速限制电路、保护电路、加速控制电路、减速控制电路等组成。ECU 接收来自车速传感器、节气门位置传感器、执行元件位置传感器和各种开关的信号，按照存储的程序进行处理。当汽车在巡航控制车速（一般为 40 ~ 200 km/h）范围内行驶时，ECU 接收到驾驶员通过操纵开关输入的“SET”设置信号后，存储此时的行驶车速信号并进入巡航控制模式，然后 ECU 便对车速传感器信号与设定的巡航车速进行比较，根据比较结果向执行元件发出指令信号，控制执行元件的动作，以调整节气门开度，使实际车速与设定车速相一致。

5）执行元件

执行元件的功用是执行 ECU 的指令，控制节气门的开度。巡航控制执行元件主要有两种类型：电动机式和气动膜片式。

3. 电动机式巡航控制执行元件

电动机式巡航控制执行元件主要由电动机、电磁离合器、位置传感器和安全开关等组成。如图 4－76 所示，输出轴与电磁离合器主动件制成蜗杆蜗轮传动机构，电磁离合器的从动盘与减速齿轮制成一体，

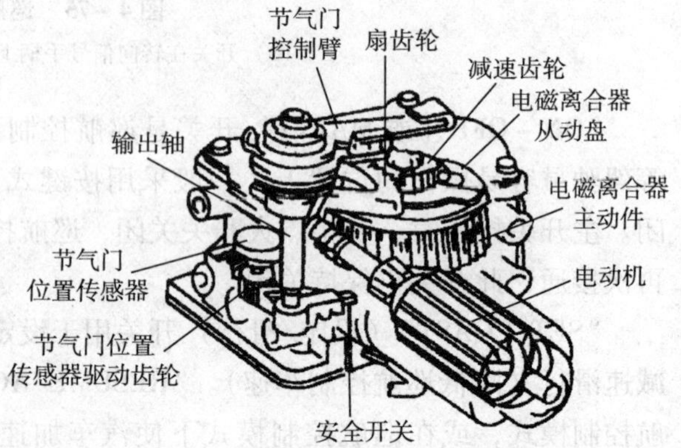

图 4－76　电动机式巡航控制执行元件的结构

减速齿轮与输出轴上的扇齿轮啮合，输出轴则通过控制臂与节气门（节气门拉线）连接。在汽车以巡航控制模式行驶时，电磁离合器处于结合状态，电动机驱动电磁离合器主动件、从动盘、减速齿轮、扇齿轮和输出轴一起转动，再通过输出轴上的控制臂和节气门拉线控制节气门的开度。电位计式位置传感器利用齿轮来驱动。

电动机为步进型，受巡航控制 ECU 控制，通过正反转控制节气门开度增大或减小，通过转动步数控制节气门开度变化量。

电磁离合器控制电动机与节气门之间的动力传递。汽车在巡航控制模式行驶时，满足下列条件之一，巡航控制 ECU 将切断电磁离合器电路，使电磁离合器分离，解除巡航控制模式：驾驶员通过操纵开关输入“CANCEL”信号、车速下降到低于 40 km/h、踩下制动踏板、拉起驻车制动操纵手柄、自动变速器挂入 P 或 N 位、踩下离合器踏板。

安全开关起保护作用。当节气门全开或全闭时，若步进电动机继续转动，就会损坏。因此，在电动机电路中设有两个安全开关，开关由输出轴驱动，节气门处于全开或全闭位置时，安全开关断开，使电动机停止工作。

4. 气动膜片式巡航控制执行元件

气动膜片式巡航控制执行元件如图 4 – 77 所示，主要由真空输送阀、真空输送控制电磁阀、真空释放阀、真空释放控制电磁阀、膜片气室和膜片拉杆等组成。膜片通过拉杆与节气门控制臂或节气门拉线连接，ECU 通过控制两个电磁阀线圈信号的占空比来控制真空输送阀和真空释放阀的开度，进而改变膜片气室的真空度，调节膜片的位置来改变节气门的开度，达到控制汽车行驶速度的目的。该执行机构中还设有一个释放阀，当解除巡航控制模式时，控制线圈断电，允许空气进入执行机构内，这样可保证即使控制阀的空气进口开启失败，巡航控制的功能也能够安全解除。

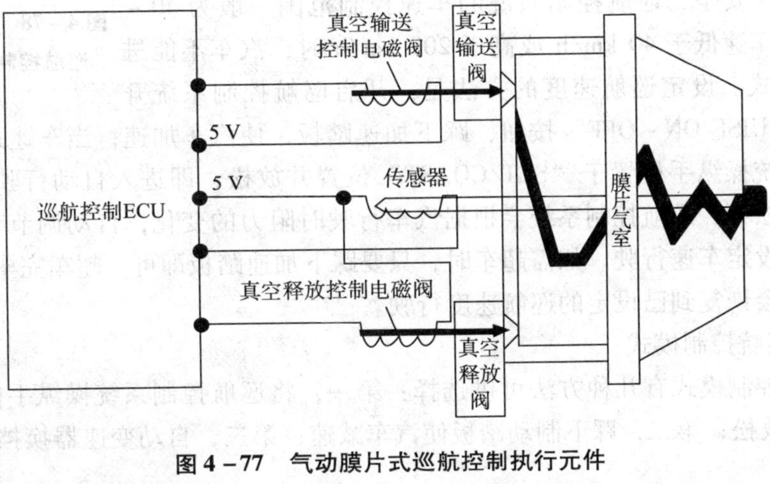

图 4 – 77　气动膜片式巡航控制执行元件

5. 巡航控制使用注意事项

（1）当交通流量较大，在雨、冰、雪等湿滑路面上行驶，或遇上大风天气时，不要使用巡航控制系统。

（2）在解除巡航控制模式后，关闭巡航控制系统的控制开关，以免巡航控制系统耽误工作。

（3）汽车在坡道较大或较多的道路上行驶时，使用巡航控制系统，会引起发动机转速变化过大，因此最好不要使用巡航控制系统。汽车下长坡时，应解除巡航控制模式，以便将变速器换入低挡，利用发动机制动使车速得到控制。

（4）使用巡航控制系统要注意观察仪表板上的“CRUISE ON－OFF”指示灯是否闪亮。指示灯闪亮时，表明巡航控制系统有故障，应解除巡航控制模式，待排除故障后再使用巡航控制系统。

（5）ECU 是巡航控制系统的中枢，对电磁环境、湿度及机械振动等有较高的要求。ECU 电源接插件一般不会插错，但在维修中有可能重新接线，此时必须注意电源的极性及电源线的位置。电源接插件应保持清洁，金属部分应保持无氧化、无变形和无油污。接插件应连接到位，有锁紧装置的必须锁紧。

6. 巡航控制系统的使用方法

由于不同车型，巡航控制系统操纵开关设置的位置和类型不同，巡航控制系统的使用方法也略有差异。以丰田凌志 LS400 为例，巡航控制系统操纵开关如图 4－78 所示，巡航控制系统的操纵手柄有 4 个开关位置，手柄的端部为主开关按钮，按下主开关按钮时，仪表板上巡航控制系统的“CRUISE MAIN”指示灯亮，表示开启巡航控制模式；如再按一下主开关按钮，则按钮弹起，指示灯灭，表示关闭巡航控制模式。操纵手柄朝下扳动是巡航速度的设定开关，向上推则是解除巡航控制开关，朝转向盘方向扳起是恢复巡航控制开关。

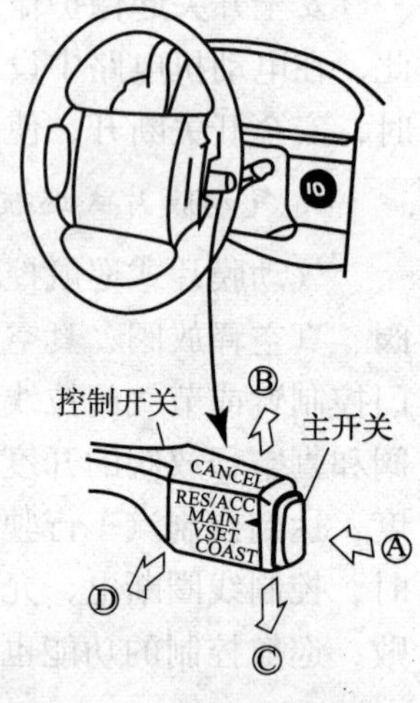

图 4－78 丰田凌志 LS400 巡航控制系统操纵开关

1）设定巡航速度

为确保行车安全，巡航控制系统的车速控制范围一般为 40～200 km/h，即车速低于 40 km/h 或高于 200 km/h 时，汽车不能进入巡航控制模式。设定巡航速度的方法是：开启巡航控制系统开关，按下“CRUISE ON－OFF”按钮，踩下加速踏板，使汽车加速；当车速达到设定值时，将巡航控制系统操纵手柄置于“SET/COAST”位置并放松，即进入自动行驶状态，驾驶员可将加速踏板松开，巡航控制系统会根据汽车行驶时阻力的变化，自动调节节气门的开度，使汽车保持在设定车速行驶。如需超车时，只要踩下加速踏板即可，超车完毕后再放松加速踏板，汽车便会恢复到已设定的巡航速度行驶。

2）解除巡航控制模式

解除巡航控制模式有几种方法可供选择：第一，将巡航控制系统操纵手柄置于“CANCEL”位置并放松；第二，踩下制动踏板使汽车减速；第三，自动变速器换挡手柄置于空挡位置。

3）提高巡航控制车速

将巡航控制系统操纵手柄置于“RES/ACC”位置并保持手柄不动，此时车速将逐渐加快，当车速达到要重新设定的巡航速度时放松手柄即可。这种加速方法与踩加速踏板加速相比，所用时间较长。

4）降低巡航控制车速

将巡航控制系统的操纵手柄置于“SET/COAST”位置并保持手柄不动，此时汽车将减速行驶，当车速降至所要求的设定速度时释放操纵手柄即可。这种减速方法与踩制动踏板减速相比，减速度要小。

二、电控节气门系统

1. 电控节气门系统的功能

节气门一般都是由驾驶员直接控制，节气门的开度随加速踏板的位置而改变，在驾驶员人工操纵条件下，节气门开度的变化规律难以满足实际要求。电控节气门系统主要是根据加速踏板位置传感器信号、节气门位置传感器信号、车速传感器信号、驾驶模式信号、挡位信号等，通过驱动节气门的电动机精确控制节气门的开度变化，从而实现节气门开度的优化控制。其控制功能包括：

1）非线性控制

驾驶员通过加速踏板直接控制节气门开度时，由于驾驶员的反应速度和机械操纵装置的误差等因素，很难保证发动机转速或功率的变化满足汽车的驾驶性能和乘坐舒适性等的要求。而电控节气门系统可实现所有工况下节气门开度的优化控制，如加速、减速等工况下，使节气门开度更精确，节气门开度变化更圆滑，从而改善汽车驾驶性能和乘坐舒适性。

2）怠速控制

装用电控节气门系统的发动机，不需装用怠速控制阀，由节气门控制电动机即可完成怠速控制阀的功能。

3）减小换挡冲击控制

节气门电控系统与自动变速器电控系统工作同步，降低自动变速器换挡时产生的冲击。

4）驱动力控制（TRC）

节气门控制作为 TRC 系统的一部分，电控节气门系统根据 ABS（制动防抱死系统）、TRC 系统 ECU 的输出指令信号，调节节气门开度，改变发动机的输出动力，以满足车辆行驶的驱动力要求。

5）稳定性控制（VSC）

电控节气门系统也接收 VSC 系统 ECU 的输出指令信号，调节节气门开度，以满足稳定性控制的需要。

6）巡航控制

装用电控节气门系统后，巡航控制系统的执行元件可由节气门控制电动机代替，完成巡航控制功能。

2. 电控节气门系统结构与工作原理

各种汽车装用的电控节气系统结构基本相同。如图 4－79 所示为丰田凌志 LS400 轿车节气门电控系统，加速踏板位置传感器和节气门位置传感器均采用电位计式，分别安装在节气门体上的节气门轴两端；加速踏板位置传感器检测加速踏板的开度大小及开度变化速率，并转换成电信号输送给 ECU；节气门位置传感器则检测节气门的开度大小及开度变化速率，并转换成电信号输送给 ECU，两传感器的输出特性相同。

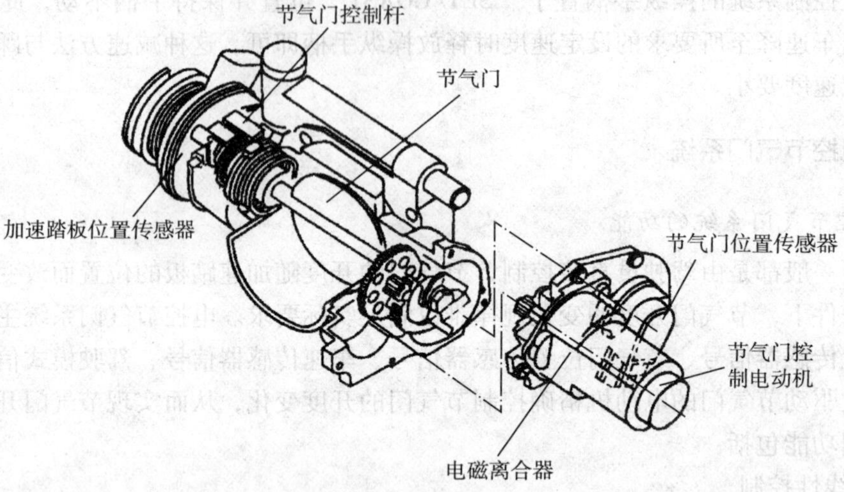

图 4－79　电控节气门系统

节气门控制电动机为具有良好响应和低能耗的直流步进电动机，发动机 ECU 控制其转动方向和步数，以实现对节气门开度的控制。电磁离合器通常处于接合状态，使节气门控制电动机能够打开或关闭节气门，如果节气门电控系统出现故障，该离合器自动分离，以免控制电动机错误地打开或关闭节气门。

加速踏板通过节气门拉线与节气门轴上的节气门控制杆连接。电控节气门系统发生故障时，电磁离合器切断控制电动机与节气门之间的动力传递，节气门在回位弹簧作用下关闭，此时加速踏板通过节气门拉线带动节气门控制杆将节气门打开并限制其开度，即使加速踏板踩到底，节气门开度也不能增大。

电控节气门系统的工作原理如图 4－80 所示，发动机 ECU 根据各传感器输入信号确定最佳的节气门开度，并通过对控制电动机和电磁离合器的控制改变节气门开度。

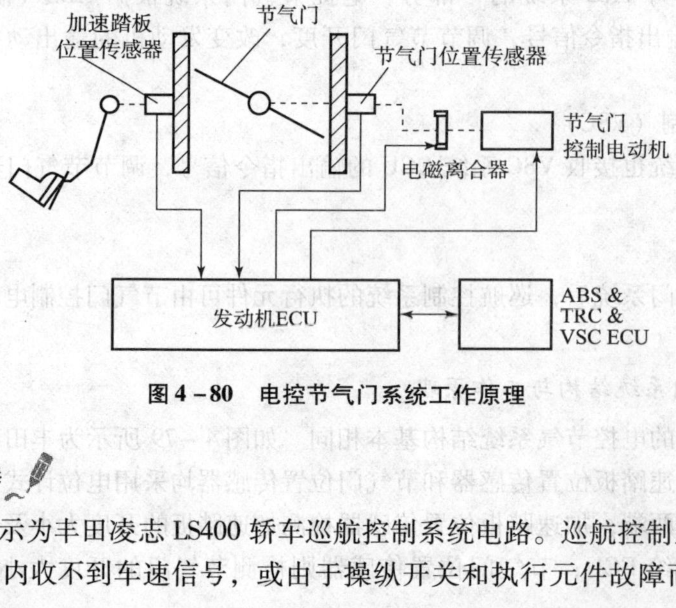

图 4－80　电控节气门系统工作原理

任务实施

如图 4－81 所示为丰田凌志 LS400 轿车巡航控制系统电路。巡航控制系统工作时，如果 ECU 在预定的时间内收不到车速信号，或由于操纵开关和执行元件故障而自动解除巡航控制模式，ECU 会使仪表盘上的巡航控制系统指示灯“CRUISE MAIN”闪烁 5 次，表明巡航控制装置已有故障。在调取故障码时，先将点火开关置于“ON”位置，然后用专用跨接线将诊断座“TDCL”上的端子 TC 和 EI 短接起来，根据指示灯的闪烁频率读取故障码，根据故障码提示进行检修。

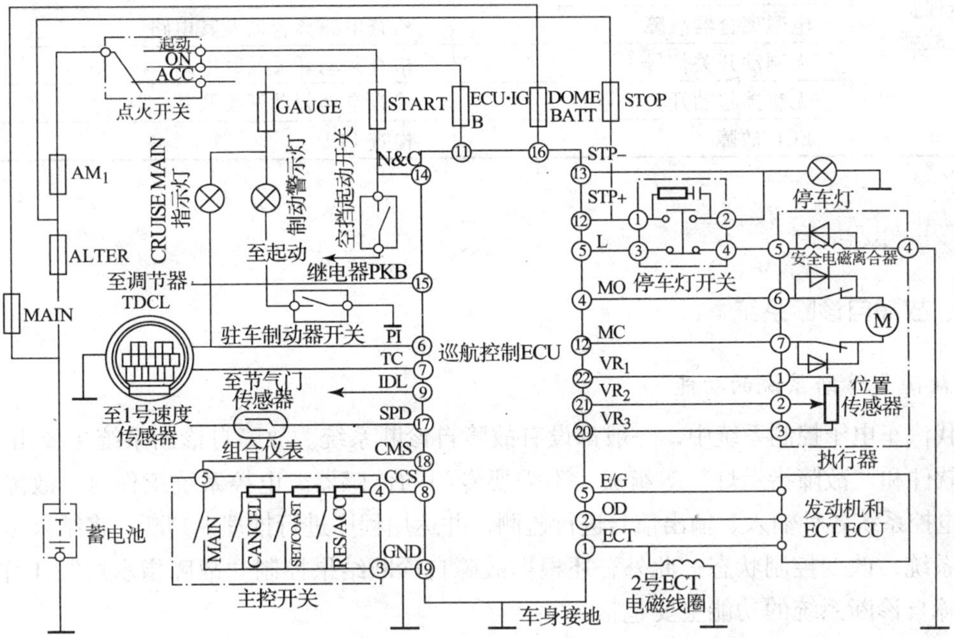

图 4-81　丰田凌志 LS400 轿车巡航控制系统电路

巡航控制系统常见故障主要有：不能进入巡航控制模式、间歇性故障、不能维持巡航控制车速、安全保护系统故障等。巡航控制系统常见故障诊断方法如表 4-2 所示。

表 4-2　巡航控制系统常见故障诊断方法

故障类型	故障现象或原因	诊断方法
不能进入巡航控制模式	巡航控制操纵开关失效	检查开关工作状态及其电路
	节气门位置传感器无信号输出	检查传感器及其电路
	车速传感器无信号输出	检查传感器及其电路
	执行元件不工作	检查执行元件工作状态及其电路
	节气门不能动作	检查节气门控制臂及拉线
	安全保持系统故障	见“安全保持系统故障”
	ECU 故障	检查 ECU
间歇性故障	有时不能进入巡航控制模式，有时能正常进入巡航控制模式	检查电源继电器、车速传感器及其电路
		检查操纵开关、ECU、执行元件是否正常
		检查各连接线路、线束连接器是否连接可靠
不能维持巡航控制车速	巡航控制车速比设定值高或低	检查执行元件工作情况
		检查 ECU 是否有故障
		检查车速传感器有无信号输出

续表

故障类型	故障现象或原因	诊断方法
安全保护系统故障	车速传感器信号不正确或无信号	检查传感器及其电路
	高速限制电路故障	检查高速限制开关及其电路
	低速限制电路故障	检查低速限制开关及其电路
	电磁离合器故障	检查电磁离合器及其电路
	无制动开关信号	检查制动开关及其电路
	无空挡起动开关信号	检查空挡起动开关及其电路
	ECU 故障	检查 ECU

知识扩展

一、故障自诊断系统

1. 故障自诊断系统的功能

现代汽车电子控制系统中，一般都设有故障自诊断系统。故障自诊断系统主要由 ECU 中的部分软件和“故障指示灯”等组成，不需要专门的传感器。电控系统工作时，故障自诊断系统对电控系统各种输入、输出信号进行监测，并运用程序进行推理、判断，将结果迅速反馈到主控系统，改变控制状态；此外，还根据故障自诊断结果控制“故障指示灯”工作。

故障自诊断系统的功能主要包括：

（1）通过故障自诊断测试判断电控系统有无故障，当出现故障时，点亮故障指示灯发出报警信号，并将诊断结果以故障码的形式进行存储。但故障自诊断系统对所设故障码以外的故障无能为力，特别是机械装置、真空装置等，故障自诊断系统无法对其进行监测，对这些装置的故障还应采取传统的检测诊断方法。

（2）在维修时，通过一定的操作程序可将故障码调出，以便维修人员迅速、准确地确定故障的性质和部位，有针对性地检查有关元件、线路，排除故障。故障排除后，还应能将存储的故障码清除，以便于故障自诊断系统进行新的故障自诊断测试；如不将旧的故障码清除掉，可能会给下一次维修带来不必要的麻烦。

（3）当传感器或其电路发生故障时，自动起动失效保护功能，以保证发动机能继续运转，或强制中断燃油喷射使发动机停止运转。

（4）当发生故障导致车辆无法行驶时，自动起动应急备用系统，以保证汽车可以继续行驶。

2. 故障自诊断系统工作原理

电控系统工作时，ECU 不断收到各种传感器输入的信号，也不断向执行机构输出指令信号，故障自我诊断系统就是根据这些信号来判断有无故障的。

1）传感器故障自诊断原理

传感器是向 ECU 输送信号的电控系统元件，不需专门的线路，故障自诊断系统即可对各种传感器进行故障自诊断。若某传感器输入 ECU 的信号超出正常范围，或在一定时间内 ECU 收不到该传感器信号，或该传感器输入 ECU 的信号在一定时间内不发生变化，故障自诊断系统均判定为“故障信号”。若故障信号持续出现超过一定时间或多次出现，故障自诊断系统即判定有故障，并将此故障以故障码的形式输入 ECU 的存储器中，同时接通故障指示灯电路警告驾驶员。此外，故障自诊断系统还会根据故障性质，自动起动失效保护系统或应急备用系统等。

故障信号的产生原因除传感器自身的故障外，传感器电路接触不良、断路或短路，也会导致故障信号的产生。故障自诊断系统只能根据传感器输入信号来判定有无故障，但不能确定故障的具体部位，因此，在进行故障诊断时，除按调取的故障码含义对相应传感器进行检查外，还应检查与传感器相关的线路。

以冷却液温度传感器为例，其自诊断原理如图 4－82 所示。正常工作时向 ECU 输送的信号电压应为 0.3～4.7 V，对应发动机冷却液的温度为 －30 ℃～120 ℃。发动机正常工作时，若冷却液温度传感器向 ECU 输送的信号电压低于 0.3 V 或高于 4.7 V，故障自诊断系统则会判定为故障信号。此故障信号只是偶然出现，故障自诊断系统不会认为有故障，但若此故障信号持续出现超过一定时间或多次出现，故障自诊断系统即判定冷却液温传感器或其电路有故障。

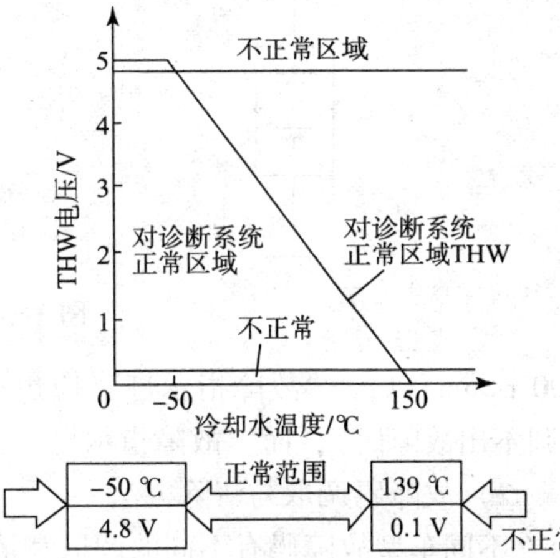

图 4－82　冷却液温度传感器故障自诊断原理

2）执行元件故障自诊断原理

电控系统的执行元件一般只接收 ECU 的执令信号，所以在没有反馈信号的开环控制系统，执行元件或其电路是否有故障，自诊断系统只能根据 ECU 输出的执令信号来判断，其自诊断原理与传感器类似。

带有反馈信号的闭环控制系统（如点火控制系统、爆燃控制系统等）工作时，自诊断系统还可根据反馈信号判别故障。这类系统出现故障，有些会导致电控系统停止工作。例如：电控点火系统在正常工作时，ECU 对点火进行控制，并在每次点火后根据点火器发回的反馈信号确认是否点火；如果点火器或其他元件出现故障，导致 ECU 连续 3～5 次收不到反馈信号，自诊断系统便判定电控点火系有故障，为避免燃油浪费和造成排放污染，强行停止电控燃油喷射系统继续喷油，致使发动机熄火。

3. 故障自诊断系统的使用

1）故障指示灯

在自诊断系统检测到故障时，仪表盘上的故障指示灯“CHECK ENGINE”点亮，以警告驾驶员或维修人员。有些汽车电控系统发生故障后，可按特定的操作程序根据“故障指示灯”的闪烁次数来读取故障码。如图 4－83 所示为丰田车系故障指示灯控制电路，蓄电池经点火开关和保险丝给故障指示灯提供电源，ECU 通过 W 端子控制故障指示灯搭铁回路。

在车辆行驶中，点火开关接通，发动机没有起动或起动后的短时间内，“故障指示灯”点亮是正常现象，但起动后几秒（一般 3～5 s）内或发动机达到一定转速（一般为

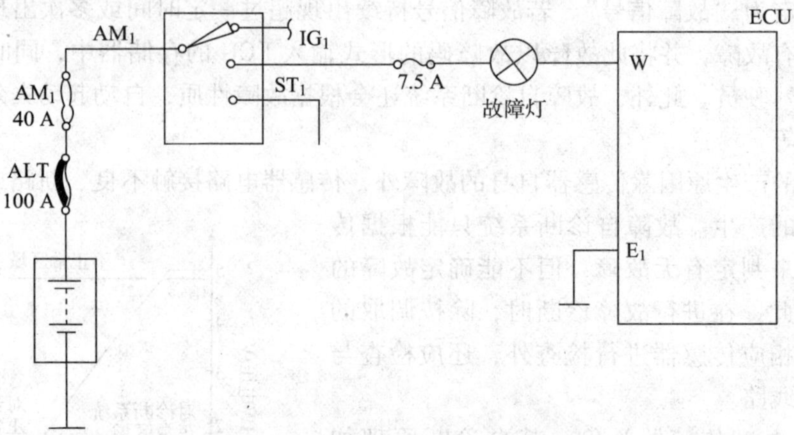

图 4-83　故障指示灯控制电路

500 r/min）后，“故障指示灯”应熄灭。否则说明自诊断系统检测到故障，若系统无故障（调不出故障码），而“故障指示灯”点亮，应检查其控制电路是否搭铁。

2）故障码调取与清除方法

不同车型故障码有不同的调取和清除方法，故障码的含义也不同，常见车型故障码含义及调取与清除方法将在本书后面相关内容中介绍。

4. OBD-Ⅱ简介

在汽车技术发展的历程中，由于世界各大汽车制造公司的技术特点各不相同，缺乏统一的标准，导致各种汽车自诊断系统的故障诊断座形式和位置、读取与清除故障码的方法各异，这给汽车用户和维修人员带来了很大不便。为此，20 世纪 70 年代，汽车电控系统中开始采用了第一代随车诊断系统（OBD-Ⅰ）；1994 年以后，美国、日本和欧洲的主要汽车制造厂家生产的电控汽车逐步开始采用第二代随车诊断系统（OBD-Ⅱ）。

OBD 是“on-board diagnositics”的英文缩写，即随车诊断系统。OBD-Ⅱ则是指第二代随车诊断系统。OBD-Ⅱ由美国汽车工程学会（SAE）提出，经环保机构（EPA）和加州资源协会（CARB）认证通过。OBD-Ⅱ的主要特点如下：

（1）汽车按标准装用统一的 16 端子诊断座，如图 4-84 所示。并将诊断座统一安装在驾驶室仪表盘下方。

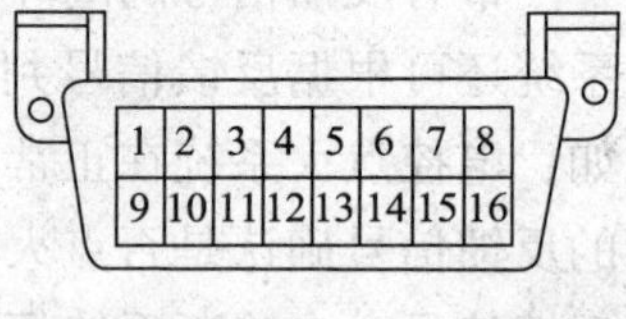

图 4-84　OBD-Ⅱ诊断座

（2）OBD-Ⅱ具有数据传输功能，并规定了两个传输线标准：欧洲统一标准（ISO-Ⅱ）规定数据传输用 7 和 15 端子，美国统一标准（SAE-J1850）规定数据传输用 2 和 10 端子。

（3）OBD-Ⅱ具有行车记录功能，能记录车辆行驶过程的有关数据资料；能记忆和重新显示故障码的功能，可利用仪器方便、快速地调取或清除故障码。

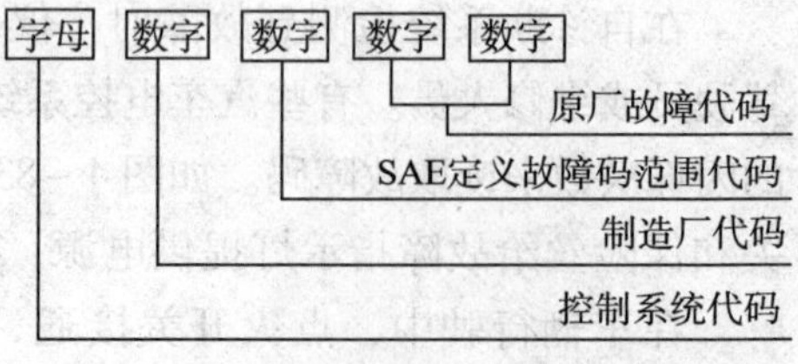

图 4-85　OBD-Ⅱ故障码形式

（4）装用 OBD-Ⅱ的汽车，采用相同的故障码代号及故障码意义统一。故障码由 1 个英文字母和 4 个数字组成，如图 4 - 85 所示。故障码说明如表 4 - 3 所示。SAE 共规定了 102 个统一的 OBD - Ⅱ故障码，其含义如表 4 - 4 所示。

表 4 - 3　OBD - Ⅱ故障码说明

代码性质	代码	代码含义
控制系统代码（英文字母）	P	汽车发动机和自动变速器控制系统
	C	汽车底盘控制系统
	B	汽车车身控制系统
制造厂代码（1 位数字）	0	SAE 定义的故障代码
	其他 1、2、3、…、9	汽车制造厂自定义的故障代码
SAE 定义故障码范围代码（1 位数字）	1	燃油或进气测量系统故障
	2	燃油或进气测量系统故障
	3	点火系统故障或发动机间歇熄火故障
	4	废气控制系统故障
	5	怠速控制系统故障
	6	ECU 或执行元件控制系统故障
	7	自动变速器控制系统故障
	8	自动变速器控制系统故障
原厂故障代码（2 位数字）	企业自定	由原厂规定的具体元件故障码，不同代码有不同的含义

表 4 - 4　OBD - Ⅱ故障码含义

故障码	故障码含义	故障码	故障码含义
P0100	空气流量计线路故障	P0122	节气门位置传感器信号电压过低
P0101	怠速时空气流量计信号不良	P0123	节气门位置传感器信号电压过高
P0102	空气流量计信号电压过低	P0125	发动机无法达到闭环工作温度
P0103	空气流量计信号电压过高	P0130	主氧传感器信号电压过高或过低
P0105	大气压力传感器信号不良	P0131	氧传感器信号电压过低
P0107	进气管绝对压力传感器信号电压过高	P0132	氧传感器信号电压过高
P0108	进气管绝对压力传感器信号电压过低	P0133	主氧传感器信号电压变化不灵敏
P0110	进气温度传感器线路故障	P0135	主氧传感器加热线圈线路不良
P0111	进气温度传感器信号不良	P0136	副氧传感器信号电压过高或过低
P0112	进气温度传感器线路短路	P0137	副氧传感器信号电压过低
P0113	进气温度传感器线路断路	P0138	副氧传感器信号电压过高
P0115	冷却水温度传感器线路故障	P0140	副氧传感器线路断路
P0116	冷却水温度传感器信号不良	P0141	副氧传感器加热线圈线路短路
		P0150	后氧传感器信号电压过高或过低
P0117	冷却水温度传感器线路短路	P0151	前氧传感器信号电压过低
P0118	冷却水温度传感器线路断路	P0152	前氧传感器信号电压过高
P0120	节气门位置传感器信号不良	P0153	后氧传感器信号变化率过慢
P0121	节气门位置传感器调整不当	P0154	前副氧传感器线路断路

续表

故障码	故障码含义	故障码	故障码含义
P0155	后氧传感器加热线圈线路短路	P0403	EGR 阀控制系统线路不良
P0158	后副氧传感器信号电压过高	P0420	TWC 或后氧传感器不良
P0160	后副氧传感器信号线路不良	P0421	TWC 不良
P0161	后副氧传感器信号线路受干扰	P0422	TWC 不良
P0171	氧传感器信号电压过低	P0430	后 TWC 不良
P0172	氧传感器信号电压过高	P0440	活性炭罐堵塞或控制不良
P0174	后氧传感器信号电压过低	P0443	活性炭罐电磁阀线路不良
P0175	后氧传感器信号电压过高	P0444	活性炭罐电磁阀信号电压过低
P0201	第一缸喷油器线路不良	P0445	活性炭罐电磁阀信号电压过高
P0202	第二缸喷油器线路不良	P0500	无车速信号
P0203	第三缸喷油器线路不良	P0501	实际车速在 29 km/h 以上，但无车速信号
P0204	第四缸喷油器线路不良	P0502	已挂入挡位，且发动机转速在 3 000 r/min以上，但无车速信号
P0205	第五缸喷油器线路不良	P0505	怠速步进电动机不良
P0206	第六缸喷油器线路不良	P0510	节气门位置传感器不良
P0207	第七缸喷油器线路不良	P0605	主 ECU 的 ROM 存储器不良
P0208	第八缸喷油器线路不良	P0703	制动灯开关信号不良
P0300	发动机有间歇性不点火故障	P0705	挡位开关信号不良
P0301	第一缸有间歇性不点火故障	P0707	挡位开关信号电压过低
P0302	第二缸有间歇性不点火故障	P0708	挡位开关信号电压过高
P0303	第三缸有间歇性不点火故障	P0712	变速器油温传感器短路
P0304	第四缸有间歇性不点火故障	P0713	变速器油温传感器断路
P0305	第五缸有间歇性不点火故障	P0720	变速器输出轴车速传感器信号不良
P0306	第六缸有间歇性不点火故障	P0740	变矩器离合器电磁阀不良
P0307	第七缸有间歇性不点火故障	P0741	变矩器离合器电磁阀不良或卡在全开位置
P0308	第八缸有间歇性不点火故障	P0743	变矩器离合器电磁阀控制线路不良
P0320	发动机转速信号不良	P0750	换挡电磁阀 A 不良
P0321	曲轴位置传感器信号不良	P0751	换挡电磁阀 A 卡在全开位置
P0325	前爆燃传感器信号不良	P0753	换挡电磁阀 A 短路或断路
P0330	后爆燃传感器信号不良	P0755	换挡电磁阀 B 不良
P0335	起动或运转中未收到曲轴传感器信号	P0756	换挡电磁阀 B 卡在全开位置
P0336	凸轮轴和曲轴位置传感器信号不良	P0758	换挡电磁阀 B 短路或断路
P0340	起动或运转中未收到凸轮轴传感器信号	P0770	变矩器离合器（ECC）电磁阀不良
P0400	EGR 阀控制系统不良	P0773	变矩器离合器（ECC）电磁阀短路或断路
P0402	EGR 阀怠速时漏气		

二、失效保护系统

1. 失效保护系统的功能

失效保护系统主要由 ECU 内的部分软件组成，所以也可称之为失效保护功能。设置失效保护系统的目的是电控系统出现故障后，对电控系统采取安全保护措施，防止发动机或其他部件发生新的故障。

失效保护系统的功能是：在电控系统工作中，当自诊断系统判定某传感器或其电路出现故障（即失效）时，由自诊断系统起动而进入工作状态，给 ECU 提供设定的标准信号来替代故障信号，以保持控制系统继续工作，确保发动机仍能继续运转。此外，当个别重要的信号传感器或其电路发生故障时，有可能危及发动机安全运转，失效保护系统则会使 ECU 立即采取强制性措施，切断燃油喷射，使发动机停止运转，确保车辆安全。

失效保护系统依靠 ECU 内的软件完成其功能。当控制系统出现故障时，给 ECU 提供的设定信号不可能与实际工作情况一致，失效保护系统只能维持发动机继续运转，但不能保证控制系统的优化控制，发动机的性能必然有所下降。

2. 失效保护系统设定的标准信号

1）冷却液温度信号

当冷却液温度传感器或其电路发生故障时，ECU 可能会收到超过正常范围（低于 –30 ℃或高于 120 ℃）的温度信号，若电控燃油喷射系统仍按通常的方式控制喷油量，必然会引起空燃比过小或过大（混合气过浓或过稀），导致发动机转速不稳、性能下降。此时，失效保护系统给 ECU 提供设定的冷却液温度信号，通常按冷却液温度为 80 ℃控制发动机工作，防止混合气过浓或过稀。

2）进气温度传感器信号

当进气温度传感器或其电路发生故障时，ECU 可能会收到超过正常范围（低于 –30 ℃或高于 120 ℃）的温度信号，若电控燃油喷射系统仍按通常的方式控制喷油量，与冷却液温度传感器或其电路发生故障时相同，必将引起空燃比过小或过大（混合气过浓或过稀），导致发动机转速不稳、性能下降。此时，失效保护系统给 ECU 提供设定的进气温度信号，通常按进气温度为 20 ℃控制发动机工作，防止混合气过浓或过稀。

3）点火确认信号

点火系统发生故障造成不能点火，ECU 接收不到点火控制器反馈的点火确认信号时，如果喷油器继续喷油，大量未燃的混合气就会吸入气缸后排出，流入三元催化转化器，不仅会造成燃油浪费和排放污染，而且会使三元催化转化器温度很快升高并超过许用温度。为避免这种情况发生，失效保护系统使 ECU 立即切断燃油喷射，使发动机停止运转。

4）节气门位置传感器信号

当节气门位置传感器或其电路产生断路或短路故障时，ECU 将始终接收到节气门处于全开或全关状态信号，无法按实际的节气门开度对喷油量等进行精确控制。此时，失效保护系统使 ECU 按设定的节气门位置传感器信号控制发动机工作。失效保护系统中，通常按节气门开度为 0% 或 25% 设定标准的节气门位置传感器信号。

5）点火提前角

爆燃传感器或其电路发生故障时，或 ECU 内爆燃控制系统出现故障时，无论是否产生爆燃，点火提前角都无法由爆燃控制系统进行反馈控制，这将导致发动机无法正常工作。此时，失效保护系统使 ECU 将点火提前角固定在一个适当值。

6）凸轮轴位置传感器信号

由于凸轮轴位置传感器信号（G 信号）用于识别气缸和确定曲轴转角基准，当该传感器或其电路发生故障时，电控燃油喷射系统和电控点火系统无法控制发动机工作，将造成发动机不能起动或失速。此时，如果传感器或其电路故障不严重，ECU 仍能收到 G_1 或 G_2 信号，还能按完好的 G_1 或 G_2 信号判别气缸和确定曲轴转角基准；但若传感器或其电路故障导致 G_1 和 G_2 两个信号都不能输送给 ECU，则只能利用应急备用系统维持发动机基本运转。

7）空气流量计信号

如果空气流量计或其电路发生故障，ECU 无法按进气量计算基本喷油时间，将引起发动机失速或不能起动。此时，失效保护系统使 ECU 根据起动信号和节气门位置传感器信号按固定的喷射时间控制发动机工作；当起动开关断开、怠速触点闭合时，以固定的怠速喷油量喷油；当起动开关断开、节气门开度较小时，以固定的小负荷喷油量喷油；当起动开关断开、节气门接近全开或全开时，以固定的大负荷喷油量喷油。

8）进气管绝对压力传感器信号

在 D 型电控燃油喷射系统中，如果进气管绝对压力传感器或其电路发生故障，ECU 无法按进气量计算基本喷油时间，将引起发动机失速或不能起动。此时，失效保护系统使 ECU 按设定的固定值控制喷油量，或起动应急备用系统维持发动机运转。

三、应急备用系统

1. 应急备用系统的功能

应急备用系统的功能由 ECU 内的备用 IC（集成电路）来完成，也可称之为应急备用功能。当 ECU 内的微处理器或少数重要的传感器出现故障、车辆无法行驶时，该系统使 ECU 把燃油喷射和点火正时控制在设定的水平上，作为一种备用功能使汽车能维持基本行驶，以便把汽车开到最近的维修站或适宜的地方，所以又可称为回家系统。

应急备用系统只能维持汽车的基本功能，而不能保证发动机按正常性能运行。当自诊断系统判定发生下列故障之一时，在接通“故障指示灯”搭铁回路的同时，将自动起动应急备用系统：

（1）ECU 中的中央微处理器（CPU）、输入/输出（I/O）接口和存储器发生故障；

（2）凸轮轴位置传感器或其电路发生故障，ECU 收不到 G_1 和 G_2 信号；

（3）在 D 型电控燃油喷射系统中，进气歧管绝对压力传感器或其电路发生故障。

2. 应急备用系统工作原理

应急备用系统工作原理如图 4－86 所示。当起动备用系统工作后，备用 IC 根据控制所需的几个基本传感器信号，按照固定的程序对执行元件进行简单的控制。应急备用系统工作时，只能根据起动开关信号（STA）信号和怠速触点信号（IDL）将发动机的工况简单地分为起动、怠速和非怠速三种，并按预先设定的固定数值输出喷油控制信号和点火控制信号。

因此，后备系统只能简易控制，维持车辆继续行驶，而不能保持正常运行时的最佳性能，故不宜长期在此状态下行驶，应尽快对汽车进行检修。

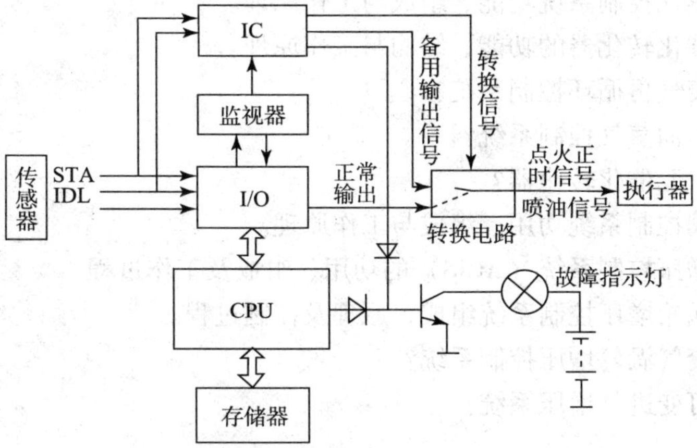

图 4－86　应急备用系统工作原理

应急备用系统工作时，接收到 STA 信号即判定发动机处于起动工况，接收到 IDL 信号即判定发动机处于怠速工况，接收不到 IDL 信号即判定发动机处于非怠速工况。在不同工况、不同故障时，应急备用系统中预先设定的固定数值因发动机型号不同而异。表 4－5 所示是日产车系某发动机应急备用系统设定的固定数值。

表 4－5　应急备用系统设定的固定数值

项目	ECU 发生故障时			ECU 收不到 G_1 和 G_2 信号		
	起动	怠速	非怠速	起动	怠速	非怠速
喷油时间	12. 0 ms	2. 3 ms	4. 1 ms	1. 0 ms	与进气量成正比	
喷油频率	每循环 2 次			1 次/65. 3 ms	1 次/69. 9 ms	1 次/30 ms
点火提前角	10°	10°	20°	1 次/50 ms	1 次/23 ms	1 次/5 ms
闭合时间	5. 12 ms	5. 12 ms	5. 12 ms	3 ms	4 ms	3 ms

习题与思考

1. 简述怠速控制系统的作用及组成。
2. 怠速控制系统分哪几种类型？
3. 简述怠速控制系统的控制内容。
4. 简述节气门直动式怠速控制执行机构的结构与工作原理。
5. 简述步进电动机型怠速控制执行机构的结构与工作原理。
6. 简述旋转电磁阀型怠速控制执行机构的结构与工作原理。
7. 简述占空比控制电磁阀型怠速控制执行机构的结构与工作原理。
8. 简述节气门直动式怠速控制执行机构的维修方法。
9. 简述步进电动机型怠速控制执行机构的维修方法。
10. 简述旋转电磁阀型怠速控制执行机构的维修方法。

11. 简述占空比控制电磁阀型怠速控制执行机构的维修方法。
12. 简述废气再循环控制系统功能、组成与工作原理。
13. 简述燃油蒸气控制系统功能、组成与工作原理。
14. 简述三元催化转化器的功能、结构与工作原理。
15. 怎样维修废气再循环控制系统？
16. 怎样维修燃油蒸气控制系统？
17. 怎样维修三元催化转化器？
18. 简述动力阀控制系统功用、组成与工作原理。
19. 简述谐波增压控制系统（ACIS）的功用、组成及工作过程。
20. 简述废气涡轮增压控制系统组成、原理及控制过程。
21. 怎样维修废气涡轮增压控制系统？
22. 怎样维修可变进气增压系统？

项目五

汽油机电控系统常见故障诊断与检修

任务目标

（1）能够正确使用故障诊断常用工具和仪器。

（2）能够掌握发动机电控系统故障诊断的基本方法。

（3）能够正确调取或清除发动机电控系统故障码。

（4）能够运用仪器对发动机电控系统进行诊断。

任务引入

在电动发动机的故障诊断过程中，经常会借助各种工具来完成工作，所以本任务就是熟悉故障诊断的常用工具和仪器。同时，在故障诊断过程中有些规律可以遵循，我们要熟悉和掌握故障诊断的基本方法。

相关知识

一、发动机电控系统常见故障诊断注意事项

1. 使用注意事项

电控汽油喷射发动机，全部工况都在 ECU 的监控下运行，因此它的故障率较化油器式发动机少得多，特别是中途因发动机故障而停车的时间就更少。电控汽油喷射发动机出现的故障多数是由于使用不当造成的。为减少故障发生，驾驶电控汽油喷射式发动机汽车除熟读汽车使用说明书、掌握电控汽油喷射和电控点火的基础知识外，还必须注意：

（1）驾驶员应了解电控系统各主要元件所在位置，以便对其施行保护。尤其注意电子元件的防潮、防油污和防燃。

（2）驾驶员应掌握仪表盘上各开关、显示灯、仪表等的作用和功能，并尽量弄清仪表盘上各英文缩写含义。

（3）驾驶员应熟练掌握操作要领，避免误操作。

（4）在汽车投入使用以后，另外加装音响电器等设备的天线时，应安装在距 ECU 较远的地方，以防对 ECU 产生干扰。禁止加装大功率的无线电发射设备（如 10 W 以上的无线电对讲机）及仪器等。如必须加装，需采取防干扰屏蔽等设施。

（5）电控系统常见故障多数是接线不良引起的，驾驶员应经常检查各线束连接器是否

有油污、潮湿、松动，要保持线束连接器清洁、连接可靠。

(6) 蓄电池的极性不许接反，不准在无蓄电池（如蓄电池无电）的情况下，用外接电源起动发动机，以免因电压过高损坏电控系统元件。

(7) 电控汽油喷射发动机装有三元催化转化器和氧传感器等装置，对汽油质量要求较高，必须使用无铅汽油，并按规定定期更换燃油滤清器。

(8) 驾驶员必须知道所驾驶汽车电控系统“故障指示灯”的工作情况，打开点火开关后，“故障指示灯”点亮或均匀闪烁几秒后熄灭或发动机起动后熄灭为正常现象，在其他情况下“故障指示灯”点亮说明电控系统出现故障，应及时到专业维修厂（站）检修。

2. 检修注意事项

在检修装用电控汽油喷射式发动机的汽车时，为防止工作失误造成新的故障，应注意：

(1) 在点火开关接通时，不允许拆开任何12 V电器装置（如蓄电池、怠速控制阀、喷油器、点火装置等）的连接线路，以防止电器装置中的线圈因自感作用产生瞬时电压损坏ECU或传感器。

(2) 发动机发生故障时，切忌盲目拆检，首先要确定是否是机械故障，如果机械部分确实无故障，再对电控系统进行检查。

(3) 在进行故障诊断时，应首先观察“故障指示灯”是否点亮。如果“故障指示灯”点亮，应按原车规定的程序调取故障码，并根据故障码提示检查相关元件和电路；如果“故障指示灯”没亮，应按基本程序进行检查。

(4) 线路连接不良是导致电控系统发生故障的常见原因，在故障诊断过程中，应注意检查线束连接器是否清洁、连接是否可靠。

(5) 在对燃油系统进行维修前，应拆开蓄电池负极电缆线，以免损坏电控系统元件。

(6) 在维修中，需拆开线束连接器时，应注意各车型线束连接器的锁扣形式，不可盲目用力硬拉。安装时应注意将连接器插接到位，并将锁扣锁住。

(7) 对电控系统电路或元件进行检查时，除特殊指明外，必须使用高阻抗数字万用表检查电压、电阻或电流。

(8) 电控汽油喷射式发动机即使熄火后，燃油供给系统也有较高的残余压力，为防止发生意外事故，在对燃油系统进行拆卸作业前，必须释放燃油系统残余压力。

二、故障诊断与检修常用工具

1. 跨接线

跨接线就是一段专用导线，不同形式的跨接线主要是其长短和两端接头不同，如图5-1所示。跨接线两端的接头一般是不同形式的插头或鳄鱼夹，以适应对不同位置的跨接。

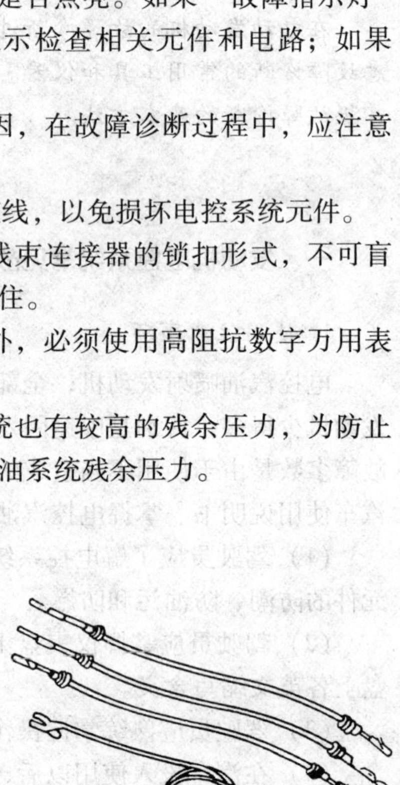

图5-1 跨接线

跨接线主要用于电路故障诊断。当某电控元件不工作时，可用跨接线将被检元件的“搭铁”端子直接搭铁，若此时电控元件工作恢复正常，则说明该元件搭铁电路有故障；同理，若用跨接线将蓄电池“正”极跨接到被检元件的“电源”端子上时，电控元件工作恢复正常，则说明该元件电源电路有故障。

此外，在调取丰田等车系故障码时，也需要使用专用跨接线跨接在诊断座相应端子间。使用跨接线应注意：

（1）用跨接线将蓄电池“正”极跨接到被检元件的“电源”端子上时，必须弄清被检元件的规定电源电压值。否则，若将 12 V 电源直接加在电控元件上，可能导致电控元件损坏。

（2）不要用跨接线将被检元件“电源”端子直接搭铁，以免导致电源短路。

2. 测试灯

测试灯实际就是带导线的“电笔”，主要是用来检查电控元件电路的通、断。测试灯带有显示电路通、断的指示灯，对电路进行检测时，根据指示灯的亮度还可判断被测电路的电压高低。测试灯分为无电源测试灯和自带电源测试灯两种类型。

1）无电源测试灯

如图 5－2 所示。若怀疑某电控元件电路有断路故障，可先将测试灯的搭铁夹搭铁，再用探针触接其“电源”端子，若灯不亮，则说明被测电路有断路故障，可继续沿电流的流向依次选择测点检查，直到灯亮为止，此时即可确定电路的断开点在最后两个测点之间。如果怀疑某电路有短路故障，可将测试灯直接跨接在熔丝处，然后依次断开待测线路中的线束连接器，直到测试灯熄灭为止，短路故障即发生在最后两个断开的线束连接器之间。

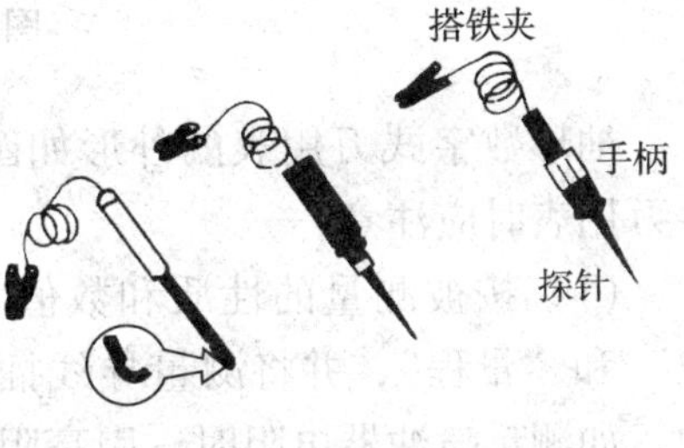

图 5－2　无电源测试灯

2）自带电源测试灯

如图 5－3 所示，在手柄内加装两节 1.5 V 干电池，主要用于检测电路断路故障；检查时，将自带电源测试灯跨接在被测线路的两端，如果灯不亮，则说明被测线路有断路故障。然后依次选择适当测点移动探针（或探头）缩小测试范围，直到灯亮为止，则可确定电路的断开点在最后两个测点之间。

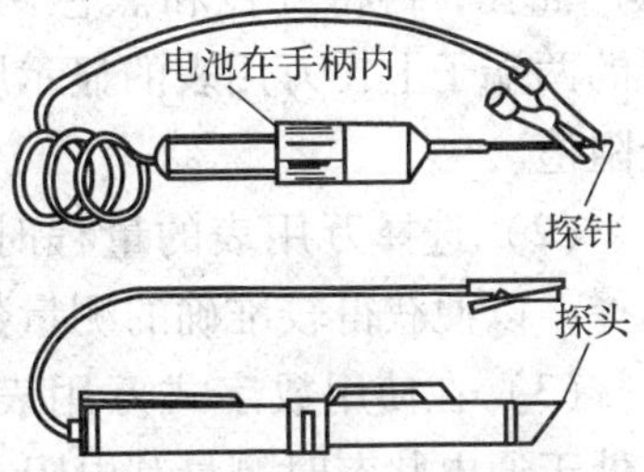

图 5－3　自带电源测试灯

3. 数字式万用表

万用表主要用来测量电阻、电压、电流等参数，以此判断电路的通断和电控元件的技术状况。万用表可分为模拟式（指针式）万用表和数字式万用表两种。由于发动机控制系统中的大多数电路都具有高电阻、低电压、低电流特征，因此在实际的故障诊断与检修过程中，除维修手册有特别规定外，必须使用高阻抗数字式万用表进行测试。

1）常用的数字式万用表

数字式万用表采用数字化测量技术和液晶显示器显示，具有测量精度高、测量范围广、输入阻抗高、抗干扰能力强、容易读数等优点，在汽车故障诊断与检修中应用广泛。

常用的数字式万用表功能比较简单，一般只能用来测量电阻、电压和电流。常用的数字式万用表有盒式和袖珍式两种，两者的结构原理和用途基本相同，只是袖珍数字式万用表的体积小、结构紧凑，比较适合在空间窄小的地方使用。

以袖珍数字式万用表为例，其测量电路原理如图 5－4 所示。万用表测量电路分为模拟和数字两部分，被测量通过转换开关和测量电路转换成直流电压信号，模拟部分再将模拟信号转换成数字信号，最后由数字部分完成整机逻辑控制、计数和显示功能。

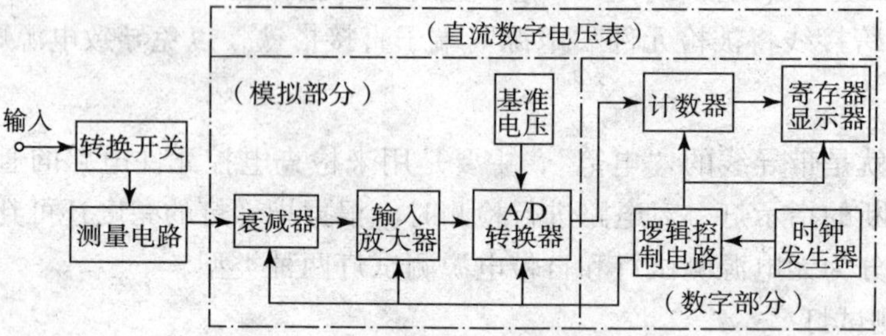

图 5－4　数字式万用表测量电路

袖珍数字式万用表的外形如图 5－5 所示。使用数字万用表时应注意：

（1）按被测量的性质和数值大小选择合适的“挡位”和“量程”，并将测量导线插接到相应的“插孔”中。如测量喷油器电阻时，因高阻喷油器的电阻值也不会超过 20 Ω，所以应将万用表“选择开关”拧到电阻“Ω”挡的“2 k”量程，并将黑色测量导线插接到“COM”插孔，将红色测量导线插接到“VΩ”（电压电阻）插孔，再将红色和黑色两根测量导线连接到喷油器的两端子上，万用表的显示屏上即可显示出喷油器的电阻值。

（2）选择万用表的量程时最好从低到高逐级进行选择，以便获得较准确的测量数据。

（3）在使用数字式万用表时，严禁电控元件或电路处于通电状态时测量其电阻，以免外部电流流入数字万用表而将其损坏。

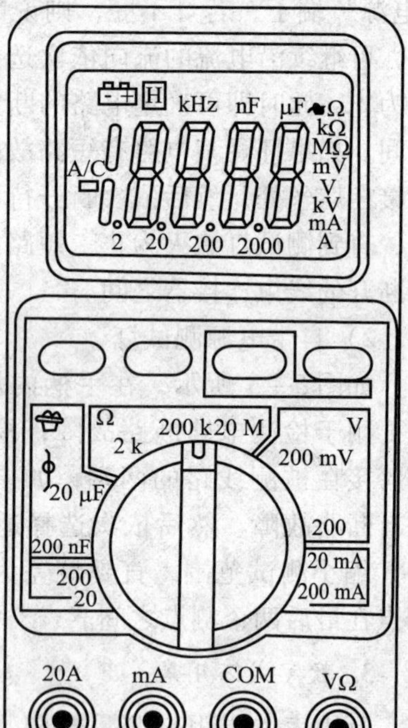

图 5－5　袖珍数字式万用表

2）汽车万用表

汽车万用表是一种多功能的数字式万用表，它除具有数字式万用表的功能外，还具有一些汽车专用测试功能。汽车万用表除可用来测量电控元件和电路的电阻、电压、电流外，一般还能测量转速、频率、温度、电容、闭合角、占空比等项目，并具有自动断电、自动变换量程、数据锁定、波形显示等功能。常用的汽车万用表有笛威 9406A 型、EDA 系列、OTC 系列、KM300 型等。汽车万用表一般都装有标准的数据接口，且自身带有若干连接导线和连接接头，以适应其不同功能和各种车型的检查需要。

如图 5－6 所示为笛威 9406A 型汽车万用表，其主要功能如下：

（1）测量点火线圈的闭合角。

（2）测量节气门位置传感器、氧传感器、空气流量计、进气温度传感器、水温传感器和 ECU 端子的动态电压信号。

（3）测量各种电磁阀、继电器线圈、喷油器、点火线圈、水温传感器、进气温度传感器等的电阻。

（4）测量怠速控制阀的电流。

（5）检测喷油器的喷油脉宽、频率及发动机的转速。

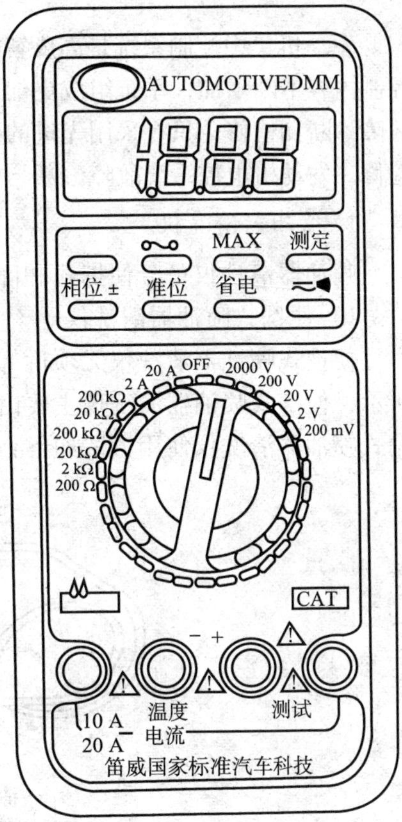

图 5－6　笛威 9406A 型汽车万用表

4. 手动真空泵

手动真空泵又称手持式真空测量仪。发动机电控系统中的很多元件都采用真空驱动，如 EGR 阀、进气控制阀、燃油压力调节器等，检查这些真空驱动元件的好坏一般都需要对其施加一定的真空度，手动真空泵是一种常用的抽真空工具。如图 5－7 所示，手动真空泵上带有显示真空度的真空表，一般还带有各种连接软管和接头等附件，以适应对不同车型和不同真空驱动元件的检测。

使用手动真空泵对真空驱动元件进行检查时应注意：

（1）检查前将各真空软管连接好，防止因真空泄漏而导致测量结果失准。

（2）检查时必须按规定对被检元件施加真空度，施加真空度过大会损坏被检元件。

（3）检查完毕后，在拆开连接的真空软管前，应先施放真空度，否则将灰尘、湿气等吸入被检元件内，会造成不良后果。

5. 燃油压力表

燃油压力表是用来测量燃油供给系统燃油压力的专用工具，是对燃油系统进行检查和故障诊断的常用工具，如图 5－8 所示。

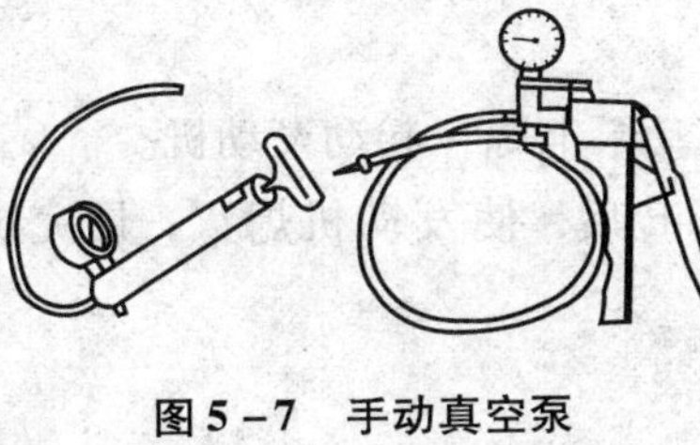

图 5－7　手动真空泵

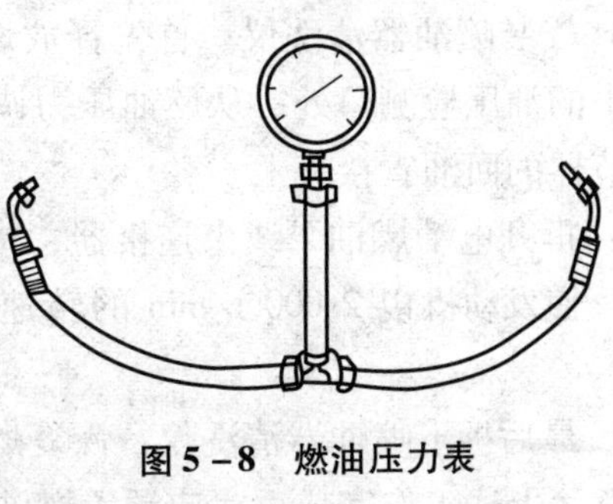

图 5－8　燃油压力表

使用时应注意选择量程与被测系统压力范围相适应的燃油压力表。普通式的燃油压力表量程一般为 7～103 kPa，专用的高压式燃油压力表量程一般为 7～690 kPa。电控燃油喷射发动机燃油系统压力：单点喷射系统一般为 62 ~ 69 kPa，多点喷射系统一般为 207 ~ 275 kPa。

三、故障诊断与检修常用仪器

发动机集中控制系统是高度智能化的电脑控制系统，随着汽车电子技术的发展，该系统的控制内容不断增加，系统组成更加复杂，仅靠修理人员的工作经验和熟练技术难以进行准确的故障诊断和检修，只有采用先进的故障诊断分析仪器设备，才能快速、准确地进行故障诊断和检修。发动机电控系统故障诊断与检修中常用的仪器主要有喷油器清洗仪、故障诊断仪等。

1. 喷油器清洗仪

喷油器清洗仪可分便携式和固定式两种类型。

1）便携式喷油器清洗仪

便携式喷油器清洗仪无须拆卸喷油器，即可就车进行清洗，使用非常方便。如图 5－9 所示，便携式喷油器清洗仪主要由储液器、电动泵等组成，电动泵使用 220 V 交流电源。便携式喷油器清洗仪使用方法如下：

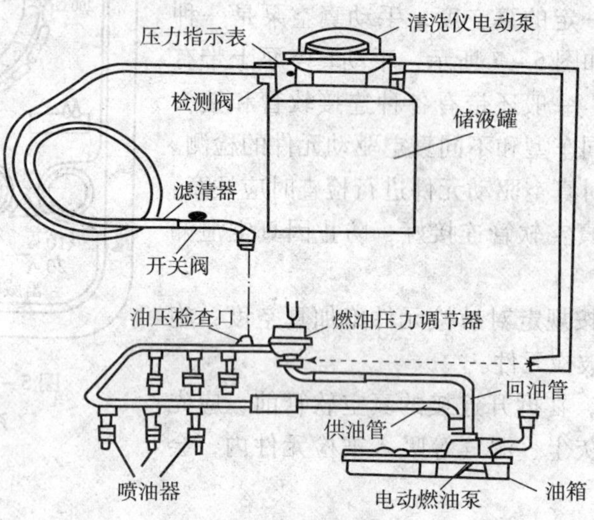

图 5－9　便携式喷油器清洗仪

（1）将储液器加满喷油器清洗液。

（2）安装喷油器清洗仪。首先释放燃油系统压力，将开关阀一侧的管路连接到燃油供给系统中的油压检测口处；从燃油压力调节器上拆开回油管，将清洗仪另一端的管路连接到压力调节器的回油管接头上。

（3）拆开电动燃油泵线束连接器，接通清洗仪电动泵电源，起动发动机。

（4）使发动机以 2 000 r/min 的转速运转约 10 min 后，使发动机熄火，即完成喷油器清洗。

（5）最后拆下喷油器清洗仪，恢复燃油供给系统。

注意：上述工作完成后，应预置燃油系统压力。

2）固定式喷油器清洗仪

固定式喷油器清洗仪如图 5－10 所示，此种清洗仪一般除用来清洗喷油器外，还具有喷油器滴漏检查和喷油量检查功能。不同厂家生产的固定式喷油器清洗仪，其使用方法也不完全相同，使用时应按使用说明书进行操作。

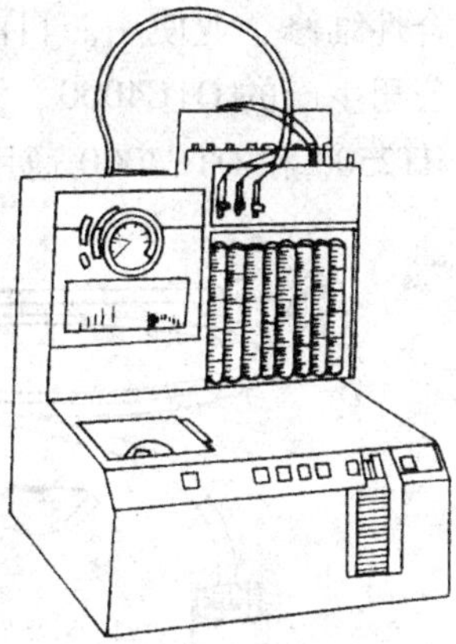

图 5－10　固定式喷油器清洗仪

2. 故障诊断仪

1）故障诊断仪的功能

故障诊断仪俗称解码器，它是一种多功能的诊断检测仪器，一般具有如下功能：

（1）快速、方便地读取或清除故障码。

（2）在发动机运转或车辆行驶过程中，对发动机控制系统进行动态测试，显示 ECU 多种输入、输出信号的瞬时信息，使电控系统的工作状况一目了然，为诊断故障提供依据。

（3）能在静态或动态下，向电控系统各执行元件发出检修作业需要的动作指令，以便检查执行元件的工作状况。

（4）在车辆运行或路试时监测并记录数据流。

（5）具有示波器功能、万用表功能和打印功能。

（6）有些诊断仪能显示系统控制电路图和维修指导，以供故障诊断和检修时参考。

（7）有些功能强大的专用诊断仪能对发动机控制 ECU 进行某些数据的重新输入和更改。

2）常见故障诊断仪简介

故障诊断仪可分为专用型和通用型两大类。

专用型故障诊断仪是汽车制造公司为自己生产的汽车而专门设计制造的，世界上一些大的汽车制造公司都有自己专用的故障诊断仪，如本田车系专用的 PGM、克莱斯勒车系专用的 DRB－Ⅱ、福特车系专用的 STAR－Ⅱ、大众车系专用 V. A. G1551 和 V. A. G1552、宝马车系专用的 MODIC－Ⅲ等。专用故障诊断仪一般只适合在特约维修站配备，以便提供良好的售后服务，充分发挥故障诊断仪的功能。如图 5－11 所示为克莱斯勒车系 DRB－Ⅱ和福特车系 STAR－Ⅱ专用型故障诊断仪。

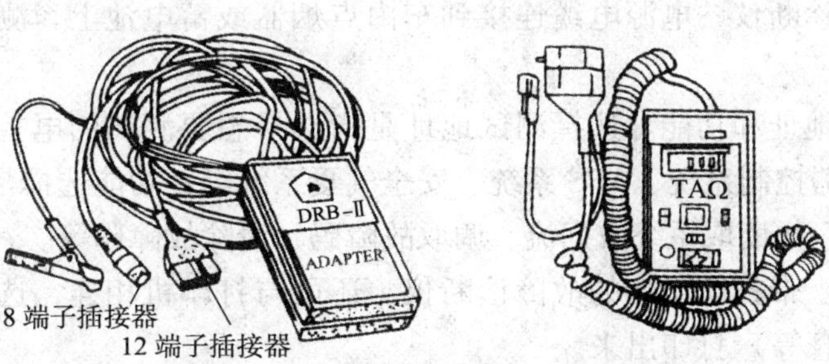

（a）　　　　（b）

图 5－11　专用型故障诊断仪

（a）克莱斯勒车系 DRB－Ⅱ；（b）福特车系 STAR－Ⅱ

通用型故障诊断仪是汽车保修设备制造公司为适应诊断检测多种车型而设计制造的，一般都配有不同车系的测试卡和适合各种车型的检测连接电缆连接器，测试卡存储有几十种甚至上百种不同公司、不同车型汽车电控系统的检测程序、检测数据和故障码等资料，适合综合性维修企业使用。目前常用的通用型故障诊断仪有：Snap - on 公司生产的 MT2500、IAE 公司生产的 OTC4000、深圳生产的 431ME 电眼睛和三元修车王、笛威公司生产的 OB91 等。MT2500 和 OTC4000 通用型故障诊断仪的外形如图 5 - 12 所示。

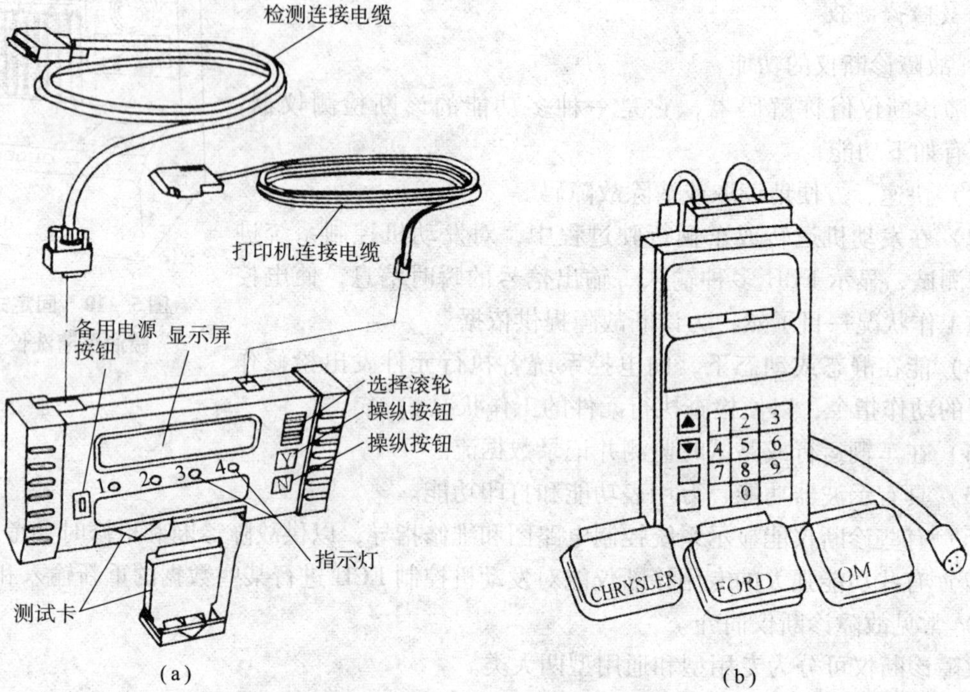

图 5 - 12　通用型故障诊断仪

(a) MT2500 故障诊断仪；(b) OTC4000 故障诊断仪

由于故障诊断仪的种类繁多，其使用方法在此不逐一介绍。故障诊断仪的操作方法一般都比较简单，参照使用说明书就能很快掌握，一般操作步骤如下：

（1）选择测试卡和合适的连接电缆连接器（专用故障诊断仪不需此项）。

（2）连接故障诊断仪。电源电缆连接到车内点烟器或蓄电池上，测试电缆与汽车的故障诊断座相连。

（3）选择测试地址和功能。选择测试地址是指选择想要测试的电控系统，如发动机控制系统、自动变速器控制系统、ABS 系统、安全气囊系统等；功能选择是指根据测试目的选择具体的测试项目，如读取系统数据流、调取故障码、清除故障码等。

（4）进行测试。带打印功能的故障诊断仪，还可与打印机相连，选择打印功能将测试结果（如故障码信息等）打印出来。

3. 示波器

示波器主要用来显示控制系统中输入、输出信号的电压波形，以供维修人员根据波形分析判断电控系统故障。示波器比一般电子设备的显示速度快，是唯一能显示瞬时波形的检测仪器，是电控系统故障诊断中的重要设备。

示波器可分为模拟式示波器和数字式示波器。模拟式示波器显示速度快，但显示波形不稳定（抖动），且没有记忆功能，给对故障波形的分析判断带来困难。数字式示波器由微处理器控制，由于将模拟信号转换成数字信号需要一定时间，因此显示速度较模拟式示波器慢，但数字式示波器显示波形稳定，且具有记忆功能，可在测试结束后使故障波形重现，便于对故障波形进行进一步的分析判断。

模拟式示波器一般采用开关、按键和旋钮等实现对波形垂直幅度、水平幅度、垂直位置、水平位置和亮度等的调整。数字式示波器多采用菜单式操作，只需在各级菜单上选择测试项目，无需任何设定和调整，可以直接观测波形，使用起来非常方便。示波器的主要功能如下：

（1）测试各种传感器、执行元件、电路和点火系等电压波形。

（2）数字式示波器具有汽车万用表功能，可测试电压、电阻、闭合角、喷油脉冲、喷油时间、点火电压等。有的示波器内部还存有汽车数据库和标准波形，使判断故障更为方便。

（3）数字式示波器可对测试内容进行记录、回放。

（4）能提供在线帮助，包括提供系统工作原理、测试连接方法、接线颜色等。

4. 信号模拟检验仪

信号模拟检验仪可以模拟发动机控制系统各传感器信号，尤其对电控系统传感器及其线路故障的诊断，利用此类检验仪可简化分析过程、缩短诊断时间。

例如：在故障诊断时，按调取的故障码提示是某传感器信号不良，但究竟是传感器自身有故障，还是传感器控制电路有故障或是 ECU 有故障，需做进一步诊断。此时，只要利用信号模拟检验仪模拟该传感器信号通过控制电路输送给 ECU，如果发动机工作有变化，故障症状消失，即可判断是传感器有故障；若故障症状无变化，则可直接由 ECU 相应端子将信号输入，此时若故障症状消失，即可判定是传感器控制电路的故障；若故障症状仍不消失，即可判定是 ECU 故障。

5. 发动机综检仪

“发动机综检仪”是发动机综合性能检验仪的简称，它能对发动机进行不解体综合测试，并配备有标准的数据及专家分析系统，可通过对测试结果与标准数据比较，判断发动机整机或部分系统工作好坏。常见的发动机综检仪有深圳元征 EA－1000 型、西安凌翔 FZ2000 型、石家庄华燕汽车检测设备厂 HFZF2000 型、济南无线电六厂 QFC－5X 型等国产品牌和 HUMAN（凯文）、BOSCH（波许）、BEAR（大熊）等进口品牌。不同型号的发动机分析仪在结构、使用方法等方面都存在一定的差异，使用时注意认真阅读使用说明书。如图 5－13 所示为元征 EA－1000 型发动机综检仪外形。

图 5－13　元征 EA－1000 型发动机综检仪

发动机综检仪一般具有如下功能：

（1）汽油机检测功能。包括点火系参数（如点火提前角、点火波形等）检测、无负荷测功、单缸动力性检测、转速稳定性分析、温度检测、进气管真空度检测、起动系统检测、充电系统检测、数字式万用表功能和废气分析（需配备废气分析仪）等功能。

（2）柴油机检测功能。包括喷油压力及压力波形检测、喷油提前角检测、无负荷测功、转速稳定性分析、起动系统检测、充电系统检测、数字式万用表功能和排气烟度检测（需配备烟度计）等功能。

（3）电控燃油喷射发动机检测功能。包括进气量检测、转速检测、温度检测、进气管真空度检测、节气门位置检测、爆燃信号检测、氧传感器信号检测、喷油信号检测、点火系统检测等。

（4）故障诊断分析功能。包括故障查询、检测信号再现与分析、参数设定和显示数据或波形等。

四、故障诊断基本方法

1. 故障诊断基本程序

电控燃油喷射发动机发生故障后，进行故障诊断的基本程序如图 5 – 14 所示。

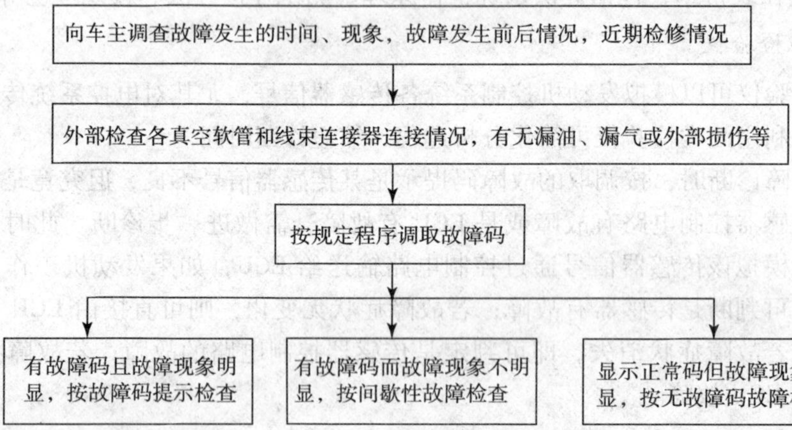

图 5 – 14　故障诊断基本程序

1）向车主调查

向车主了解故障发生的时间、现象、故障发生前后的情况、近期检修情况等非常必要，尽管有些车主的描述不够清楚，但对车主提供的信息认真分析，对迅速诊断故障都会有或多或少的帮助。

2）外部检查

外部检查的目的是排除一般性的故障成因，避免走弯路；外部检查的主要内容包括：检查各真空软管是否损坏、是否连接错误、是否堵塞，检查各线束连接器是否连接可靠，检查发动机有无明显的漏油、漏气或外部损伤现象等。

3）调取故障码

如果“故障指示灯”点亮，按规定程序调取故障码，并按故障码提示对相关传感器或执行元件及其电路进行检查。

在汽车使用中，如果故障现象时隐时现，而且有故障码，但按故障码提示又检查不出故障原因，应按间歇性故障进行检查。

在车辆使用中，如果故障症状明显，“故障指示灯”不亮，调取故障码时显示正常码，应按无故障码故障进行检查。

2. 故障码调取方法

发动机电控系统发生故障时，多以代码形式存储于ECU存储器中，调取故障码的基本方法可分两种：一是使用随车自诊断系统调取，二是使用故障诊断仪调取。

1）利用随车自诊断系统调取故障码

此种方法投资少，应用比较广泛，但必须知道被检车辆的维修资料，如调取故障码的操作程序和故障码含义等，否则无法进行故障诊断和检修。按故障码读取方法不同，可分为：

（1）利用仪表板盘上“故障指示灯”的闪烁规律读取故障码，如丰田车系、本田车系轿车和部分通用车系、福特车系、克莱斯勒车系轿车。

（2）利用指针式万用表的指针摆动规律或自制二极管灯的闪烁规律读取故障码，如三菱车系、现代车系、奔驰车系、宝马车系轿车。

（3）利用电控单元上红、绿色发光二极管灯的闪烁规律读取故障码，如日产车系部分轿车。

（4）利用车上显示器读取故障码，如通用车系卡迪拉克轿车等。

2）使用故障诊断仪调取故障码

对装用第一代随车诊断系统（OBD－Ⅰ）的汽车（如大众车系等），必须使用专用仪器和专用传输线与车上的诊断座对接来调取故障码。对装用第二代随车诊断系统（OBD－Ⅱ）的汽车，它们具有统一的故障诊断座和统一的故障代码，故只需用一台仪器即可调取各汽车制造公司生产的各型汽车故障码。

使用故障诊断仪调取故障码的方法速度快、准确率高，对维修人员理论水平要求不高；缺点是需要的投资较大，诊断软件必须随车型而更新。

3. 间歇性故障诊断

间歇性故障是指受外界因素（如温度、受潮、振动等）影响而有时存在、有时又自动消失的故障。由于此类故障无明显的故障现象，诊断比较困难，一般需模拟车主陈述故障出现时的条件和环境，使故障再现，以便根据故障现象查明故障原因。

1）振动法

电控系统线路接触不良或元件安装不牢固等引发的故障，汽车行驶中由于振动往往会使故障现象时隐时现。遇此类故障可使发动机维持怠速运转，在水平和垂直方向摇动线束或线束连接器，用手轻拍装有传感器的部件，观察发动机故障是否再现，如果故障出现，说明摇动的线路或轻拍部位的传感器有故障。

注意：不能用力拍打继电器，否则可能会造成继电器断路；对传感器进行振动试验时，可用万用表测量其输出信号有无异常变化，以确定该传感器是否有故障。

2）加热法

如果故障只在热机时出现，可用电吹风加热怀疑有故障的电控系统元件，如果加热某元件时故障再现，说明该元件有故障。

注意：不能对ECU中的元件直接加热，且加热温度应不超过60 ℃。

3）水淋法

如果故障只在雨天、洗车后或高湿度环境下出现，可用水喷淋车辆使故障再现，以便根据故障现象分析判断故障原因。

注意：不能用水直接喷淋电控系统元件，而应将水喷淋在发动机散热器前面，间接改变发动机室内的湿度。

4）电器全部接通法

如果怀疑因用电负荷过大而引起故障时，可接通全部用电设备，检查故障是否再现。

5）道路试验法

有些故障只在特定的行驶状态下出现，则必须通过道路试验的方法使故障再现，以便查明故障原因。

间歇性故障一般不会长时间出现，所以在故障诊断时，用上述方法使故障再现后，应抓住时机，根据故障码提示和故障现象迅速对故障进行诊断。

4. 无故障码故障诊断

无故障码故障是指在汽车使用中，有明显的故障现象，但“故障指示灯”不亮，按规定程序调取故障码时，显示正常码。此类故障的诊断步骤如表 5－1 所示。

表 5－1　无故障码故障诊断步骤

步骤	检查内容	正常	不正常时的处理方法
1	发动机不工作时检查蓄电池电压	不低于 11V	充电或更换蓄电池
2	盘转发动机检查曲轴能否转动	能转动	按“故障诊断表”诊断
3	起动发动机检查能否起动	能起动	直接转到步骤 7 进行检查
4	检查空气滤清器滤芯是否过脏或损坏	滤芯良好	清洁或更换滤芯
5	检查发动机怠速运转情况	怠速运转良好	按“故障诊断表”诊断
6	检查发动机点火正时	点火正时准确	调整
7	检查燃油系统压力	压力正常	检查排除燃油系统故障
8	检查火花塞和高压线跳火情况	火花正常	检查排除点火系统故障
9	上述检查是否查明故障原因	查明故障原因	按“故障诊断表”诊断

五、电路及电控元件故障诊断

1. 汽车电路图识别常识

1）汽车电路的特点

随着汽车电子技术的发展，发动机集中控制系统的控制功能（即控制内容）越来越多，汽车电路也越来越复杂。电工学中将电流通过的路径称为电路。读懂汽车电路图，不仅可进一步了解各电控系统元件的工作原理和它们之间的相互连接关系，而且对汽车故障诊断和检修也十分重要。在对汽车进行故障诊断或检修时，利用汽车电路图可帮助我们按汽车上的线路迅速查找电控系统元件的安装位置，以便对故障相关线路进行检查，并可避免检修过程中将线路错误连接。

汽车电路图可分为：线路图、线路简图、电路原理图。

线路图是按各电气元件在汽车上的位置来绘制的电路图，图中元件的位置、外形和线路的走向都与实际情况一致，便于了解电气系统的构成、熟悉整车线路，对电控系统元件及其线路的故障诊断和检修也很方便。

线路简图是线路图的一种简化画法，它不注重电器元件的安装位置，独立系统划分比较明确，图中既有表示电气元件的符号，又有外形特征，线条简单。

电路原理图是将各电气元件用符号表示，并作原理性的连接，重在表达各电路系统内部的电路原理，使每个单元电路子系统及每个电气元件间的联系一目了然，对于了解其工作原理、分析故障都很方便。

线路图中由于需将电气元件的位置、外形和线路的走向都表达清楚，因此比较复杂，尤其“线条”密集，在各种维修资料和教材中一般不多见。在各种维修资料中给出的汽车电路图一般都是线路简图或电路原理图。

汽车电气线路虽然因车而异，但它们有如下的共同特点：

（1）双电源、低直流电压。汽车上均有蓄电池和发电动机两个电源；蓄电池主要用于向起动机供电，发电动机主要用于在发动机正常工作时向蓄电池充电和向用电设备供电；汽车电源电压一般为 12 V，也有少数车型采用 24 V 电源。

（2）单线制。众所周知，直流电源向用电设备供电必须要有两根导线形成回路，才能使电流通过用电设备，用电设备才能工作。

在汽车上，电源和所有用电设备的一端（一般是负极）与汽车的金属部分相连，俗称“搭铁”，而形成一“根”公共搭铁线，用电设备与电源之间只需要一根连接导线，这种连接方式已形成汽车电器线路设计安装的制度，称为“单线制”；单线制接线方法具有节约导线、简化线路、便于安装、易于维护和检修等优点。在发动机控制系统中，灵敏度或精度要求很高的传感器或执行元件与 ECU 之间一般仍采用双线连接，以保证其工作可靠。

（3）并联连接。汽车上的两个电源之间，所有用电设备和控制系统均为并联连接。这样，能发挥两个电源的优越性，可方便地启用或停止任何一个用电设备工作，能限制电路的故障范围，便于设备的独立拆装、维护、故障排除。

但也有少数电气设备必须采用串联连接，如电流表就必须串联在电路中，转向灯闪光器也必须与转向灯电路串联。

（4）负极搭铁。汽车线路一般都是负极搭铁，我国规定汽车线路全部负极搭铁。

（5）布局基本相同。无论哪个公司、哪种品牌的汽车，为保证电控系统元件检测或控制的灵敏度和精度，多数元件的安装位置都有固定的范围，如冷却水温度传感器的安装位置必须靠近水套、凸轮轴/曲轴位置传感器的安装位置必须与曲轴有固定传动关系、节气门位置传感器和怠速控制阀必须安装在节气门体附近等；由于各电控元件安装位置基本相同，这样就形成了汽车电气线路的走向和布局的共性。

2）汽车电路中的线路颜色标记及符号

为方便识别和检修复杂的汽车电气线路，各汽车制造公司普遍采用不同颜色、不同编号的导线区分不同的电气回路。

我国标准 JB/Z116－75 规定，汽车电气线路的颜色在同一电系中，双色线的主色应与其单色线的颜色相同；分支电路必须按规定选配相应的辅色；辅色在导线的主色上形成两条轴对称直线。国产汽车电气线路的主色与颜色标记如表 5－2 所示；线路的辅色选配规定如表 5－3 所示。

表 5-2 国产汽车线路的主色与颜色标记

线路种类	主色	颜色标记
电源线路	红	R
点火与起动线路	白	W
前照灯、雾灯等外部照明线路	蓝	U
转向灯及灯光信号线路	绿	G
防空灯及车内照明线路	黄	Y
仪表、报警信号及电喇叭线路	棕	N
收音机、电钟、点烟器等辅助电气线路	紫	P
多种辅助电动机及电气控制线路	灰	S
搭铁线路	黑	B

表 5-3 国产汽车线路的辅色选配

辅色 \ 主色	红	黄	白	黑	棕	绿	蓝
红		▲	▲	▲		▲	▲
黄	▲		▲	▲			
蓝	▲		▲	▲			
白	▲	▲			▲	▲	
绿	▲	▲	▲	▲	▲		▲
棕	▲	▲	▲	▲			
紫	▲	▲	▲	▲			
灰	▲	▲			▲		▲

注："▲"表示允许配成双色线

世界各大汽车公司生产对汽车电器线路颜色的规定有较大差别，但每个系统中的线路主色相同，且电路中的线路颜色标记一般为英文缩写，在使用与维修中只要加以注意，很容易区别。

2. 电路故障诊断

电控系统电路常见故障是断路或短路，诊断时应使用高阻抗数字万用表（或其他仪器）的电阻挡或电压挡。

1）选择测点

需要把线束连接器端子作为测点时，则应拆开线束连接器；如果必须在线束连接器处于插接状态时测量参数（如传感器输出信号电压），则应先将线束连接器上的橡胶防水套向后脱出，将万用表测量表笔从后端以适当角度插入并触及端子，进行检查，如图 5-15 所示。

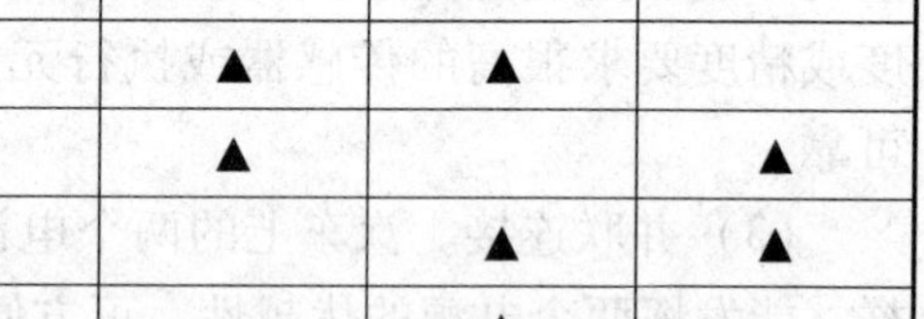

图 5-15 连接器处于连接状态时的检查

2）断路故障诊断

如图5－16所示为一典型传感器电路，拆开三个线束连接器A、B、C中的任意两个，分别测量端子1－1和2－2之间的电阻。若电阻值为0 Ω，说明两测点间无断路；若电阻为∞，说明两测点之间断路。

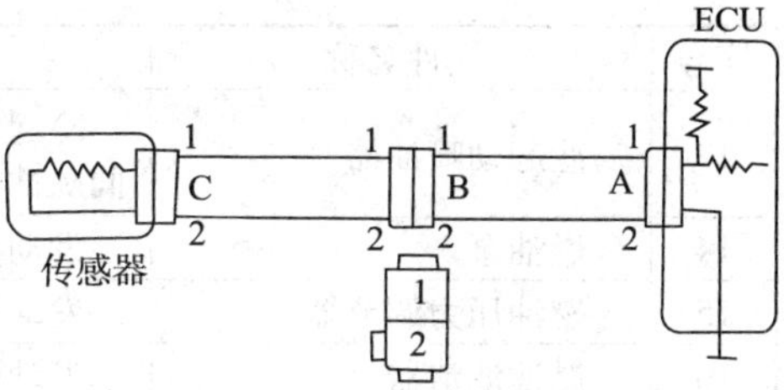

图5－16　电路检查示意

如果ECU通过端子1给传感器提供标准5 V电压，也可不拆开线束连接器，分别测量连接器A、B和C的端子1与搭铁之间的电压，正常时均应为5 V，若为0 V则说明有断路故障。如果在连接器A处测得电压为5 V，而在连接器B处测得电压为0 V，说明连接器A与B之间线路断路；如果在连接器A和B处测得电压均为5 V，在连接器C处测得电压为0 V，则说明连接器B与C之间线路断路；在连接器A处测得电压为0 V，说明ECU内部断路。

3）短路故障诊断

电路短路故障可通过测量连接器端子与车身或搭铁线之间是否导通（电阻为0 Ω）来检查，如图5－16所示的电路中，拆开线束连接器A和C，测量端子1或2与车身之间的电阻，若端子1或2与车身之间电阻为0 Ω，说明端子1或2有短路故障。拆开线束连接器B，测量端子1或2与车身之间电阻，则可进一步确定短路是发生在连接器A与B之间还是B与C之间。

3. 电控系统元件故障诊断

发动机电控系统不同元件或其电路发生故障时，会产生不同的故障现象。除掌握电控系统元件的结构原理及检修方法外，掌握各元件与发动机故障现象之间的关系，对在故障诊断时开阔思路、迅速查明故障原因，具有十分重要的意义。电控系统主要元件故障与发动机故障现象之间的对应关系见表5－4。

表5－4　电控系统主要元件故障与发动机故障现象的关系

序号	元件名称	发动机故障现象
1	ECU	发动机不能起动，发动机性能失常
2	空气流量计	发动机起动困难，发动机性能失常，怠速不稳，加速时回火、放炮，油耗大，爆燃
3	进气管绝对压力传感器	发动机起动困难，发动机性能失常，怠速不稳，油耗大
4	大气压力传感器	发动机性能不良，怠速不稳
5	节气门位置传感器	发动机起动困难，怠速不稳，发动机性能不良，易熄火
6	进气温度传感器	怠速不稳，发动机性能不良，易熄火，油耗大，混合气过浓
7	水温传感器	发动机起动困难，怠速不稳，发动机性能不良，易熄火
8	怠速控制阀	发动机起动困难，怠速不良，发动机失速
9	P/N、P/S、A/C开关	发动机不能起动，怠速不稳、易熄火
10	曲轴位置传感器	发动机不能起动，加速不良，怠速不稳，间歇性熄火
11	喷油器	发动机起动困难，发动机工作不稳，易熄火，怠速不稳
12	冷起动正时开关	冷起动困难，混合气过浓，怠速不稳

续表

序号	元件名称	发动机故障现象
13	冷起动喷油器	冷起动困难，怠速不良，混合气过浓，油耗大，排放污染增加，间歇性熄火
14	燃油泵	发动机不能起动，发动机运转中熄火
15	燃油压力调节器	发动机起动困难，发动机性能不良，怠速不稳易熄火
16	燃油滤清器	发动机不能起动，发动机运转不稳
17	节气门	发动机不能起动或起动困难，发动机性能不良
18	氧传感器	发动机性能不良，怠速不稳，油耗大，排放污染增加，空燃比失常
19	曲轴箱通风阀	发动机不能起动或起动困难，怠速不稳或无怠速，加速不良，油耗大
20	EGR 阀	发动机过热，发动机不能起动或起动困难，发动机动力不足，减速熄火，爆燃，油耗大
21	活性炭罐电磁阀	发动机性能不良，怠速不稳，空燃比失常
22	爆燃传感器	爆燃，点火正时失准，发动机工作不稳
23	点火线圈	发动机不能起动，无高压火花，次级电压过低
24	点火控制器	发动机不能起动，无高压火花，次级电压过低，怠速不良
25	点火信号发生器	发动机不能起动，发动机工作不稳，怠速不稳，易熄火
26	可变配气相位电磁阀	发动机抖动，爆燃，怠速不稳，发动机动力不足，三元催化转化器损坏

任务实施

案例：发动机空气流量计热线脏污引起怠速不稳、加速不良、进气管回火故障

1. 故障现象

别克世纪轿车行驶时，发动机怠速不稳，加速不良，急加速进气管回火。

2. 故障排除

(1) 拆下火花塞进行跳火试验，高压火花正常。更换全部火花塞后再试，故障依然存在。

(2) 用专用清洁剂清洗进气系统，用检测仪清洗喷油器，然后起动发动机再试，故障仍未排除。

(3) 拆下空气滤清器，起动发动机，用手遮住节气门体的进气口以减少进气量，使混合气变浓进行试验，结果发动机怠速运转稳定，急加速不再回火。由此说明故障是由于混合气过浓引起的。

(4) 断开点火开关，在燃油压力调节器与喷油器间的管路上加装一只燃油压力表，然后起动发动机，查看压力表，其压力为 255 ~290 kPa，说明燃油压力正常。

(5) 断开点火开关，拔下空气流量计配线连接器，起动发动机进行检查，发动机怠速运转稳定，加速性能也有所好转，说明是因为空气流量计损坏或工作不良。从节气门体上拆下空气流量计仔细检查，热线未断，只是由于使用时间长了，造成热线上积垢过多，散热不

良，用化油器清洗剂将空气流量计清洗干净后装车再试，发动机运转正常，加速有力，故障排除。

3. 故障分析

由于空气流量计热线上积垢过多，散热不良，使空气流量计输出信号电压降低，造成电子控制模块误判，从而导致混合气浓度过大，参考电路如图 5－17 所示。

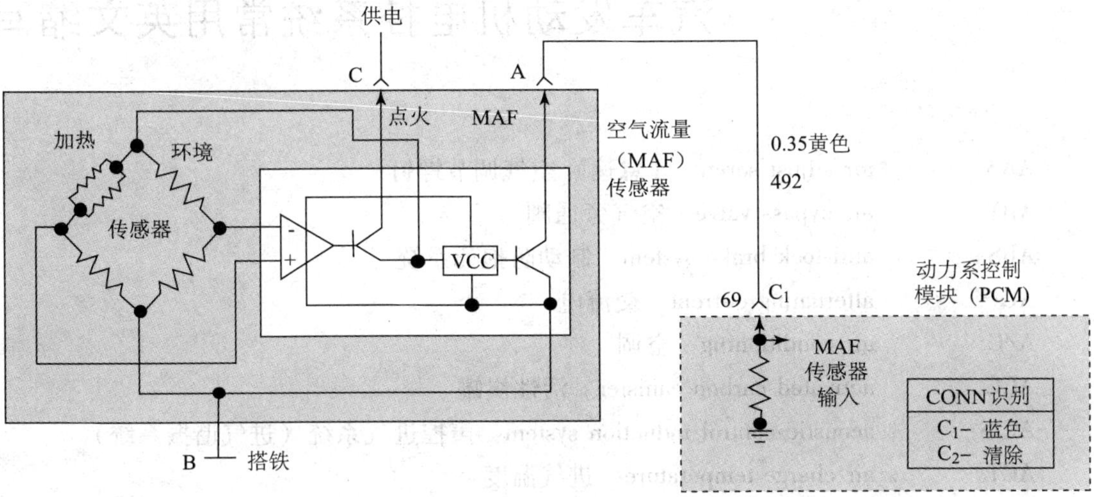

图 5－17　空气流量计传感器电路

附录

汽车发动机电控系统常用英文缩写

AAS	air adjust screw	（怠速）空气调节螺钉
ABV	air bypass valve	空气旁通阀
ABS	anti-lock brake system	制动防抱死系统
AC	alternating current	交流电
A/C	air conditioning	空调
ACC	activated carbon canister	活性炭罐
ACIS	acoustic control induction system	声控进气系统（进气谐振系统）
ACT	air charge temperature	进气温度
ACU	air conditioning idle-up vacuum switching valve	空调怠速提升真空开关阀
ACV	air control valve	二次空气喷射阀
A/F	air-fuel ratio	空燃比
AFS	air flow sensor	空气流量传感器
AFM	air flow meter	空气流量计
AIC	air injection control	空气喷射控制
AIS	air injection system	空气喷射系统
ALT	altitude switch	海拔开关
A/M	auto-manual	自动—手动
ASC	automatic stability control	自动稳定性控制
AT（A/T）	automatic transmission	自动变速器
ATS	air temperature sensor	空气温度传感器
B +	battery positive voltage	蓄电池正极
BPA	by pass air	旁通空气
BPS	barometer pressure sensor	大气压力传感器
BTDC	before top dead center	上止点前
CARB	California air resources board	加州大气资源局
CCS	cruise control system	巡航控制系统
CFI	central fuel injection	中央燃油喷射
CFI	continuous fuel injection	连续燃油喷射

CID	cylinder identification sensor	判缸传感器
CIS	continuous injection system	（燃油）连续喷射系统
CIS	cylinder identification sensor	气缸识别传感器（判缸传感器）
CNG	compressed natural gas	天然气
CNGV	compressed natural gas vehicles	天然气汽车
CPS	camshaft position sensor	凸轮轴位置传感器
CPS	crankshaft position sensor	曲轴位置传感器
CPU	central processing unit	中央处理器
CTP	closed throttle position	节气门关闭位置
CTS	coolant temperature sensor	冷却液温度传感器
CYL	cylinder	气缸（传感器）
DC	direct current	直流电
DI	distributor ignition	分电器点火
DIS	distributor less ignition system	无分电器点火系统
DIAGN	diagnostic	诊断
DLC	data link connector	数据线接口
DLI	distributor less ignition	无分电器点火
DTC	diagnostic trouble code	诊断故障码
ECA	electronic control advance	电子控制点火提前
ECCS	electronic concentrated engine control system	发动机集中控制系统（日产）
ECD	electronic control diesel engine	电子控制柴油机
ECM	engine control module	发动机控制模块（电脑）
ECT	electronic controlled transmission	电控变速器
ECT	engine coolant temperature	发动机冷却液温度
ECU	electronic control unit	电子控制单元（电脑）
EDS	electronic diesel system	柴油机电控系统
EEC	engine electronic control	发动机电子控制
EFI	electronic fuel injection	电控燃油喷射
EGI	electronic gasoline injection	电控汽油喷射
EGR	exhaust gas recirculation	废气再循环
EIS	electronic ignition system	电子点火系统
EPA	environment protection agency	环保机构
ER	engine running	发动机运转
ESA	electronic spark advance	电子点火提前
EST	electronic spark timing	电子点火正时
EUT	electronic controlled unit injection	电子控制燃油喷射系统
EVAP	evaporative emission control	燃油蒸气排放
FP	fuel pump	燃油泵
FTMP	fuel temperature	燃油温度

HAC	high altitude compensator 海拔（高度）补偿器	
HEI	high energy ignition 高能点火	
HEUI	hydraulic electronically controlled unit injection 液压电子控制燃油喷射系统	
FFM	hot film air mass meter 热膜式空气质量流量计	
HIC	hot idle compensator 热怠速空气补偿阀	
HO2S	heated oxygen sensor 加热型氧传感器	
HZ	hazard lamp 故障灯	
IAA	idle air adjusting 怠速空气调整	
IAB	intake air by-pass control 进气旁通控制系统	
IAC	intake air control 进气控制	
IACV	intake air control valve 进气控制阀	
IAR	intake air resonator 进气谐振器	
IAT	intake air temperature 进气温度	
IC	integrated circuit 集成电路	
IC	ignition control 点火控制	
ICM	ignition control module 点火控制模块	
IDL	idle 怠速	
IDM	ignition diagnostic monitor 点火诊断监控器（传感器）	
IDM	injector drive module 喷油器驱动模块	
IGd	ignition detection 点火检测信号（点火缸序判别信号）	
IGF	ignition feedback 点火反馈信号	
IGN	ignition 点火	
IGSW	ignition switch 点火开关	
IGT	ignition timing 点火正时信号	
IMV	intake manifold vacuum 进气歧管真空度	
INJ	injector 喷油器	
ISA	idle speed actuator 怠速执行器	
ISC	idle speed control 怠速控制	
ISCA	idle speed control actual 怠速控制执行器	
ISCV	idle speed control valve 怠速控制阀	
KC	knock control 爆燃控制	
KS	knock sensor 爆燃传感器	
LED	light emitting diode 发光二极管	
LH	line of heal 热线式空气流量计	
LPG	liquid petrol gas 液化石油气	
LPGV	liquid petrol gas vehicles 液化石油气汽车	
MAF	mass air flow 空气质量流量	
MAP	manifold absolute pressure 进气管绝对压力（传感器）	
MAT	manifold air temperature 进气管空气温度	

MFI multipoint fuel injection 多点燃油喷射
MIL malfunction indicator lamp 故障指示灯
MPI multi-point injection 多点喷射
N/C neutral start switch/clutch switch 空挡起动开关/离合器开关
NPS neutral/park switch 空挡/驻车开关
NSW neutral start switch 空挡起动开关
O2 oxygen sensor 氧传感器
OBD on-board diagnostic 随车诊断系统
OC oxidation catalyst 氧化催化
O2S oxygen sensor 氧传感器
OX，OXS oxygen sensor 氧传感器
PCV positive crankcase ventilation 曲轴箱强制通风
PFI port fuel injection 进气口燃油喷射
P/N park/neutral 停车/空挡
PNP park/neutral position 停车/空挡位置
RAM random access memory 随机存储器
ROM read only memory 只读存储器
SABV secondary air bypass valve 二次空气旁通阀
SAE society of automotive engineers 汽车工程学会
SAMC secondary air management control 一次空气控制系统
SFI sequential fuel injection 顺序燃油喷射
SPI single point injection 单点喷射
SPD speed 速度传感器
SSD system self-diagnostics 系统自诊断
SST special service tool 专用维修工具
STA start 起动
STJ cold start injector 冷起动喷油器
AAP throttle angle position 节气门转角（开度）位置
TBI throttle body fuel injection 节气门体燃油喷射
TC turbocharger 涡轮增压器
TDC top dead center 上止点
TDCL Toyota diagnostic communication link 丰田诊断插座
THA thermometer of air 进气温度
THW thermometer of water 冷却液温度
TP throttle position 节气门位置
TPI tuned port injection 进气口喷射
TPS throttle position sensor 节气门位置传感器
TWC three way catalyst converter 三元催化转化器
TRC traction control system 驱动力控制（牵引控制）系统

VAF vane air flow 叶片式空气流量计
VAF volume air flow 体积空气流量计
VAT vane air temperature 进气温度
VICS variable induction control servo 可变进气伺服控制
VIS variable inlet system 可变进气系统
VSC valve stability control 稳定性控制
VSS vehicle speed sensor 车速传感器
VSV vacuum solenoid valve 真空电磁阀
VTEC variable valve timing and valve life electronic control system 可变气门配气相位和气门升程电子控制系统
WOT wide open throttle 节气门全开
WTS water temperature sensor 冷却液温度传感器

参 考 文 献

［1］张西振．汽车发动机电控技术［M］．北京：机械工业出版社，2009.

［2］张西振，等．汽车发动机构造与维修［M］．北京：机械工业出版社，2012.

［3］杨智勇，等．汽车发动机电控系统结构与维修［M］．北京：化学工业出版社，2013.

［4］邹长庚，等．现代汽车电子控制系统构造原理与故障诊断（发动机部分）［M］．北京：北京理工大学出版社，2003.

［5］安宗权，等．汽车发动机电控系统检修［M］．北京：人民邮电出版社，2009.

［6］陈建波，等．电控汽油发动机原理与维修［M］．北京：北京理工大学出版社，2011.

［7］马一飞，等．电控发动机维修［M］．北京：北京理工大学出版社，2010.

［8］杨洪庆，等．汽车发动机电控系统检测与修复［M］．北京：机械工业出版社，2010.

［9］冯渊．汽车电子控制技术［M］．北京：机械工业出版社，2001.

［10］冯崇毅．汽车电子控制技术［M］．北京：机械工业出版社，2001.

［11］段兴华．汽车电控系统故障诊断实训［M］．北京：北京理工大学出版社，2008.

［12］高吕和．汽车电器系统检修［M］．北京：化学工业出版社，2010.